MICHAEL LEWIS

O JOGO DA MENTIRA

MICHAEL LEWIS

O JOGO DA MENTIRA

Tradução
Adriana Ceschin Rieche

Revisão Técnica
João Luís Benatto Torres

best.
business

CIP-BRASIL. CATALOGAÇÃO-NA-FONTE
SINDICATO NACIONAL DOS EDITORES DE LIVROS, RJ

Lewis, Michael (Michael M.)
L652p O jogo da mentira / Michael Lewis; tradução: Adriana Ceschin Rieche. - Rio de Janeiro: Best Business, 2012.

Tradução de: Liar's poker
ISBN 978-85-7684-512-6

1. Lewis, Michael (Michael M.). 2. Salomon Brothers. 3. Corretores da bolsa - Estados Unidos - Biografia. 4. Debêntures - Estados Unidos. I. Título.
11-7613. CDD: 332.620973
CDU: 338.1(73)

Texto revisado segundo o novo Acordo Ortográfico da Língua Portuguesa.

Título original norte-americano
LIAR'S POKER

Capa: Estúdio Insólito
Editoração eletrônica: FA Editoração

Direitos exclusivos de publicação em língua portuguesa para o Brasil
adquiridos pela
Editora Best Business um selo da Editora Best Seller Ltda.
Rua Argentina, 171, parte, São Cristóvão
Rio de Janeiro, RJ — 20921-380
que se reserva a propriedade literária desta tradução

Impresso no Brasil

ISBN 978-85-7684-512-6

Para Diane, como sempre

AGRADECIMENTOS

O autor agradece a Michael Kinsleyand e *The New Republic*, Stephen Fay e *Business*, Starling Lawrence e W. W. Norton, Ion Trewin and Hodder & Stoughton, por sua orientação e pagamento em dia. Também a Robert Ducas e David Soskin, por seus valiosos conselhos. Finalmente, ele gostaria de agradecer a seus pais, Diana e Tom Lewis. Eles são, com certeza, diretamente responsáveis por quaisquer erros, pecados ou omissões desta obra.

SUMÁRIO

PREFÁCIO

Fui corretor em Wall Street e em Londres. Creio que trabalhar ao lado dos traders no Salomon Brothers me colocou no epicentro de um desses eventos que ajudam a definir uma era. Os traders são mestres em obter grandes lucros rapidamente, e muitos dos lucros exorbitantes obtidos nos últimos dez anos foram gerados rapidamente. E o Salomon Brothers era, indiscutivelmente, o paraíso dos traders. O que eu tentei fazer aqui, por assim dizer, sem sair do meu lugar no pregão do Salomon, foi descrever e explicar os acontecimentos e as atitudes que caracterizaram a época; algumas vezes, a história teve desdobramentos que não me envolveram diretamente, mas não deixa de ser a minha história. Por causa do cargo que ocupava na ocasião, me sinto à vontade para retratar tanto as histórias sobre dinheiro ganhos pelos meus colegas, quanto as suas mentiras.

Isso foi, de certa forma, o centro de uma corrida ao ouro moderna. Jamais tantos jovens de 24 anos, sem qualificação, ganharam tanto dinheiro em tão pouco tempo, como fizemos nesta década, em Nova York e em Londres. Jamais houve uma exceção tão fantástica à regra do mercado de que não se pode tirar dele mais do que foi colocado lá. Veja bem, não tenho nada contra o dinheiro. Geralmente, prefiro ter mais do que menos. Mas não estou esperando por outra bonança. O que aconteceu foi um raro e surpreendente acidente de percurso dessa história bastante previsível de se ganhar e se gastar dinheiro.

Devo dizer que eu era, segundo todos os padrões, um sucesso. Ganhei muito dinheiro. As pessoas que administravam nossa empresa diziam que um dia eu iria me juntar a eles no topo. Não que eu queira me gabar já no início dessa história. Mas o leitor precisa saber que não tenho razão alguma para sentir rancor ou raiva do meu antigo empregador. Eu me propus a escrever este livro só porque achei que seria melhor contar a história do que continuar a vivê-la.

"Wall Street", diz a velha piada, "é uma rua cercada por um rio de um lado e um cemitério do outro."

A descrição é surpreendente, mas incompleta. Deixa de fora o jardim de infância no meio.

Frederick Schwed, Jr.,
Where Are the Customers' Yachts?

CAPÍTULO 1

O jogo da mentira

Estávamos no início de 1986, primeiro ano do declínio da minha empresa, o Salomon Brothers. Nosso presidente, John Gutfreund, deixou sua mesa à frente do pregão e saiu para dar uma volta. A todo momento, no pregão, bilhões de dólares eram colocados em jogo pelos traders. Gutfreund avaliava como iam os negócios perambulando pelo andar e fazendo perguntas aos traders. Um sexto sentido estranho o guiava para onde quer que houvesse situações de crise. Gutfreund parecia capaz de sentir o cheiro de prejuízo no ar.

Ele era a última pessoa que um trader nervoso queria encontrar. Gutfreund (pronuncia-se *good friend*, bom amigo, em inglês) gostava de aparecer de repente e surpreender você. Era divertido para ele, mas não para você. Ocupado, falando em dois telefones ao mesmo tempo, tentando conter o desastre, você não tinha tempo de se virar e olhar para ele. Nem era preciso. Dava para sentir a presença do chefe. Tudo à sua volta entrava em convulsão, como em uma ala de epilépticos. As pessoas fingiam estar freneticamente ocupadas e, ao mesmo tempo, olhavam fixamente para um ponto diretamente acima de sua cabeça. Você sentia um calafrio nos ossos, que imagino pertencer à mesma sensação instintiva que o tique nervoso de um pequeno animal peludo diante da aproximação silenciosa de um urso. Um alarme soava na sua cabeça: Gutfreund! Gutfreund! Gutfreund!

Muitas vezes nosso presidente apenas pairava em silêncio durante algum tempo, depois saía. Talvez você nem chegasse a vê-lo. O único vestígio que encontrei em duas dessas ocasiões foram cinzas no chão ao lado da minha cadeira, deixadas, suponho, como um cartão de visita. As cinzas do charuto de Gutfreund eram mais longas e mais bem-formadas do que as dos demais chefes do Salomon. Sempre achei que fumava um *blend* mais caro do que o restante, comprado com alguns dos US$ 40 milhões que tinha conseguido com a venda do Salomon Brothers em 1981 (ou alguns dos US$ 3,1 milhões que pagou a si mesmo em 1986, mais do que qualquer outro CEO de Wall Street).

Neste dia, em 1986, no entanto, Gutfreund fez algo estranho. Em vez de aterrorizar todos nós, caminhou diretamente até a mesa de negociação de John Meriwether, um membro do conselho da Salomon Inc. e também um dos melhores traders do banco. Murmurou algumas palavras. Os traders ao seu redor prestaram atenção. O que Gutfreund disse tornou-se lenda no Salomon Brothers e parte visceral de sua identidade corporativa. Disse: "Uma mão, US$ 1 milhão, sem choro."

Uma mão, US$ 1 milhão de dólares, sem choro. Meriwether captou o significado instantaneamente. O Rei de Wall Street, como a *Business Week* apelidou Gutfreund, queria jogar uma única rodada de um jogo chamado *Liar's Poker*, o jogo da mentira, apostando US$ 1 milhão. Quase todas as tardes ele jogava com o conselheiro e os seis jovens traders de arbitragem de títulos que trabalhavam para Meriwether, e, geralmente, saía depenado. Alguns traders diziam que Gutfreund sempre estava em vantagem. Outros, que não podiam imaginar John Gutfreund senão como onipotente — e havia muitos assim —, diziam que perder atendia ao seu objetivo, embora ninguém soubesse dizer exatamente qual seria esse objetivo.

A característica peculiar do desafio de Gutfreund dessa vez era o tamanho da aposta. Normalmente, suas apostas não ultrapassavam algumas centenas de dólares. Um milhão era algo inédito. As duas últimas palavras de seu desafio — "sem choro" — significavam que o perdedor deveria sofrer uma grande dor, mas não tinha o direito de lamentar, xingar ou reclamar. Teria de aceitar e manter a sua pobreza para si. Mas por quê? Você poderia até perguntar isso se não se tratasse do Rei de Wall Street. Por que fazer, em primeiro lugar? Por que, especificamente, desafiar Meriwether, em vez de um diretor menos poderoso? Parecia um ato de pura loucura. Meriwether era o Rei do Jogo, o campeão do jogo da mentira do pregão do Salomon Brothers.

Por outro lado, uma coisa que se aprende em um pregão é que vencedores como Gutfreund *sempre* têm alguma razão para o que fazem; pode não ser a melhor razão possível, mas pelo menos têm uma ideia em mente. Eu não estava a par dos pensamentos mais íntimos de Gutfreund, mas sei que todos no pregão apostavam e que ele queria muito fazer parte do time. Acho que o que Gutfreund tinha em mente, nesse caso, era um desejo de mostrar sua coragem, como o garoto que salta do trampolim mais alto. Quem melhor do que Meriwether para alcançar esse objetivo? Além disso, Meriwether, provavelmente, era o único trader com dinheiro e coragem para jogar

Toda a situação absurda precisa ser colocada em contexto. John Meriwether tinha ganhado, ao longo de sua carreira, centenas de milhões de dólares para o Salomon Brothers. Ele tinha uma habilidade rara e estimada pelos traders: a de esconder seu estado de espírito. A maioria dos traders revela se está ganhando ou perdendo dinheiro pela sua maneira de falar ou andar. Ou estão muito relaxados ou muito tensos. Com Meriwether era impossível saber. Tinha a mesma expressão vazia, meio tensa, quando ganhava e quando perdia. Tinha, acho eu, uma profunda capacidade de controlar as duas emoções que normalmente destroem os traders — medo e ganância —, e isso o tornava tão nobre quanto alguém que busca de forma tão intensa os seus próprios interesses. Era considerado por muitos no Salomon como o melhor trader de Wall Street. No Salomon, era reverenciado. As pessoas diziam: "Ele é o melhor executivo da casa" ou "Aquele que melhor sabe assumir riscos" ou "Um jogador muito perigoso do jogo da mentira".

Meriwether lançou um feitiço sobre os jovens traders que trabalhavam para ele. Os membros do seu séquito tinham entre 25 e 32 anos de idade (ele tinha cerca de 40 anos). A maioria era doutor em matemática, economia e/ou física. Assim que entravam na mesa de negociação de Meriwether, entretanto, esqueciam que deveriam ser intelectuais imparciais. Tornavam-se discípulos. Ficavam obcecados pelo jogo da mentira. Consideravam-no o jogo *deles*. E o levaram a um nível de seriedade inteiramente novo.

John Gutfreund sempre foi excluído desse jogo. O fato de a *Business Week* ter estampado a foto de Gutfreund na capa da revista e o chamar de Rei de Wall Street tinha pouco significado para eles. Quer dizer, de certa forma, essa era a questão. Gutfreund era o Rei de Wall Street, mas Meriwether era o Rei do Jogo. Quando Gutfreund foi coroado pelos distintos jornalistas, era quase possível ouvir os traders pensando: *nomes idiotas e rostos idiotas volta e meia aparecem em lugares públicos*. É justo dizer que Gutfreund já tinha sido um trader, mas isso era tão relevante quanto a alegação de que uma mulher idosa já tinha sido linda no passado.

Às vezes, o próprio Gutfreund parecia concordar. Ele gostava de negociar. Em comparação com a parte administrativa, a negociação de títulos era uma atividade admiravelmente direta. Você fazia as apostas e tinha duas possibilidades: ganhar ou perder. Quando ganhava, as pessoas — até a mais alta hierarquia da empresa — o admiravam, invejavam e temiam, e com razão: você controlava o tesouro. Quando você administrava uma empresa, com certeza recebia sua cota de inveja, medo e admiração. Mas por todas as razões erradas. *Você não ganhava dinheiro para o Salomon. Você não assumia riscos.* Você era refém daqueles que produziam os resultados. Eles assumiam o risco. Eles provavam a sua superioridade todos os dias, lidando melhor com o risco do que o resto do mundo que assume riscos. O dinheiro vinha de tomadores de risco como Meriwether, e se os recursos entravam de fato ou não, era algo muito além do controle de Gutfreund. É por isso que muitas pessoas pensavam que o próprio ato precipitado de desafiar o chefe da área de arbitragem para um jogo de US$ 1 milhão era a maneira de Gutfreund mostrar que também estava no jogo. E a única maneira de se destacar era jogando o jogo da mentira. O jogo tinha um significado importante para os traders. Pessoas como John Meriwether acreditavam que o jogo da mentira tinha muito em comum com a negociação de títulos. Testava o caráter de um trader. Ele afiava seus instintos. Um bom jogador representava um bom trader e vice-versa. Todos nós entendíamos isso.

O jogo: um grupo de pessoas — no mínimo duas e no máximo dez — forma um círculo. Cada jogador guarda uma nota de dólar junto ao peito. O jogo é semelhante em espírito ao jogo de cartas conhecido como "verdade ou mentira". Cada jogador tenta enganar os outros sobre os números de série impressos na sua nota de dólar. Um trader começa fazendo uma "aposta". Diz, por exemplo: "Três seis". Ele quer dizer que os números de série das notas de dólar mantidas por cada jogador, incluindo ele mesmo, contêm pelo menos três seis.

Uma vez feita a primeira aposta, o jogo avança em sentido horário no círculo. Vamos dizer que a aposta é três seis. O jogador à esquerda do apostador tem duas opções. Ele pode fazer uma aposta maior (existem dois tipos de lances mais altos: a mesma quantidade de um número maior, três setes, oitos ou noves, e mais de qualquer número, quatro cincos, por exemplo). Ou ele pode "desafiar" — que corresponde a dizer: "verdade" ou "mentira".

O jogo avança até todos os outros jogadores concordarem em desafiar a aposta de um único jogador. Então, e só então, é que os jogadores revelam seus números de série e determinam quem está blefando. No meio de tudo isso, a mente de um bom jogador gira com probabilidades. Qual é a probabilidade estatística da existência de três seis dentro de um lote de, digamos, 40 números de série gerados aleatoriamente? Para um grande jogador, no entanto, a matemática é a parte mais fácil do jogo. A parte difícil é interpretar os rostos dos outros jogadores. A complexidade surge quando todos os jogadores sabem blefar e fazer blefes duplos.

O jogo se parece um pouco com a negociação de títulos, assim como o combate de cavaleiros com lanças em um torneio dão uma ligeira sensação de guerra. As perguntas que um participante do jogo da mentira faz a si mesmo são, até certo ponto, iguais às de um trader. Será que este é um risco inteligente? Será que estou com sorte? Será que meu adversário é esperto? Será que ele tem alguma ideia do que está fazendo e, se não tiver, como faço para explorar a sua ignorância? Se ele apostar alto, será que está blefando, ou será que realmente tem bala na agulha? Será que está tentando me induzir a fazer uma aposta tola, ou será que realmente tem uma quadra na mão? Cada jogador procura pontos fracos, padrões de previsibilidade e repetição nos outros e procura evitá-los em si mesmo. Os traders do Goldman, Sachs, First Boston, Morgan Stanley, Merrill Lynch e outras empresas de Wall Street, todos jogavam alguma versão do jogo da mentira. Mas o lugar onde as apostas eram mais altas, graças a John Meriwether, era o pregão de Nova York do Salomon Brothers.

O código entre os participantes do jogo da mentira era algo como o código do pistoleiro. Exigia que o trader aceitasse todos os desafios. Por causa do código — que era o *seu* código — John Meriwether sentia-se obrigado a jogar. Mas sabia que era estúpido. Para ele não havia vantagem alguma. Se ganhasse, deixaria Gutfreund chateado. Não podia ser bom. Mas, se perdesse, perderia US$ 1 milhão. Isso era pior do que aborrecer o chefe. Embora Meriwether fosse de longe o melhor jogador, em uma única rodada qualquer coisa poderia acontecer. A sorte poderia muito bem determinar o resultado. Meriwether passara o dia todo evitando apostas idiotas, e não estava disposto a aceitar esta.

"Não, John", disse, "se vamos jogar com esse tipo de números, prefiro apostar para valer. Dez milhões de dólares. Sem choro."

Dez milhões de dólares! Era um momento de glória para todos os jogadores. Meriwether estava jogando o jogo da mentira antes mesmo de o jogo começar. Ele estava blefando. Gutfreund considerou a contraproposta. Aceitar teria sido típico. Apenas considerar a ideia era um luxo que deve ter lhe agradado muito. (Era realmente bom demais ser rico.)

Por outro lado, US$10 milhões eram, e são, muito dinheiro. Se Gutfreund perdesse, lhe restariam apenas mais 30 milhões. Sua esposa,

Susan, estava ocupada gastando quase 15 milhões redecorando o apartamento deles em Manhattan (Meriwether sabia disso). E como Gutfreund *era* o chefe, claramente não estava vinculado pelo código de Meriwether. Quem sabe? Talvez nem soubesse qual era o código de Meriwether. Talvez o objetivo desse desafio tenha sido avaliar a resposta de Meriwether. (Mesmo Gutfreund tinha que se render ao desempenho do rei em ação.) Então Gutfreund desistiu. Na verdade, deu aquele sorriso forçado que era sua marca registrada e disse: "Você é maluco."

Não, pensou Meriwether, apenas muito, muito bom.

CAPÍTULO 2

Nunca fale em dinheiro

Quero trabalhar em banco de investimento. Se você tiver 10 mil ações, eu as vendo elas pra você e ganho muito dinheiro. Vou gostar muito do meu trabalho, muito mesmo. Vou ajudar as pessoas. Vou ficar milionário. Vou ter uma casa bem grande. Vai ser divertido.

Estudante de 7 anos de idade do estado de Minnesota,
"What I Want to Be When I Grow Up", março de 1985

Eu estava morando em Londres, no inverno de 1984, terminando um mestrado em economia na London School of Economics, quando recebi um convite para jantar com a rainha-mãe. O convite veio de uma prima distante que, anos antes, e de forma um tanto improvável, se casou com um barão alemão. Embora eu não fosse o tipo de sujeito regularmente convidado para jantar no Palácio de St. James, a baronesa, felizmente, era. De terno alugado, embarquei no metrô e fui. Esse evento foi o primeiro elo de uma cadeia de improbabilidades que culminou com uma oferta de emprego do Salomon Brothers.

O que fora anunciado como um encontro com a realeza britânica provou ser um jantar para angariar fundos com 700 ou 800 corretores de seguro. Nós nos espalhamos pelo Grande Salão em meio a cadeiras de madeira escura sobre tapetes vermelhos, debaixo de retratos encardidos da família real, como se estivéssemos fazendo testes para atuar como figurantes no programa de TV *Masterpiece Theatre*. Em algum lugar no Grande Salão, por pura sorte, havia dois diretores do Salomon Brothers. Eu só fiquei sabendo disso porque, também por pura sorte, estava sentado entre as suas esposas.

A esposa do mais antigo diretor-executivo do Salomon Brothers, um americano, assumiu o controle de nossa mesa com firmeza, assim que terminamos de esticar nossos pescoços para observar a realeza britânica. Quando soube que eu me preparava para entrar no mercado de trabalho e considerava bancos de investimento, ela transformou a noite em uma entrevista. Ela me incitou, questionou, alfinetou e inquietou durante cerca de uma hora até finalmente parar, satisfeita. Tendo examinado o que havia de bom nos meus 24 anos na Terra, perguntou por que eu não ia trabalhar no pregão do Salomon Brothers.

Tentei manter a calma. Fiquei com medo de que, se demonstrasse muita ansiedade, a mulher chegasse à conclusão de que cometera um erro terrível. Eu tinha lido recentemente o agora lendário comentário de John Gutfreund de que, para ter sucesso no pregão do Salomon Brothers, era preciso acordar todos os dias "pronto para arrancar o couro de um urso". Isso, disse eu, não parece muito divertido. Expliquei a ela a *minha* noção de como seria a vida em um banco de investimento. (A descrição incluía uma sala envidraçada grande, uma secretária, uma generosa conta de despesas, muitas reuniões com os capitães do setor. Esse cargo existe dentro do Salomon Brothers, mas não é respeitado. É chamado de finanças corporativas. É diferente de vendas e negociação, embora ambos sejam geralmente chamados de banco de investimento. O pregão de Gutfreund, onde ações e títulos são comprados e vendidos, é o desordenado centro dos acontecimentos, o lugar para fazer dinheiro e assumir riscos. Os traders não têm secretárias, salas ou reuniões, como os capitães do setor. O departamento de finanças corporativas, que atende empresas e governos que tomam dinheiro emprestado e que são conhecidos como "clientes", é, por comparação, um lugar requintado e elevado. Como não arriscam dinheiro, os financistas corporativos são considerados fracos pelos traders. Por qualquer outro padrão que não os de Wall Street, no entanto, as finanças corporativas ainda são uma selva bastante masculina.)

A senhora de Salomon calou-se no final do meu pequeno discurso. Então, em um só fôlego, disse que as finanças corporativas eram para franguinhos com baixos salários. Onde estava a minha ousadia? *Será que eu queria passar o dia inteiro sentado atrás de uma mesa? Será que eu era algum tipo de mané?*

Ficou muito claro que ela não estava procurando uma resposta. Preferia perguntas. Então perguntei se ela tinha autoridade para me oferecer um emprego. Com isso, parou de questionar minha masculinidade e me garantiu que, quando chegasse em casa, colocaria seu marido a par do assunto.

Ao final da refeição a rainha-mãe, de 84 anos, saiu do salão com passos vacilantes. Nós — os 800 corretores de seguros, os dois diretores-executivos do Salomon Brothers, suas esposas e eu — ficamos em silêncio respeitoso enquanto ela arrastava os pés em direção ao que considerei em um primeiro momento ser a porta dos fundos. Logo depois percebi que era a parte da frente do palácio, e que os convidados entraram, como boys de entrega, pelos fundos do palácio. De qualquer forma, a rainha-mãe estava se aproximando de nós. Atrás dela caminhava Jeeves, ereto como uma vassoura, vestindo fraque e gravata branca, e carregando uma bandeja de prata. Seguindo Jeeves, em procissão, um grupo de cães pequenos, tubulares, chamados corgis, que pareciam ratos grandes. Os ingleses achavam os corgis bonitinhos. A realeza britânica, me disseram depois, nunca vai a lugar algum sem eles.

Um silêncio absoluto tomou conta do Grande Salão do Palácio de St. James. À medida que a rainha-mãe se aproximava, os corretores de seguros inclinavam suas cabeças como fiéis. Os corgis foram treinados para fazer reverência a cada 15 segundos cruzando as pernas traseiras e deixando suas barrigas de rato encostarem no chão. A procissão finalmente chegou ao seu destino. Estávamos bem ao lado da rainha-mãe. A esposa do Salomon Brothers brilhava, e tenho certeza de que eu também. Mas ela brilhava mais. Seu desejo de ser notada era tangível. Existem muitas maneiras de chamar a atenção da realeza na presença de 800 agentes silenciosos da Prudential, mas provavelmente a mais segura é gritar. Foi exatamente isso que ela fez. Especificamente, ela gritou: "Ei, rainha, belos cães a senhora tem!"

Várias dezenas de corretores empalideceram. Na verdade, já estavam pálidos, então talvez eu esteja exagerando um pouco. Limparam muito suas gargantas e olharam fixo para os seus mocassins. A única pessoa por perto que não aparentou qualquer incômodo foi a rainha-mãe. Ela saiu graciosamente do salão sem tropeçar uma única vez.

Naquele momento ímpar no Palácio de St. James, as representantes de duas orgulhosas instituições deixaram bem claro suas marcas: a imperturbável rainha-mãe serenamente lidou com uma situação embaraçosa ignorando-a; a esposa do diretor-executivo do Salomon Brothers, valendo-se de reservas ocultas de coragem e instinto, restaurou o equilíbrio de poder no salão gritando. Eu sempre tive uma queda por membros da família real e, especialmente, pela rainha-mãe. Mas a partir daquele momento, achei o Salomon Brothers, os desordeiros de St. James, igualmente irresistíveis. Estou falando sério. Para alguns, eram grosseiros, rudes e socialmente inaceitáveis. Mas eram interessantes justamente por isso. Eram, tanto quanto qualquer bancário de investimento poderia ser, a minha gente. E não tive dúvida de que esse produto extraordinariamente forte da cultura do Salomon Brothers poderia convencer o marido a me arrumar um emprego.

Logo fui convidado pelo marido para os escritórios de Londres do Salomon e apresentado a traders e corretores no pregão. Eu gostei deles. Gostei da agitação do ambiente de trabalho. Mas ainda não tinha uma oferta de emprego formal, e não tinha sido submetido a uma rodada de entrevistas de trabalho propriamente dita. Ficou muito claro, considerando a ausência de interrogatórios rigorosos, que a esposa do diretor-executivo tinha sido fiel à sua palavra e que o Salomon pretendia me contratar. Mas ninguém realmente me pediu para voltar.

Alguns dias depois recebi outro telefonema. Será que eu gostaria de tomar café às 6h30 no Berkeley Hotel em Londres, com Leo Corbett, chefe de recrutamento do Salomon de Nova York? Respondi que sim, naturalmente. Então, passei pelo doloroso e anormal processo de acordar às 5h30 e vestir um terno azul para tomar um café da manhã de negócios. Mas Corbett também não me ofereceu emprego, apenas um prato de ovos mexidos. Tivemos uma conversa agradável, o que era desconcertante, porque os recrutadores do Salomon Brothers eram sabidamente canalhas. Parecia claro que Corbett queria que eu trabalhasse no Salomon, mas ele não foi direto ao ponto e não fez proposta alguma. Fui para casa, tirei o terno e voltei para a cama.

Finalmente, intrigado, contei para um colega na London School of Economics o que tinha acontecido. Como ele queria muito trabalhar no Salomon Brothers, meu colega sabia exatamente o que eu tinha de fazer. O Salomon Brothers, disse ele, nunca fazia ofertas de emprego. Era impensável dar às pessoas a oportunidade de recusá-las. O Salomon Brothers dava apenas dicas. Se eu recebi uma dica de que eles queriam me contratar, a melhor coisa a fazer era ligar para Leo Corbett em Nova York e *pegar* o emprego.

E foi isso que fiz. Liguei para ele, me apresentei novamente e disse: "Quero que você saiba que aceito."

"Fico feliz em ter você a bordo", disse ele, e riu.

Certo. E agora? Ele explicou que eu começaria a vida no "Brothers" em um programa de treinamento com início previsto para final de julho. Disse que eu seria acompanhado por pelo menos 120 outros participantes, a maioria recrutada em universidades e escolas de negócios. Então desligou. Não disse qual seria meu salário, e também não perguntei, porque eu sabia que, por razões que em breve emergirão, os banqueiros de investimento não gostavam de falar sobre dinheiro.

Dias se passaram. Eu não sabia nada sobre negociação e, como resultado, quase nada sobre o Salomon Brothers, pois o Salomon Brothers é, mais do que qualquer outra em Wall Street, uma empresa administrada por traders. Eu só sabia o que tinha lido nos jornais, e eles diziam que o Salomon Brothers era o banco de investimento mais rentável do mundo. Pode até ser verdade, mas o processo de conseguir um emprego na empresa tinha sido estranhamente agradável. Depois de uma certa empolgação inicial com a promessa de emprego permanente, comecei a questionar até que ponto a vida em um pregão seria desejável. Passou pela minha cabeça esperar por uma vaga em finanças corporativas. Se não fosse pelas circunstâncias, eu poderia muito bem ter escrito ao Leo (nos tratávamos pelo primeiro nome) para dizer que eu não queria pertencer a um clube que me aceitasse tão rapidamente como membro. Mas as circunstâncias eram tais que eu não tinha outro trabalho.

Decidi viver com o estigma de ter conseguido meu primeiro emprego de verdade por conhecer pessoas influentes. Era melhor do que o estigma do desemprego. Qualquer outro caminho para o pregão do Salomon Brothers teria sido cheio de obstáculos desagradáveis, como entrevistas de RH. (Seis mil pessoas tinham se candidatado naquele ano.) A maioria das pessoas com quem eu viria a trabalhar fora seriamente agredida em suas entrevistas e tinha histórias terríveis para contar. Exceto pela bizarra lembrança do ataque do Salomon ao trono britânico, eu não tinha cicatrizes de guerra e me sentia ligeiramente envergonhado.

Tudo bem, confesso. Uma das razões pelas quais agarrei a oportunidade do Salomon Brothers com toda força foi o fato de já ter visto o lado negro da busca por um emprego em Wall Street e não ter vontade de encará-lo novamente. Como formando, em 1981, três anos antes da minha noite de sorte no Palácio de St. James, mandei meu currículo para vários bancos. Nunca vi tanta gente de Wall Street ser tão unânime como foram em relação ao meu currículo. Alguns até riram dele. Representantes de várias empresas líderes disseram que eu não tinha instinto comercial, uma maneira pomposa de dizer que eu passaria o restante da minha vida pobre, pensei temeroso. Sempre tive dificuldade em fazer transições bruscas, e esta foi a mais brusca de todas. Lembro de que não conseguia me imaginar vestindo um terno. Além disso, nunca conheci um banqueiro loiro. Todos os homens ricos que eu conhecia eram morenos ou carecas. Não era o meu caso. Então, não estava bem. Cerca de um quarto das pessoas com quem comecei a trabalhar no Salomon Brothers vinha diretamente da faculdade; portanto, passaram em um teste no qual eu fui reprovado. Ainda me pergunto como.

Na época, eu não dava a mínima para a atividade dos traders. Nisso, eu não era diferente de ninguém. Ao ouvirem falar de pregões, os universitários normalmente os consideravam gaiolas para animais não treinados, e uma das grandes mudanças na década de 1980 foi justamente quando as pessoas com nível de instrução mais alto e caro dos Estados Unidos e da Grã-Bretanha passaram a considerá-los com bons olhos. Minha turma de Princeton de 1982 estava entre as últimas a apoiar essa visão. Assim, nós não mandávamos currículos para trabalhar nos pregões. Em vez disso, procurávamos posições menos bem pagas em finanças corporativas. O salário inicial era cerca de US$ 25 mil por ano, mais bônus. No final, o pagamento chegava a US$ 6 por hora. O cargo era "analista de banco de investimento".

Os analistas não analisavam nada. Eram escravos de uma equipe de financistas corporativos, os homens que faziam as negociações e lidavam com a burocracia (embora não com a compra e a venda) de novas emissões de ações e títulos para as grandes empresas norte-americanas. No Salomon Brothers, estavam no mais baixo nível hierárquico de todos; em outros bancos, estavam um pouco mais bem-posicionados; em ambos os casos, o trabalho deles era terrível. Os analistas tiravam cópias, revisavam e organizavam documentos financeiros impressionantemente maçantes durante mais de 90 horas por semana. Se o seu desempenho fosse muito bom, os analistas eram bem-avaliados pelos chefes.

Essa era uma honra duvidosa. Os chefes entregavam *pagers* aos seus analistas favoritos, tornando possível chamá-los a qualquer momento. Alguns dos melhores analistas, depois de meses em seus novos postos de trabalho, perdiam a vontade de viver. Entregavam-se completamente aos seus empregadores e trabalhavam o tempo todo. Raramente dormiam e muitas vezes pareciam doentes; quanto maior o seu desempenho no trabalho, mais perto pareciam da morte. Um analista extremamente bem-sucedido que trabalhava para Dean Witter em 1983 (um amigo que eu invejava na época por sua elevada posição na vida) estava tão estressado que regularmente fugia para o banheiro durante os períodos de calmaria da tarde para cochilar no vaso. Ele trabalhava direto na maioria das noites e nos fins de semana, mas sentia-se culpado por não fazer mais. Fingia estar com prisão de ventre — no caso de alguém reparar os seus longos períodos de ausência. Por definição, o trabalho de um analista durava apenas dois anos. Depois disso, deveria seguir para uma escola de negócios. Muitos analistas mais tarde admitem que os dois anos entre a faculdade e a escola de negócios foram os piores de suas vidas.

O analista era um prisioneiro de sua própria ambição restrita. Ele queria dinheiro. Não queria se expor de alguma maneira incomum. Queria ser considerado bem-sucedido por outros como ele. (Digo isso só porque eu escapei por pouco dessa prisão, e não por escolha própria. E se eu não tivesse escapado, certamente não estaria aqui agora. Continuaria a subir pela mesma escada que muitos dos meus colegas.) Havia uma maneira certa, e apenas uma maneira certa, de vencer na vida, e todos que tinham olhos em 1982 viam o mesmo: formar-se em economia; usar o diploma em economia para conseguir um emprego como analista em Wall Street; usar o trabalho de analista para entrar na Escola de Negócios de Harvard ou Stanford e se preocupar depois com o resto de sua vida.

Assim, mais do que qualquer outra, a pergunta que os meus colegas e eu estávamos fazendo, no final de 1981 e início de 1982 era: como posso me tornar um analista de Wall Street? Com o tempo, esta pergunta passou a gerar consequências fantásticas. A primeira e mais óbvia era um impasse no ponto de entrada. Qualquer uma de uma série de estatísticas oficiais pode ser usada para ilustrar essa questão. Eis uma delas. Quarenta por cento dos 1.300 membros da turma de formandos de Yale em 1986 enviou seus currículos para um só banco de investimento, o First Boston. Havia, creio eu, uma sensação de segurança nos números. Quanto maior o número de pessoas envolvidas, mais fácil era para elas se iludirem e acharem que faziam algo inteligente. A primeira coisa que você aprende no pregão é que, quando um grande número de pessoas está atrás da mesma mercadoria, seja uma ação, um título ou um emprego, essa mercadoria torna-se rapidamente supervalorizada. Infelizmente, na época, eu nunca tinha visto um pregão.

O segundo efeito, que me impressionou na época como trágico, era um estranho aumento de demanda pelo curso da economia. Em Harvard, em 1987, o curso sobre princípios de economia tinha 40 turmas e mil alunos; o número de inscritos havia triplicado em dez anos. Em Princeton, no meu último ano, pela primeira vez na história da universidade o curso de economia havia se tornado o mais popular. E quanto mais pessoas estudavam a matéria, mais um diploma em economia tornava-se pré-requisito para conseguir emprego em Wall Street.

Havia uma boa razão para isso. A economia satisfazia as duas necessidades mais básicas dos bancos de investimento. Em primeiro lugar, os bancos de investimento queriam pessoas práticas, dispostas a subordinar sua educação às suas carreiras. A disciplina, que estava se tornando uma ciência cada vez mais nebulosa, produzindo tratados matemáticos sem uso óbvio, parecia quase concebida como um dispositivo de peneiramento. A forma como era ensinada não despertava exatamente o fogo da imaginação. Quero dizer, poucas pessoas diriam que realmente *gostavam* de estudar economia; não havia sinal de autoindulgência no ato. Estudar economia era mais um sacrifício ritual. Eu não posso provar isso, é claro. É pura especulação, sem provas, com base no que os economistas chamam de empirismo casual. Eu observava. Via amigos constantemente desanimados. Muitas vezes, perguntei aos supostamente inteligentes membros do grupo por que estudavam economia, e explicavam que era um curso prático, apesar de passarem seu tempo desenhando gráficos um tanto esquisitos. Estavam certos, é claro, e isso era ainda mais alucinante. A economia *era* prática. Era fonte de empregos. E isso porque demonstrava que estavam entre os mais fervorosos crentes na supremacia da vida econômica.

Os bancos de investimento também queriam acreditar, como membros de qualquer clube exclusivo, que a lógica das suas técnicas de recrutamento era rigorosa. Ninguém que não pertencia àquele grupo era admitido. Esse orgulho caminhava de mãos dadas com a crença dos bancos de investimento de que eles poderiam controlar seus destinos, algo que, como veremos, não podiam fazer. A economia permitira que os recrutadores dos bancos de investimento comparassem diretamente os registros acadêmicos dos recrutas. O único aspecto inexplicável do processo era que a teoria econômica (que é, afinal, o que os estudantes de economia deviam saber) praticamente não tinha função alguma em um banco de investimento. Os bancos utilizavam a economia como uma espécie de teste padronizado de inteligência geral.

No meio da histeria, eu estava devidamente histérico. Eu tinha tomado uma decisão consciente de não estudar economia na Universidade de Princeton, em parte porque todo mundo estava fazendo isso pelos motivos errados, na minha opinião. Não me interprete mal. Eu sabia que um dia precisaria me sustentar. Mas parecia um desperdício não aproveitar essa oportunidade única de exercitar o cérebro em algo que realmente o desafiasse. Também parecia um desperdício não aproveitar o restante da universidade.

Assim, acabei parando em um dos departamentos menos visados do *campus*. História da arte era o oposto da economia; ninguém queria que constasse no seu currículo. História da arte, como me disse uma vez um estudante de economia, "é para as patricinhas de Connecticut". O principal objetivo econômico da história da arte era clandestinamente aumentar as médias dos alunos de economia. Eles vinham para o meu departamento para um curso por período, que aparecia em seus currículos como apenas um componente dessa média. A ideia de que a história da arte pode ser engrandecedora ou de que o autoaperfeiçoamento, diferentemente do desenvolvimento profissional, era uma meta legítima da educação, era amplamente considerada como ingênua e irresponsável. E ao nos aproximarmos do fim dos nossos quatro anos na faculdade, essa era a nossa visão. Alguns dos meus colegas eram visivelmente simpáticos comigo, como se eu fosse aleijado ou involuntariamente tivesse feito voto de pobreza. Ser o franciscano da turma tinha seus benefícios, mas um bilhete para Wall Street certamente não era um deles.

Para ser justo, a arte era apenas o começo dos meus problemas. Não ajudava o fato de eu ter sido reprovado em um curso chamado "física para poetas" ou que o meu currículo incluísse habilidades como paraquedismo e barman. Nascido e criado no sul dos EUA, eu nunca tinha ouvido falar de bancos de investimento até poucos meses antes da minha primeira entrevista. Acho que a gente não tinha isso por lá.

Mesmo assim, Wall Street parecia ser o lugar certo para estar na época. O mundo não precisava de mais um advogado, eu não tinha aptidão para virar médico e a minha ideia de abrir um negócio de bolsas para pendurar nas traseiras dos cães a fim de evitar que sujassem as ruas de Manhattan (jingle da propaganda: "We Stop the Plop" ou "Chega de caca") nunca conseguiu financiamento. Provavelmente, a verdade é que eu estava assustado com a possibilidade de perder o trem expresso no qual todos os meus conhecidos pareciam ter assento garantido, por medo de que não haveria outros. Eu, certamente, não tinha ideia formada sobre o que faria da vida quando me formasse, e Wall Street pagava muito bem pelo que eu conseguia fazer, que era nada. Meus motivos eram superficiais. Isso não teria importância, e poderia até mesmo ter sido vantajoso, se eu tivesse alguma convicção de que merecia o emprego. Mas eu não tinha. Muitos dos meus colegas de turma haviam sacrificado a melhor parte de sua educação formal para chegar a Wall Street. Eu não sacrificara nada. Isso me tornava um diletante, um garoto do sul em um terno de linho branco que entrou brincando em uma guerra travada principalmente por alunos mais abastados das escolas do nordeste dos EUA.

Resumindo, eu não trabalharia em um banco de investimentos tão cedo. O meu momento de acerto de contas veio imediatamente após a primeira entrevista da temporada de 1982, na empresa Lehman Brothers de Wall Street. Para conseguir a entrevista, eu tinha enfrentado 15 centímetros de neve junto com cerca de 50 outros estudantes, aguardando a abertura da sala de serviços profissionais da Universidade de Princeton. Durante todo o inverno a sala parecia uma bilheteria para um show do Michael Jackson, com filas de estudantes de todo tipo enfrentando vigílias noturnas para serem os primeiros a serem atendidos. Quando as portas finalmente se abriram, corremos e encaixamos nossos nomes na programação de entrevistas do Lehman.

Embora eu não estivesse pronto para trabalhar em um banco de investimento, estranhamente, estava preparado para a minha entrevista. Tinha memorizado os poucos fatos amplamente aceitos pelos alunos de graduação de Princeton como parte do kit de sobrevivência de uma entrevista para trabalhar em bancos de investimento. Os candidatos deveriam ser culturalmente letrados. Por exemplo, em 1982, tinham de ser capazes pelo menos de definir os seguintes termos: *bancos comerciais, bancos de investimento, ambição, trabalho duro, ação, título, oferta não pública de valores mobiliários, sociedade* e a *Lei Glass-Steagall.*

Glass-Steagall era uma lei aprovada pelo Congresso dos EUA que funcionava mais como um ato de Deus. Dividiu a humanidade em duas. Com ela, em 1934, os legisladores norte-americanos tiraram os bancos de investimento do setor comercial. Os banqueiros de investimento passaram a subscrever valores mobiliários, como ações e títulos de dívida. Bancos comerciais, como o Citibank, aceitavam depósitos e faziam empréstimos. A lei, na verdade, criou a profissão de bancários de investimento, o evento mais importante da história mundial; ao menos eu estava convencido disso.

Funcionava por exclusão. Depois da lei Glass-Steagall, a maioria das pessoas se tornou bancário comercial. Bem, na verdade, eu não conhecia nenhum bancário comercial, mas um bancário comercial tinha fama de ser apenas um executivo americano comum com ambições americanas comuns. Ele emprestava algumas centenas de milhões de dólares todos os dias para países sul-americanos. Mas, no fundo, suas intenções eram boas. Ele estava apenas obedecendo ordens de um superior em uma interminável cadeia de comando. Um bancário comercial não era mais criador de caso do que Dagwood Bumstead. Tinha uma esposa, uma caminhonete, dois filhos e um cachorro que lhe trazia os chinelos quando voltava do trabalho às 18 horas. Todos sabíamos que nunca poderíamos admitir para um banco de investimentos que também estávamos procurando emprego nos bancos comerciais, embora muitos de nós estivessem. Os bancos comerciais eram uma rede de segurança.

Quem trabalhava em um banco de investimento pertencia a uma raça à parte, membro de uma raça superior de traders. Ele possuía vastos talentos e ambição quase inimaginável. Se tivesse um cão, o bicho rosnaria. Tinha dois pequenos carros esporte vermelhos, mas queria quatro. Para obtê-los, estava surpreendentemente disposto, para um homem de terno, a causar problemas. Por exemplo, gostava de assediar veteranos de faculdade, como eu. Os bancos de investimento tinham uma técnica conhecida como entrevista estressante. Se você fosse convidado para os escritórios do Lehman de Nova York, sua primeira entrevista poderia começar com o entrevistador lhe pedindo para abrir a janela. Você estaria no 43º andar com vista para a Water Street. A janela estava vedada. Esse era, evidentemente, o ponto. O entrevistador só queria ver se a sua incapacidade de atender ao pedido dele levaria você a forçar a janela e suar, até finalmente você se desmanchar em uma poça de ambições frustradas. Ou, como dizem que aconteceu com um candidato infeliz, a jogar uma cadeira pela janela.

Outro truque que levava ao estresse era o tratamento do silêncio. Você entraria na sala de entrevista. O homem na cadeira não diria nada. Você cumprimentaria o entrevistador. Ele o encararia. Você diria que tinha vindo para uma entrevista de emprego. Ele encararia você ainda mais. Você faria uma brincadeira estúpida. Ele olharia e balançaria a cabeça. Você estaria em xeque. Então, ele pegaria um jornal (ou, pior, o seu currículo) e começaria a ler. Ele estava testando sua capacidade de assumir o controle de uma reunião. Nesse caso, provavelmente, era aceitável jogar uma cadeira pela janela.

Eu quero trabalhar em um banco de investimentos. O Lehman Brothers é o melhor. Quero ser rico. No dia marcado, na hora marcada, eu esfregava as palmas das minhas mãos suadas do lado de fora da sala de entrevista e tentava me concentrar apenas em pensamentos puros (meias-verdades), tais como esses. Conferi rapidamente meu equipamento, como um astronauta que se prepara para a decolagem. Meus pontos fortes: eu era um realizador, alguém que trabalhava bem em equipe e uma pessoa que lidava bem com outras pessoas, o que quer que isso significasse. Meus pontos fracos: eu trabalhava demais e tendia a agir muito rápido para as organizações em que entrava.

Meu nome foi chamado. O Lehman fazia entrevistas aos pares. Eu não tinha certeza se tinha alguma chance de sobreviver a uma dessas pessoas, imagine a duas.

Boa notícia. O Lehman tinha enviado um homem e uma mulher para Princeton. Eu não conhecia o homem. Mas a mulher era formada em Princeton, uma velha amiga que eu não esperava encontrar. Talvez eu sobrevivesse.

Má notícia. Ao entrar no cubículo, ela não sorriu nem demonstrou que me conhecia. Mais tarde ela me disse que tal comportamento é pouco profissional. Apertamos as mãos, e ela foi tão íntima quanto um boxeador antes de uma luta. Então, sentou-se no canto da sala, como se estivesse esperando o sino tocar. Ela se sentou, silenciosamente, com seu terno azul e pequena gravata-borboleta. Seu cúmplice, um jovem de ombros largos, talvez com 22 anos de idade, que segurava uma cópia do meu currículo.

Juntos, os dois tinham dois anos de experiência na área de bancos de investimento. O maior absurdo da entrevista com os universitários eram as pessoas que os bancos de investimento enviavam para conduzi-las. Muitos trabalhavam em Wall Street há menos de um ano, mas tinham adquirido características de Wall Street. Uma de suas palavras favoritas era *profissional.* Sentar-se de forma ereta, mover-se com firmeza, falar com frieza e beber água gelada eram características profissionais. Rir e coçar debaixo do braço, não. Minha amiga e seu cúmplice eram a principal prova do processo de tornar-se um profissional. Um ano em Wall Street e eles já tinham sido metamorfoseados. Sete meses antes minha amiga podia ser vista no *campus* vestindo calça jeans e camiseta com dizeres tolos. Bebia mais cerveja do que era considerado saudável. Tinha sido, em outras palavras, uma aluna típica. Agora, era coadjuvante no meu pesadelo orwelliano.

O jovem tomou o lugar atrás da fria mesa de metal e começou a disparar perguntas para mim. Talvez a melhor maneira de descrever o nosso encontro é recontar, com a ajuda da minha memória, o que aconteceu na nossa conversa:

SUJEITO QUADRADO: Que tal você me explicar a diferença entre bancos comerciais e bancos de investimento?

EU (cometendo o meu primeiro erro por deixar de aproveitar a oportunidade para elogiar os bancos de investimento e ridicularizar as poucas horas de trabalho e a ambição liliputiana de quem trabalha em bancos comerciais): Os bancos de investimento subscrevem valores mobiliários. Você sabe, ações e títulos. Os bancos comerciais só fazem empréstimos.

SUJEITO QUADRADO: Vejo que se formou em história da arte. Por quê? Você não está preocupado em conseguir um emprego?

EU (tentando defender o departamento de história da arte de Princeton): Bem, história da arte era o que mais me interessava, e o departamento aqui é excelente. Como Princeton não oferece formação profissionalizante, não acredito que a escolha da minha área de especialização fará muita diferença na hora de encontrar um emprego.

SUJEITO QUADRADO: Você sabe o tamanho do PIB dos EUA?

EU: Não tenho certeza. Não é cerca US$ 500 bilhões?

SUJEITO QUADRADO (lança um olhar significativo para a mulher que eu achei que era minha amiga): Está mais para US$ 3 trilhões. Você sabe que entrevistamos centenas de pessoas para cada cargo. Você está concorrendo com vários estudantes de economia que conhecem bem a matéria. Por que você quer trabalhar em um banco de investimento?

Eu (obviamente, a resposta honesta é que eu não sabia. Isso era inaceitável. Depois de enrolar um pouco, disse o que achei que ele quisesse ouvir): Bem, na verdade, em última análise, quero ganhar dinheiro.

Sujeito quadrado: Esta não é uma boa razão. São longas horas de trabalho nesse cargo, e a sua motivação precisa ser mais do que apenas ganhar dinheiro. É verdade, a nossa remuneração está em linha com a nossa contribuição. Mas, francamente, tentamos dissuadir do negócio quem está interessado demais em dinheiro. É isso.

É isso? As palavras ressoavam em meus ouvidos. Antes que eu pudesse impedir que isso acontecesse, estava do lado de fora do cubículo, suando frio e ouvindo o candidato seguinte ser escrachado. Nunca eu havia duvidado do amor pelo dinheiro de quem trabalha em banco de investimento. Achei que os bancários de investimento ganhavam dinheiro para viver, da mesma forma que a Ford fabricava carros. Mesmo que os analistas não recebessem tão bem quanto os bancários de investimento mais velhos, achava que deveriam ser pelo menos um pouco gananciosos. Por que o sujeito quadrado do Lehman se ofendeu com a sugestão? Um amigo que acabou conseguindo um emprego no Lehman Brothers me explicou mais tarde: "É tabu", disse. "Quando eles perguntam por que você quer trabalhar em um banco de investimento, a resposta deve incluir necessariamente os desafios e a emoção de fechar um acordo e a empolgação de trabalhar com pessoas de tão alto calibre, mas nunca, jamais mencionar dinheiro."

Aprender uma nova mentira era fácil. Acreditar nela era outra questão A partir de então, sempre que um bancário de investimento perguntava meus motivos, eu respondia usando as palavras certas: o desafio, as pessoas, a emoção de fechar um acordo. Demorou vários anos até que eu me convencesse que essa possibilidade era remotamente plausível (acho até que usei alguma variante dela com a esposa do diretor-executivo do Salomon Brothers). Que o dinheiro não era o fator motivador, é claro, era uma completa e absoluta mentira. Mas na sala de serviços profissionais da Universidade de Princeton, em 1982, você não deixava a verdade ficar no caminho de um emprego. Eu elogiava os bancários. Ao mesmo tempo, fervia de raiva com sua hipocrisia. Quero dizer, será que alguém, mesmo naqueles dias inocentes, duvidava da importância do dinheiro em Wall Street que não as pessoas de Wall Street quando falavam com pessoas de outros lugares?

Ficar com raiva era consolador. E eu precisava de consolo, pois, quando me formei em Princeton, não tinha emprego (o Salomon tinha me rejeitado sem sequer me entrevistar). No ano seguinte, ao passar por três empregos diferentes, consegui demonstrar que fazia jus à descrição de desempregado que os bancários me deram. Nunca duvidei que merecesse isso. Só não gostei da maneira como consegui. Não aprendi muito com a pilha de cartas de rejeição de Wall Street, exceto que os bancários de investimento não estavam no mercado por causa de sua honestidade ou pelos meus serviços (não que os dois estivessem de alguma forma relacionados). Perguntas prontas deveriam ser respondidas com frases feitas. Uma entrevista bem-sucedida de um formando para trabalhar em um banco de investimento soava como um canto monástico. Uma entrevista malsucedida era como um acidente grave. Minha entrevista no Lehman era representativa não apenas de minha própria experiência, mas de milhares de entrevistas realizadas por uma dúzia de bancos de investimento em várias dezenas de *campi* universitários por volta de 1981 em diante.

Ainda assim, a história tem final feliz. O Lehman Brothers acabou falindo. A batalha entre traders e financistas corporativos fez com que a empresa entrasse em colapso no início de 1984. Os traders ganharam, mas o que restou da augusta casa do Lehman não valia a pena salvar. Os sócios seniores foram forçados a procurar, de chapéu na mão, a rival, Shearson, de Wall Street, que comprou o banco. O nome do Lehman Brothers foi banido para sempre dos cartões de visita de Wall Street. Quando li a notícia no *New York Times*, pensei, *bem feito*, o que admito não ter sido um pensamento muito cristão. Se o infortúnio do Lehman estava diretamente relacionado à relutância em admitir que seu objetivo era ganhar dinheiro, não sei dizer.

CAPÍTULO 3

Aprendendo a amar sua cultura corporativa

Aquele que faz de si mesmo uma besta se livra da dor de ser homem.
Samuel Johnson

Lembro quase perfeitamente como me senti e o que vi no meu primeiro dia no Salomon Brothers. Senti um calafrio tomar conta do meu corpo, que, amolecido e mimado pelo regime de um estudante profissional, se imaginava ainda dormindo. Com razão. Eu só era esperado às 7 horas, mas acordei cedo para passear por Wall Street antes de ir para o escritório. Nunca tinha visto o lugar antes. Havia um rio de um lado e um cemitério do outro. No meio dos dois estava a "Manhattan vintage": um desfiladeiro profundo e estreito em que táxis amarelos passavam por cima de tampas de esgoto levantadas, buracos e lixo. Exércitos de homens de terno preocupados desembarcavam do metrô da Lexington Avenue e marchavam pelas calçadas tortuosas. Para pessoas ricas, eles não pareciam muito felizes. Pareciam sérios, pelo menos em comparação a como eu me sentia. Eu tinha apenas um certo nervosismo, que acompanha qualquer novo começo. Curiosamente, eu não imaginava que estava indo para o trabalho; era mais parecido com ir receber um prêmio da loteria.

O Salomon Brothers tinha me escrito em Londres anunciando que me pagaria um salário de MBA, embora eu não tivesse um MBA, de US$ 42 mil mais um bônus de US$ 6 mil após os primeiros seis meses. Naquela época, eu não tinha a formação necessária para me sentir pobre com US$ 48 mil (então equivalentes a £ 45 mil) por ano. Receber a notícia na Inglaterra, a terra dos parcos contracheques, acentuava a generosidade do Salomon. Um professor catedrático, da London School of Economics, que demonstrava grande interesse em assuntos materiais, olhou para mim de olhos esbugalhados e engasgou quando ouviu qual seria meu salário. Era o dobro do que ele ganhava. Ele estava na casa dos 40 e no auge da carreira, eu tinha 24 anos de idade e começava a minha. Não havia justiça no mundo, e dou graças a Deus por isso.

Talvez valha a pena explicar de onde vinha esse dinheiro, embora eu não desse muita atenção a isso na época. Em 1985, o Salomon Brothers era, sem sombra de dúvida, a empresa mais lucrativa do mundo. Pelo menos era isso que me diziam o tempo todo. Eu nunca me preocupei em confirmar, porque parecia a mais óbvia verdade. Wall Street era quente. E nós éramos a empresa mais lucrativa de Wall Street.

Wall Street negocia ações e títulos. No final da década de 1970, e nos primórdios da política americana superindulgente e da história financeira moderna, o Salomon Brothers sabia mais sobre títulos de dívida do que qualquer empresa em Wall Street: como avaliá-los, como negociá-los e como vendê-los. A única brecha em seu domínio completo dos mercados de títulos de dívida em 1979 estava nos títulos de alto risco e alta rentabilidade (*junk bonds*), que retomaremos mais adiante e que eram a especialidade de outra empresa semelhante a nós de muitas maneiras: a Drexel Burnham. Mas no final da década de 1970 e início da década de 1980 os títulos de alto risco eram uma fração tão pequena do mercado que o Salomon efetivamente dominava o mercado de títulos inteiro. O restante de Wall Street tinha se contentado em deixar o Salomon Brothers se tornar o melhor banco trader de dívida, pois a função não era terrivelmente lucrativa ou prestigiada. Captar recursos (emitir ações) para grandes empresas era o que dava dinheiro. Conhecer CEOs de várias empresas era o que dava prestígio. O Salomon era atípico em termos sociais e financeiros.

Pelo menos foi isso que me disseram. Tudo isso era difícil de provar, porque a única prova era oral. Mas considere a risada abafada causada por um discurso proferido na Wharton School, em março de 1977, por Sidney Homer, do Salomon Brothers, o principal analista de títulos de dívida em Wall Street, de meados da década de 1940 até o final da década de 1970. "Sentia-me frustrado", disse Homer sobre seu trabalho. "Em festas, encantadoras senhoritas se aproximavam de mim e pediam a minha opinião sobre o mercado, mas, infelizmente, quando descobriam que eu era um homem dos títulos, elas se afastavam em silêncio."

Ou considere a própria falta de evidência. Na Biblioteca Pública de Nova York existem 287 livros com a palavra-chave "bond", a maioria tratados de química.[1] Os livros relacionados a investimentos estão recheados de números horrorosos e se chamam *All Quiet on the Bond Front* [Tudo calmo no fronte dos títulos] e *Low-Risk Strategis for the Investor* [Estratégias de baixo risco para o investidor]. Em outras palavras, eles não são o tipo de leitura empolgante que envolvem o leitor. As pessoas que acreditam que têm alguma consequência social tendem a deixar rastros em papel, na forma de memórias e relatos verídicos. Mas, embora existam dezenas de relatos de casos verídicos e diversas autobiografias escritas sobre os mercados de ações, os mercados de títulos de dívida estão oficialmente em silêncio. As pessoas ligadas aos mercados de títulos representam o mesmo problema para um antropólogo cultural que uma tribo não letrada nos confins da Amazônia.

Em parte, isso se deve à ausência das classes cultas no mercado de títulos, o que, por sua vez, reforça o ponto sobre como os títulos já foram algo completamente fora de moda. Em 1968, da última vez em que fizeram esse levantamento no Salomon Brothers, 13 dos 28 sócios não tinha nível universitário, e um não tinha terminado o ensino fundamental. Nesse grupo, John Gutfreund era um intelectual; embora tenha sido rejeitado por Harvard, ele finalmente se formou (sem distinção) em Oberlin.

O maior mito sobre os traders e, portanto, o maior mal-entendido sobre a prosperidade sem precedentes em Wall Street na década de 1980, é

---

[1] Em inglês, além de "título de dívida", "*bond*" pode significar "ligação química", entre outras possibilidades. (*N. do T.*)

que eles ganhavam dinheiro porque assumiam grandes riscos. Poucos fazem isso. Todos os traders assumem poucos riscos. A grande maioria age simplesmente como cobrador de pedágio. A fonte de sua fortuna foi muito bem resumida por Kurt Vonnegut (que, estranhamente, estava descrevendo advogados): "Existe um momento mágico quando um homem está de posse de um tesouro, cujo verdadeiro dono está prestes a recebê-lo, mas ainda não recebeu. Um advogado [leia-se 'trader de títulos'] atento tornará aquele momento especial, tomando o tesouro para si nesse microssegundo mágico, tirando um pedacinho dele e passando-o adiante."

Em outras palavras, o Salomon ficava com uma pequena fração de cada transação financeira. Isso se acumula. O corretor do Salomon vende US$ 50 milhões em novas emissões de títulos da IBM para o fundo de pensão X. O trader do Salomon, que fornece os títulos ao corretor, toma para si um oitavo (de um ponto percentual), ou US$ 62.500. Se quiser, esse percentual pode ser maior. No mercado de títulos, ao contrário do mercado de ações, as comissões não são abertamente declaradas.

Agora começa a diversão. Assim que o trader fica sabendo qual é a posição dos títulos da IBM e qual o temperamento do seu proprietário, ele não precisa ser excepcionalmente talentoso para fazer os títulos (o tesouro) render novamente. Pode gerar seus próprios microssegundos mágicos. Pode, por exemplo, pressionar um de seus corretores para que ele convença a companhia de seguros Y de que os títulos da IBM valem mais do que o que o fundo de pensão X pagou inicialmente. Se isso é ou não verdade é irrelevante. O trader compra os títulos de X e os vende para Y, fica com outra fração de um oitavo do bolo, e o fundo de pensão fica contente de obter um pequeno lucro em tão pouco tempo.

Nesse processo, ajuda se nenhuma das partes de ambos os lados do intermediário souber quanto vale o tesouro. Os homens no pregão talvez não tenham frequentado a universidade, mas são especialistas em ignorância humana. Em qualquer mercado, como em qualquer jogo de pôquer, existem imbecis. O astuto investidor Warren Buffett gosta de dizer que qualquer jogador que ignore os tolos do mercado provavelmente *é* o tolo do mercado. Em 1980, quando o mercado de títulos emergiu de um longo período de latência, muitos investidores, e até mesmo bancos de Wall Street, não tinham a menor ideia de quem era o imbecil no novo jogo. Os traders de títulos do Salomon sabiam da existência dos imbecis porque esse era o seu trabalho. Conhecer os mercados é conhecer as fraquezas dos outros. E um imbecil, diziam, era uma pessoa disposta a vender um título por menos ou a comprar um título por mais do que valia. Um título valia tanto quanto a pessoa que o avaliou corretamente estava disposta a pagar por ele. E o Salomon, para completar o círculo, era a empresa que avaliava os títulos corretamente.

Mas nada disso explica por que o Salomon Brothers era lucrativo na década de 1980. Obter lucro em Wall Street é um pouco como comer o recheio de um peru. Alguma autoridade superior deve, primeiro, colocar o recheio dentro do peru. O peru foi recheado com mais generosidade na década de 1980 do que em outras épocas. E o Salomon Brothers, devido à sua área de especialização, serviu-se uma segunda e uma terceira vez antes mesmo que as outras empresas soubessem que o jantar estava servido.

Uma das mãos benevolentes que preparava o recheio pertencia ao FED, o Banco Central dos EUA. Isso é irônico, já que ninguém desaprovava os excessos de Wall Street na década de 1980 tanto quanto o presidente do FED, Paul Volcker. Em uma rara entrevista coletiva, em um sábado, dia 6 de outubro de 1979, Volcker anunciou que o suprimento de dinheiro deixaria de flutuar com o ciclo de negócios; o volume de dinheiro seria fixo e as taxas de juros seriam flutuantes. O evento, creio eu, marca o início da época de ouro para os traders de títulos. Se Volcker não tivesse feito essa mudança radical na política avançar, o mundo teria muitos traders e uma biografia a menos. Pois, na prática, a mudança no foco da política monetária significava que as taxas de juros flutuariam descontroladamente. Por padrão, o valor dos preços dos títulos é inversamente proporcional ao das taxas de juros. Permitir que as taxas de juros variassem significava permitir que os preços dos títulos também variassem. Antes do discurso de Volcker, os títulos eram investimentos conservadores, nos quais os investidores aplicavam seus recursos quando não queriam arriscar a sorte no mercado de ações. Depois do discurso de Volcker, os títulos se tornaram objetos de especulação, um meio de criar riqueza em vez de apenas guardá-la. De um dia para outro, o mercado de títulos deixou de ser uma birosca e virou um cassino. O volume de negócios estourou no

Salomon. Muito mais gente foi contratada para lidar com o novo negócio, com salários iniciais de US$ 48 mil.

Como Volcker tinha liberado as taxas de juros, a outra mão que recheava o peru entrou em ação: os mutuários da América. Os empréstimos realizados pelos governos, consumidores e grandes empresas norte-americanas durante a década de 1980 foram muito maiores do que antes: isso significou uma explosão no volume de títulos (outra maneira de analisar a questão é que os investidores estavam emprestando dinheiro mais livremente do que nunca). O endividamento combinado dos três grupos, em 1977, era US$ 323 bilhões; boa parte desse montante não eram títulos, mas empréstimos feitos por bancos comerciais. Em 1985, os três grupos tinham emprestado US$ 7 *trilhões*. Além disso, graças a executivos de lugares como o Salomon e a instabilidade dos bancos comerciais, uma porcentagem muito maior da dívida foi lançada na forma de títulos do que antes.

Assim, não só os preços dos títulos ficaram mais voláteis, mas o número de títulos a serem negociados também aumentou. Nada no Salomon Brothers mudara a ponto de tornar os traders mais capazes do que antes. Agora, porém, o volume de transações havia explodido em termos de tamanho e frequência. Um corretor do Salomon, que no passado movimentava mercadorias no valor de US$ 5 milhões a cada semana, estava agora movimentando US$ 300 milhões por *dia* nos livros dos traders. Ele, o trader e a empresa começaram a enriquecer. E decidiram, por razões que só eles conheciam, investir parte de seus ganhos comprando pessoas como eu.

As aulas no Salomon Brothers eram realizadas no 23º andar do prédio na ponta sudeste de Manhattan. Cheguei lá, finalmente, para dar início à minha carreira no banco. À primeira vista, minhas perspectivas pareciam sombrias. Os outros trainees pareciam estar no escritório há horas. De fato, para obter uma vantagem sobre seus colegas, a maioria já estava lá há semanas. Ao caminhar pela área de treinamento, percebi que estavam reunidos em grupos pelos corredores ou no hall de entrada atrás da sala de aula, conversando. Era uma reunião de família. Todo mundo se conhecia. Panelinhas já tinham se formado. Todos os melhores armários já haviam sido escolhidos. Os recém-chegados eram vistos com desconfiança. Opiniões já estavam formadas sobre quem era "bom", ou seja, quem estava talhado para trabalhar no pregão do Salomon, e quem era perdedor.

Um grupo de homens estava de pé em uma rodinha em um canto do saguão jogando um jogo que não reconheci na época, mas que hoje sei que era o jogo da mentira. Eles estavam rindo, xingando, olhando-se de soslaio e no geral se comportando de maneira fraterna e amigável. Eles usavam cintos. Acho que desisti da ideia de me sentir imediatamente em casa no Salomon Brothers quando vi os cintos. Eu tive a oportunidade de resgatar um par de suspensórios vermelhos brilhantes com grandes cifrões dourados nas pontas. Hora de brincar de banco de investimentos, pensei. Errado. Mais tarde um colega bem-intencionado me deu um conselho: "Não deixe que eles vejam você no pregão usando isso", disse. "Os diretores são os únicos que podem usar suspensórios. Eles vão olhar para você e dizer: 'Quem ele pensa que é?'"

Também lembro que, quando cheguei ao saguão naquela primeira manhã, uma trainee estava gritando ao telefone, no que parecia ser uma conexão muito precária. No meio de um escaldante mês de julho, a mulher rechonchuda ao telefone estava estufada em um tailleur de lã bege de três peças com uma gravata-borboleta branca gigante, que eu provavelmente não teria nem notado se ela mesma não tivesse chamado atenção para si. Ela colocou a mão sobre o telefone e declarou a um pequeno grupo de mulheres: "Olha, eu posso fazer seis tailleurs completos por US$ 750. *Estes* são de qualidade. E este preço é *ótimo*. Você não encontra mais barato."

Isso explicava tudo. Ela vestia lã só porque estava vendendo lã. Maquinou corretamente que sua turma de treinamento representava um mercado em si: pessoas com dinheiro sobrando, de olho em uma pechincha e com espaço em seus armários para o *look* executivo. Ela tinha persuadido uma pequena fábrica de origem oriental a abastecê-la com roupas de inverno a granel. Quando me viu olhando para ela, disse que, com um pouco mais de tempo, poderia "vender para homens também". Ela não teve a intenção de ser grosseira, é claro. Mas as primeiras palavras que ouvi de um colega trainee foram proferidas por alguém tentando me vender alguma coisa. Considero que foram boas-vindas apropriadas ao Salomon Brothers.

Do canto mais escuro do saguão veio um pequeno raio de esperança, o primeiro sinal de que havia mais de uma perspectiva sobre a vida no Salomon Brothers. Um jovem rapaz gordo estava largado de braços abertos no chão. Ele estava, pelo que pude apurar, dormindo. Sua camisa estava para fora da calça e muito amassada; sua barriga branca estava aparente, a corcova de uma baleia, onde os botões abriram. Sua boca escancarada parecia estar esperando receber um cacho de uvas. Ele era inglês. Estava predestinado ao escritório de Londres, eu soube mais tarde, e não estava lá muito preocupado com a carreira. Em comparação com a maioria dos trainees, era um homem do mundo. Queixava-se incessantemente de ser tratado como criança pela empresa. Ele tinha atuado nos mercados da cidade de Londres por dois anos inteiros e achava toda a ideia de um programa de treinamento absurda. Então, transformou Manhattan em seu parque de diversões à noite. Convalescia durante o dia. Bebia potes de café e dormia no chão da sala de aula, deixando sua primeira e indelével impressão em muitos de seus novos colegas.

Os 127 pecadores da turma de 1985 eram parte de uma série de ondas humanas que varreram o que então era o pregão mais lucrativo do mundo. Na época, éramos de longe a maior turma em treinamento da história do Salomon, e a turma depois da nossa tinha quase o dobro de participantes. A proporção de pessoal de apoio para os profissionais (nós éramos, acredite ou não, "profissionais") era de 5 para 1; então, 127 correspondiam a mais 635 funcionários de apoio. O aumento do número foi dramático em uma empresa de pouco mais de 3 mil. O hipercrescimento acabaria paralisando a empresa e, mesmo para nós, parecia artificial, como despejar fertilizantes demais em uma planta. Por algum motivo estranho, a diretoria não partilhava da nossa visão.

Em retrospecto, está claro para mim que a minha chegada ao Salomon marcou o começo do fim dessa consagrada instituição. Onde quer que eu fosse — era impossível não notar —, o lugar estava desmoronando. Não que eu fosse uma parte tão importante da engrenagem para provocar a sua destruição por conta própria. Mas só o fato de terem me deixado entrar — outros vagabundos como eu — era um sinal de alerta precoce. Sinais de alarme deveriam ter soado. Estavam perdendo contato com sua identidade.

Haviam sido sagazes comerciantes de carne de cavalo. Agora, estavam aceitando todo tipo de moleque. Até os meus pares com uma mentalidade mais comercial — não, especialmente meus colegas com uma mentalidade mais comercial, como a mulher que vendia os tailleurs — não pretendiam dedicar suas vidas ao Salomon Brothers. Eu também não.

O único elemento que nos ligava à empresa era o que havia atraído tantos de nós: dinheiro e uma estranha crença de que nenhum outro trabalho no mundo valia a pena. Não exatamente o tipo de lealdade profunda e permanente. Dentro de três anos 75% de nós teriam ido embora (em comparação com anos anteriores, quando, após três anos, em média, 85% da turma ainda estavam na empresa). Depois que essa grande infusão de estranhos resolveu manter distância, a empresa entrou em convulsão, assim como acontece quando ingerimos grandes quantidades de uma substância estranha.

Éramos um paradoxo. Tínhamos sido contratados para negociar em um mercado, para sermos mais sagazes do que o cara ao lado, para sermos, em suma, traders. Pergunte a qualquer negociante sagaz e ele dirá que seu melhor trabalho vai de encontro à sabedoria convencional. Bons traders tendem a fazer o inesperado. Nós, como grupo, éramos dolorosamente previsíveis. Entrando para o Salomon Brothers, estávamos fazendo apenas o que qualquer pessoa saudável e com fome de dinheiro faria. Se não fomos capazes de resistir às convenções em nossas vidas, teríamos condições de fazer diferente no mercado? Afinal de contas, o mercado de trabalho é um *mercado*.

Recebemos o grandalhão que palestrava para nós tão bem quanto qualquer outro instrutor, o que não representava grande coisa. Ele foi o palestrante daquela tarde. Isso quer dizer que passou três horas sobre um tablado de 10 metros diante da turma, com uma mesa comprida, um pódio e um quadro-negro. O homem andava de um lado para outro no tablado como um treinador caminhando pelas laterais do campo, algumas vezes olhando para o chão, outras vezes nos encarando ameaçadoramente. Estávamos sentados em fileiras de cadeiras escolares interconectadas — 22 fileiras de homens vestindo camisas brancas, pontuadas por ocasionais senhoras de blazer azul, dois negros e um grupo de japoneses. A cor pálida e sem vida das paredes e do piso da sala de treinamento dava o tom da reunião. Uma parede tinha fendas estreitas e compridas que passavam por janelas com uma visão panorâmica do porto de Nova York e da Estátua da Liberdade, mas você tinha de estar sentado bem ao lado delas para enxergar alguma coisa e, mesmo assim, a gente não podia ficar apreciando a vista durante a aula.

No geral, parecia mais uma prisão do que um escritório. A sala era quente e asfixiante. As almofadas dos assentos eram de um verde artificial desagradável; os fundilhos das calças grudavam nas almofadas e na gente quando levantávamos no final de cada dia de treinamento. Engoli um enorme e gorduroso cheeseburger no almoço, e com apenas um ligeiro interesse sociológico no palestrante, fui tomado pela sonolência. Era a exaustão apenas da primeira semana. Afundei na cadeira.

O palestrante era um dos maiores traders de títulos do Salomon. Na mesa na frente da sala havia um telefone, que tocava sempre que o mercado de títulos ficava fora de controle. Ao andar, o instrutor grandalhão deixava os braços junto ao corpo para esconder as meias-luas de suor que cresciam sob as axilas. Esforço ou nervosismo? Provavelmente, nervosismo. Não podemos culpá-lo. Ele estava divulgando suas crenças sinceras, tornando-se, assim, mais vulnerável do que qualquer outro palestrante até então. Eu era um dos poucos que achava o cara um pouco entediante. Ele estava indo bem com a galera. O pessoal da fila de trás ouvia. A sala inteira tinha deixado de lado as palavras cruzadas do *New York Times* para prestar atenção à aula. O homem estava revelando como sobreviver. "Você tem que pensar no Salomon Brothers como se fosse uma selva", disse ele, com um sotaque carregadíssimo.

"O pregão é uma selva", ele continuou, "e o cara para quem você acaba trabalhando é o seu guia na selva. O seu sucesso aqui dependerá da sua capacidade de sobrevivência na selva. Você tem que aprender com o chefe. Ele é essencial. Imagine a seguinte situação: dois sujeitos são levados para o meio da selva — um deles recebe um guia de sobrevivência e o outro não recebe nada. Muita coisa ruim acontece no meio da selva. Do lado de fora, uma TV exibe o final do campeonato de futebol ao lado de uma enorme geladeira abarrotada de cerveja..."

O palestrante tinha encontrado o segredo para domar a turma de 1985 do Salomon Brothers: conquistar os corações e as mentes da fileira de trás. A galera do fundão, do terceiro dia de aula em diante, vivia à beira do caos. Mesmo quando eles se sentiam apenas ambivalentes em relação a determinado palestrante, o pessoal de trás dormia ou jogava bolinhas de papel nos maricas da primeira fila. Se a turma do fundão por algum motivo não gostasse do palestrante, as portas do inferno se abriam. Não era o caso naquele dia. Uma revelação primitiva tomava conta da parte de trás da sala ao som dos tambores da selva: era como se um grupo de caça de homens de Cro-Magnon tivesse descoberto um novo instrumento. Os caras da fila de trás estavam prestando atenção pela primeira vez naquele dia. Oooohhhh. Aaaahhhh.

Com o fundão neutralizado, o palestrante realmente conseguia controlar a plateia, pois as pessoas da frente estavam no piloto automático. Eram iguais às pessoas que sentavam na primeira fila em qualquer lugar do mundo, só que melhores. A maioria dos formandos da Harvard Business School sentava-se na primeira fila. Um deles saudava cada novo palestrante com um organograma. O organograma parecia uma árvore de Natal, com John Gutfreund em cima e a gente lá embaixo. Entre uma ponta e outra havia muitas caixinhas como ornamentos. Sua maneira de controlar a situação era identificar o cargo ocupado pelo palestrante, visualizar sua posição na hierarquia da empresa e confiná-lo à caixinha apropriada.

Esses organogramas eram estranhos e pareciam mais magia negra do que um gráfico de negócios. A hierarquia não era terrivelmente importante no pregão. A estrutura organizacional do Salomon Brothers era uma espécie de piada. Ganhar dinheiro era o que mais importava. Mas a fila da frente estava menos confiante do que a de trás de que a empresa era uma meritocracia dos fazedores de dinheiro. Eles estavam protegendo suas apostas — somente para o caso de o Salomon Brothers ter alguma relação com as empresas que haviam estudado na faculdade.

"[...] Uma enorme geladeira abarrotada de cerveja", disse o palestrante, pela segunda vez. "E são grandes as chances de que o cara que conta com o guia na selva seja o primeiro a atravessá-la até a TV e a cerveja. Isso não quer dizer que o outro nunca chegará lá. Mas" — aqui ele parou de andar e

ou uma coisa sem negociar ao mesmo tempo. Então, começaram a negociar os trainees, como escravos. Um dia, três deles estavam debruçados sobre a pasta azul folheando as nossas fotos e currículos. No dia seguinte você ficava sabendo que tinha sido trocado por uma pessoa da primeira fila além de ter direito de escolha referente ao próximo programa de treinamento.

A pressão aumentava. Quem falava de quem? Que trainees conseguiram fechar um negócio? Será que ainda restava algum cargo vago? Como qualquer processo de seleção, esse teve seus vencedores e perdedores. Mas o processo de seleção era amplamente subjetivo. Como não havia medidas objetivas da qualificação dos candidatos, conseguir um bom emprego envolvia sorte, "presença" e saber como e quando bajular alguém importante. Não havia muito que fazer em relação aos dois primeiros fatores, então tendíamos a nos concentrar no terceiro. Precisávamos de um padrinho. Cair nas graças de um dos 112 diretores-executivos não era suficiente; você tinha que fazer amizade com um diretor influente. Havia um pequeno problema, é claro. Os chefes não costumavam estar ansiosos por fazer amizade com trainees. Afinal de contas, o que ganhavam com isso?

Um diretor-executivo só se interessava por um trainee caso acreditasse que ele era disputado pelos outros executivos. Só então ele via algo interessante em você. Um diretor-executivo ganhava pontos quando tomava um trainee popular de outros diretores. A abordagem de muitos trainees, portanto, era criar a ilusão de interesse. Assim, os chefes queriam o trainee não por algum motivo justo, mas simplesmente porque outros chefes o queriam também. O resultado final era uma espécie de esquema Ponzi de popularidade pessoal que tinha seu paralelo nos mercados. Montá-lo exigia uma grande dose de autoconfiança e fé na credulidade dos outros; esta foi a solução que encontrei para o problema de achar uma posição para mim. Depois de algumas semanas no programa de treinamento, fiz um amigo no pregão, embora não na área em que eu queria trabalhar. Esse amigo me pressionou para que eu entrasse no departamento dele. Deixei outros trainees saberem que eu estava sendo disputado. Eles contaram aos seus amigos no pregão, que, por sua vez, ficaram curiosos. Por fim, o homem para quem eu queria trabalhar ouviu falar de mim e me convidou para tomar café da manhã com ele.

Se isso soa calculista e tortuoso, considere as opções. Ou eu deixava meu destino nas mãos da gerência, que, pelo que percebi, não demonstrava grande misericórdia a quem fosse tolo o suficiente para confiar nela, ou eu apelava diretamente para o ego do diretor-executivo de minha escolha. Eu tinha amigos que tentaram essa tática. Eles atiraram-se aos pés do chefe dos seus sonhos, como um vassalo diante de um lorde, e diziam algo suntuoso e servil, como "Sou seu humilde e dedicado servo. Contrate-me, oh, Grande Magnificência, e eu farei qualquer coisa ao meu alcance para servi-lo". Eles esperavam uma resposta favorável do diretor-executivo, talvez algo do tipo: "Levante-se, jovem, você não precisa temer. Se você for fiel a mim, eu o protegerei das forças do mal e do desemprego." Às vezes, isso acontecia. Mas se não desse certo, você teria gasto seu último trunfo. Você sobrava. Entre os colegas de treinamento, surgiu a dúvida se, considerando as circunstâncias, rastejar era aceitável. Como se o objetivo de todo o sistema do Salomon fosse simplesmente ver quem esmorecia sob pressão e quem aguentava.

Cada trainee tinha que decidir por si mesmo. Assim nasceu a Grande Divisão. Aqueles que optaram pelo caminho da humilhação completa desde o primeiro dia de aula procuraram lugar na parte da frente da sala, onde ficaram, com os lábios franzidos, durante todo o programa de treinamento de cinco meses. Aqueles que preservavam o orgulho — ou talvez considerassem que era melhor ficar longe disso tudo —, fingiam indiferença, sentando-se na fila de trás e arremessando bolinhas de papel nos diretores.

Claro, havia exceções a esses padrões de comportamento. Um grupo de pessoas se perdia por entre as fendas da Grande Divisão. Duas ou três fecharam acordos com os diretores-executivos no início do programa que lhes garantiram os cargos de sua escolha. Eles vagavam de forma imprevisível, como homens livres entre escravos, e eram basicamente considerados os espiões da diretoria. Alguns trainees tinham espírito rebelde, dignos do fundão, mas também tinham esposas e filhos para sustentar. Não havia lealdades. Ficavam distantes da fileira da frente por desdém e do fundão por um sentimento de responsabilidade.

Eu me considerava uma exceção, é claro. Fui acusado por alguns de pertencer à fileira da frente, porque gostava de sentar ao lado do cara da

Harvard Business School e vê-lo desenhar organogramas. Eu me perguntava se ele teria sucesso (não teve). Além disso, fazia perguntas demais. Eles supunham que eu fazia isso para agradar os palestrantes, como uma pessoa da fileira da frente faria. Isso não era verdade. Mas tente dizer isso ao pessoal do fundão. Eu, totalmente sem jeito, compensava a minha curiosidade lançando alguns papeizinhos em traders importantes. E meu valor aumentou dramaticamente para a fileira de trás quando fui colocado para fora da sala por ler o jornal durante a aula de um trader. Mas eu nunca me enturmei com o pessoal da fila de trás.

De todas as exceções, no entanto, os japoneses eram os maiores. Os japoneses minavam qualquer análise da cultura de nossa turma. Todos os seis sentavam na primeira fila e dormiam. Suas cabeças balançavam para frente e para trás e, de vez em quando, caíam para o lado, de modo que suas bochechas ficavam paralelas ao chão. Por isso, era difícil argumentar que estavam apenas ouvindo com os olhos fechados, como os executivos japoneses tendem a fazer. A explicação mais caridosa para a apatia deles era que não entendiam inglês. Mantinham-se reservados, no entanto, e a gente nunca tinha certeza de suas competências linguísticas ou de seus motivos. Seu líder era um homem chamado Yoshi. Toda manhã e à tarde o pessoal do fundão apostava quantos minutos Yoshi levaria para cair no sono. Eles gostavam de pensar que Yoshi era um encrenqueiro calculista. Yoshi era o herói do pessoal. Uma pequena celebração acontecia no fundão quando Yoshi dormia, em parte porque alguém tinha acabado de ganhar um monte de dinheiro, mas também em respeito a qualquer homem com coragem suficiente para cair no sono na primeira fila.

Os japoneses eram uma espécie protegida, e eu acho que eles sabiam disso. Sua terra natal, como resultado de excedentes comerciais, estava acumulando uma enorme pilha de dinheiro. Muito dinheiro poderia ser obtido trazendo esses dólares de Tóquio e transformando-os em títulos da dívida pública federal dos EUA e em outros investimentos em dólares. O Salomon tentava expandir seu escritório em Tóquio, empregando funcionários locais experientes. Aqui estava a pegadinha. Os japoneses tendem a passar a vida inteira em uma única empresa japonesa, e os mais capazes normalmente não sonham trabalhar para uma empresa americana. Ao entrar para o Salomon Brothers, eles trocaram o sushi e a segurança no trabalho por cheeseburgers e a doença dos yuppies, troca que poucos estavam dispostos a fazer. Os raros japoneses que o Salomon tinha conseguido arrebanhar valiam ouro e eram tratados como porcelana de família. Os traders que faziam apresentações para a turma nunca proferiram um só comentário contra eles. Além disso, embora o Salomon Brothers fosse, em geral, insensível às culturas estrangeiras, estava estranhamente ciente de que os japoneses eram diferentes. Não que houvesse uma visão generalizada e aceita de *como* eles poderiam ser diferentes. Os japoneses poderiam ter esfregado seus narizes ou feito o aperto de mão *kiwanis* todos os dias, e aposto que ninguém teria considerado fora do comum.

Ainda assim, no final. os japoneses foram reduzidos a nada mais do que uma bizarra distração. O pessoal do fundão dava o tom da turma, pois agia como unidade indivisível e incrivelmente barulhenta. Eles andavam em bando, por segurança e conforto, da sala de treinamento, na parte da manhã e início da tarde, até o pregão, no final do dia, e até o Surf Club à noite, e de volta ao programa de treinamento na manhã seguinte. O que gostavam e o que não gostavam os unia. Eles recompensavam os palestrantes de quem gostavam ficando de pé e fazendo a "ola" no fundo da sala.

E aprovavam do fundo do coração o homem que agora estava à frente da sala. O palestrante fez uma pausa, como se estivesse perdido em pensamentos, o que era improvável. "Sabe", finalmente disse: "vocês acham que são grande coisa, mas quando começarem a trabalhar no pregão, estarão perdidos."

Aquilo era realmente necessário? Ele estava indo tão bem, dizendo aos *hooligans* o que gostavam de ouvir: vencer no Salomon significava ser o rei da selva. Agora, arriscou retaliação por dizer aos desordeiros o que eles não gostavam de ouvir: na selva, seus talentos nativos nada significavam. Eu procurei ver se havia bolinhas de papel ou de saliva prontas para disparo. Nada. O palestrante tinha conquistado a plateia a ponto de sobreviver ao seu erro. Algumas cabeças na parte de trás assentiram. É possível que tenham achado que o palestrante estava se referindo à fileira da frente.

Em qualquer caso, nesse ponto, o palestrante certamente errou. Um trainee não precisava ficar no fundo mais do que alguns meses. Os traders e corretores envelhecem como os cães. Cada ano no pregão conta como sete em qualquer outra grande empresa. No final do seu primeiro ano, um trader ou corretor ganhava estatura. Quem queria saber de estabilidade? Toda a beleza do pregão era sua completa desconsideração pela estabilidade.

Um novo funcionário, assim que chegasse ao pregão, recebia um par de telefones. Entrava em ação quase que imediatamente. Se pudesse fazer milhões de dólares saírem dos telefones, ele se tornava o mais venerado de todas as espécies: o "Fodão". Após a venda de um grande bloco de títulos e do depósito de algumas centenas de milhares de dólares no baú do Salomon, um diretor-executivo ligava para quem quer que tenha sido responsável para confirmar sua identidade: "Isso sim é um cara foda." Nada na selva ficava no caminho de um Fodão.

Esse era o prêmio que cobiçávamos. Talvez a expressão não tenha ficado gravada na mente dos outros da maneira como ficou na minha; o nome era menos importante do que a ambição, que era comum a todos nós. E, claro, ninguém realmente dizia: "Quando eu chegar ao pregão, vou ser um Fodão." Era algo mais particular. Mas todo mundo queria ser Fodão, mesmo as mulheres. Fodonas. Até mesmo o pessoal da primeira fila queria ser Fodão, assim que compreenderam o que significava. O problema deles em relação ao fundão era que eles não sabiam como desempenhar esse papel. Os Fodões demonstravam mais graça sob pressão do que o pessoal da primeira fila.

Uma mão estava levantada na fileira da frente (típico). Pertencia a uma mulher. Ela se sentava ereta no lugar de sempre, bem na frente do palestrante, que estava no auge. As pessoas do fundão levantavam para homenageá-lo com a "ola". O palestrante não queria parar agora, especialmente por causa de uma pessoa na primeira fila. Ele parecia triste, mas dificilmente poderia ignorar uma mão levantada bem diante do seu nariz. Ele a chamou, Sally Findlay.

"Será que você poderia nos dizer", disse Findlay, "qual foi, em sua opinião, a chave para o seu sucesso?"

Isso foi demais. Se ela tivesse feito uma pergunta seca, técnica, talvez tivesse conseguido. Mas até mesmo o orador começou a sorrir. Ele sabia que podia abusar da fileira da frente, tanto quanto quisesse. Seu sorriso foi o que o fundão precisava. Dizia: "Ei, eu lembro como era esse pessoal quando participei do programa de treinamento, e lembro o quanto eu desprezava palestrantes que se deixavam bajular por eles, então vou dar uma lição a esta mulher, he, he, he." A fila de trás estourou em uma risada estrondosa. Alguém cruelmente imitou Findlay com uma voz estridente: "Sim, diga por que você é tããããooo bem-sucedido." Outra pessoa gritou: "Quieto, garoto!" como se estivesse ralhando com um poodle nervoso. Um terceiro colocou as mãos em concha ao redor da boca e gritou: "Equities em Dallas."

Pobre Sally! Havia muitos lugares ruins onde seu nome poderia acabar no quadro-negro dos cargos em 1985, mas o pior de todos, com certeza, era "Equities em Dallas". Nós não poderíamos imaginar nada pior em nosso pequeno mundo do que um corretor ("equities") em Dallas; o departamento de ações era impotente em nossa empresa, e Dallas era, por assim dizer, muito longe de Nova York. Assim, "Equities em Dallas" tornou-se a forma resumida de dizer "Enterrem esta mais baixa forma de escória humana onde ela nunca mais será vista". Enterrem a Sally, gritavam do fundo da sala.

O palestrante nem se preocupou em responder. Ele correu para acabar a aula antes que a gangue que tinha incitado ficasse incontrolável. "A gente passa muito tempo se perguntando: que produto é melhor para mim? Os títulos municipais? Os governamentais? Os corporativos? A gente perde muito tempo pensando nisso. E deve mesmo. Mas considere o seguinte: *Pode ser mais importante escolher um guia na selva do que escolher o produto.* Obrigado."

A sala ficou imediatamente vazia. Teríamos um intervalo de 15 minutos até o palestrante seguinte começar, e dois grupos separados correram como de costume para as duas portas da sala de aula. O pessoal da primeira fila saía pela frente, o pessoal da fila de trás, pelo fundo, em uma corrida aos quatro telefones com serviço de longa distância gratuito.

Os altos-executivos do Salomon Brothers contavam com o programa de treinamento para que ficássemos mais parecidos com eles. O que significava ser mais parecido com eles? Durante a maior parte de sua existência o

Salomon tinha sido um agressivo estabelecimento de negociação de títulos que se destacava principalmente pela sua capacidade e disposição de assumir grandes riscos. O Salomon teve de aceitar o risco para ganhar dinheiro porque não tinha uma lista de clientes corporativos que pagavam comissões, ao contrário dos simpáticos gentios do Morgan Stanley, por exemplo. A imagem que o Salomon havia projetado para o público era de uma empresa de judeus com fortes laços de fidelidade e identificação, sem influência social, perspicaz mas honesta, que atuava muito mais nos mercados de títulos do que qualquer outra empresa. Esta era uma caricatura, é claro, mas capturava em linhas gerais o clima que já havia existido no lugar.

Agora o Salomon queria mudar. O principal indicador da mudança na personalidade coletiva da nossa empresa era a vida social do presidente e CEO, John Gutfreund. Ele havia se casado com uma mulher vinte anos mais jovem, com inflamada ambição social. Ela organizava festas e convidava colunistas de fofocas. Seus convites, cujo valor parecia aumentar e diminuir de acordo com o preço de nossas ações, vinham envoltos por um pequeno laço de fita e eram entregues em mãos. Um consultor foi contratado para garantir que ela e o marido recebessem o tipo certo de cobertura. E, embora não chegasse ao extremo de insistir que os funcionários do Salomon Brothers tivessem a mesma apresentação pessoal que o marido (a quem ela obrigou a trocar de guarda-roupa), era impossível que parte dessa indulgência e atitude não respingasse para o restante da empresa.

Apesar dessa flutuação estilosa em nossa identidade corporativa, o programa de treinamento era, sem dúvida, o melhor começo para uma carreira em Wall Street. Após a conclusão do programa, o trainee poderia pegar sua experiência e vendê-la pelo dobro do salário em qualquer outro pregão de Wall Street. Ele havia alcançado, pelos padrões de Wall Street, o domínio técnico em sua área de especialidade. Era um autoaprendizado em si ver como era rápido se tornar um "expert" em Wall Street. Muitos outros bancos não tinham programas de treinamento. O Drexel Burnham, no que eu admito ser um exemplo extremo, chegou ao ponto de dizer a um candidato para ficar amigo de alguém no Salomon apenas para se apossar das apostilas do programa de treinamento do banco. Então, com o material na mão, ele trabalharia no Drexel.

Mas o material era o aspecto menos importante da nossa formação. As partes relevantes, o que eu lembraria dois anos mais tarde, eram as histórias de guerra, a transmissão da tradição oral do Salomon Brothers. Durante três meses, corretores, traders e financistas líderes compartilharam suas experiências com a turma. Eles ofereceram sabedoria popular sem qualquer pudor: como o dinheiro circula pelo mundo (da forma que quer), como um trader se sente e se comporta (do jeito que ele quer) e como abordar um cliente. Depois de três meses em sala de aula, os trainees passavam mais dois meses circulando incansavelmente pelo pregão. Só então começavam a trabalhar. Durante todo o tempo havia um só objetivo por trás da estratégia: "Salomonizar" o trainee. Ficava claro logo de cara para o aprendiz que, no Salomon Brothers, como descreveu um trader certa vez, ele era pior do que a mosca do cocô do cavalo do bandido e, em segundo lugar, que ficar debaixo do cocô do cavalo do bandido no Salomon Brothers era como deitar em um campo de trevos comparado com não estar no Salomon.

No curto prazo, a lavagem cerebral quase funcionava. (A longo prazo, não. Para as pessoas aceitarem o jogo era preciso acreditar que não tinham escolha. Como veremos, nós, recém-chegados, tínhamos tanto um senso exaltado do nosso valor de mercado quanto nenhuma lealdade permanente.) Poucos bancos de investimento tinham programas de treinamento, mas com a possível exceção do programa do Goldman Sachs, nenhum deles era tão repleto de propaganda da empresa quanto o nosso. Uma mulher do *New York Times* que nos entrevistou durante os três meses do programa ficou tão impressionada com a uniformidade das nossas atitudes para com a empresa que chamou o artigo que escreveu de "The Boot Camp for Top MBAs" [Campo de treinamento de recrutas para os principais MBAs]. Como todas as matérias de jornal sobre o Salomon Brothers, essa foi rapidamente ignorada. *A vaca não sabe do que está falando*, dizia o pessoal do fundão. Os escoteiros da turma foram impiedosamente perseguidos por dizerem coisas do tipo "O Salomon não precisa passar sermões para estimular, nós já estamos entusiasmados com a empresa", o que, convenhamos, era um pouco demais.

O artigo foi revelador por outro motivo. Foi a única vez que alguém de fora teve permissão para entrar e fazer a pergunta mais óbvia: por que éramos tão bem-pagos? Uma pessoa da fila de trás, que acabara de concluir um MBA da Universidade de Chicago, explicou aos leitores do *Times*. "É uma questão de oferta e demanda", disse ele. "Minha irmã é professora de crianças com dificuldades de aprendizagem. Ela gosta do seu trabalho tanto quanto eu, mas ganha muito menos. Se ninguém mais quisesse ensinar, ela ganharia mais." Diga o que quiser sobre a análise. Os leitores do *Times* certamente o fizeram. O mesmo artigo mencionara que mais de 6 mil pessoas tinham se candidatado para as 127 vagas do programa. Os salários no Salomon Brothers cresciam em espiral, apesar da disposição de outras pessoas que, sem dúvida, fariam o mesmo trabalho por menos. Havia algo suspeito sobre a forma como a oferta atendia a demanda em um banco de investimento.

Mas havia também algo original em qualquer tentativa de explicar o dinheiro que estávamos prestes a receber. Achei admirável que meu colega tivesse aplicado a visão da velha escola de negócios. Ninguém mais havia tentado. O dinheiro estava lá. Por que os bancos de investimento pagavam tão bem a tantas pessoas com tão pouca experiência? Resposta: quando conectados a um telefone, eles poderiam gerar ainda mais dinheiro. Como poderiam gerar dinheiro sem experiência? Resposta: a produção em um banco de investimento era menos uma questão de habilidade e mais uma questão de intangibilidade — talento, persistência e sorte. Será que as qualidades encontradas em um produtor eram tão raras que só poderiam ser adquiridas a peso de ouro? Resposta: sim e não. Essa era a pergunta das perguntas. A expressão máxima da nossa patética conformidade estava em não perguntar de cara por que o dinheiro fluía tão livremente e quanto tempo tudo isso iria durar. A resposta podia ser encontrada no pregão do Salomon Brothers, talvez mais facilmente do que em qualquer outro lugar em Wall Street, mas muitos nunca se preocuparam em descobrir.

Todos os dias depois da aula, por volta das 15, 16 ou 17 horas, éramos pressionados a sair da sala de treinamento no 23º andar e seguir para o pregão no 41º. Você poderia escapar deixando de comparecer por alguns dias, mas se não fosse visto no pregão de vez em quando, acabaria sendo esquecido. Esquecido no Salomon significava desempregado. Ser contratado era um ato positivo. Um gerente tinha de requisitar você para a sua unidade. Três trainees foram despedidos no final do nosso programa de treinamento. Um deles foi designado para o escritório de Dallas e se recusou a ir. Um segundo desapareceu misteriosamente, em meio a rumores de que tinha convidado uma executiva sênior do Salomon para um *ménage à trois* (a empresa tolerava assédio sexual, mas não desvio sexual). E um terceiro, de longe o caso mais interessante, não suportava sair do elevador e entrar no pregão. Todas as tardes, ficava para cima e para baixo no prédio, sem sair do elevador. Ele queria sair, eu acho, mas ficava petrificado. A notícia sobre o seu problema se espalhou. Chegou até a mulher no comando do programa de treinamento. Ela foi conferir por conta própria. Ficou no corredor em frente aos elevadores no 41º andar e viu com seus próprios olhos as portas se abrirem e fecharem durante uma hora diante de um trainee visivelmente apavorado. Um dia ele desapareceu.

Em dias mais animados, podíamos atravessar o andar do pregão e dar de cara com um gerente que nos levava pela mão, um mentor, que chamávamos de rabino. A gente também ia ao pregão para aprender. O seu primeiro impulso era entrar na briga, escolher um provável professor e se apresentar para instrução. Infelizmente, não era assim tão fácil. Primeiro, um trainee, por definição, não tinha nada de importante a dizer. Em segundo lugar, o pregão era um campo minado de homens grandes de pavio curto prestes a explodir caso você simplesmente respirasse na direção deles. Não dava simplesmente para ir lá e se apresentar. Na verdade, isso não é justo. Muitos traders eram instintivamente educados, e se você dissesse olá eles simplesmente o ignoravam. Mas se você por acaso pisasse em uma mina, então a conversa seria mais ou menos assim:

Eu: Oi.

Trader: De que buraco você saiu? Ei, Joe, ei, Bob, olhem os suspensórios desse cara.

Eu (corando): Eu só queria fazer algumas perguntas.

Joe: Quem ele pensa que é?

TRADER: Joe, vamos passar um pequeno teste pra esse cara! Quando os juros sobem, o que acontece com os preços dos títulos?

EU: Caem.

TRADER: Fantástico. Você tirou A. Agora eu tenho que trabalhar.

EU: Quando você teria algum tempo para...

TRADER: Que porra você acha que este lugar é? Uma instituição de caridade? Estou ocupado.

EU: Eu posso ajudar de alguma forma?

TRADER: Traga um hambúrguer. Com ketchup.

Então, passei a tomar cuidado. Havia um milhão de pequenas regras a serem obedecidas; eu não conhecia nenhuma delas. Corretores, traders e gerentes apinhavam o andar, e no começo eu não conseguia diferenciá-los. Claro, sabia as diferenças básicas. Os corretores conversavam com os investidores, os traders faziam as apostas e os gerentes fumavam charutos. Mas, fora isso, eu ficava completamente perdido. A maioria dos homens falava em dois telefones ao mesmo tempo. A maioria olhava fixamente para pequenas telas verdes cheias de números. Eles gritavam em um telefone, depois no outro, depois para alguém do outro lado da fila de mesas de negociação, em seguida, de novo nos telefones, daí apontavam para a tela e gritavam *merda*! Trinta segundos era considerado um período de atenção muito longo. Como aprendiz, um cadete, um jovem embaixo do cocô do cavalo do bandido, eu fazia igual a todo trainee: me aproximava de alguém muito ocupado sem dizer uma palavra e virava o Homem Invisível.

A humilhação era, precisamente, o ponto. Às vezes, eu esperava por uma hora até que a minha existência fosse formalmente reconhecida; outras vezes, poucos minutos. Até isso parecia uma eternidade. *Quem está me vendo nessa atual condição degradante?*, eu me pergunto. *Será que vou me recuperar dessa total negligência? Será que alguém poderia notar a presença do Homem Invisível, por favor?* O contraste entre a minha pessoa imóvel e os movimentos frenéticos do trader tornava a cena particularmente insuportável. Sublinhava a minha inutilidade. Mas, depois que eu me aproximava, era difícil sair dali sem ter sido oficialmente reconhecido. Sair era admitir a derrota nesse ritual peculiar de me tornar conhecido.

De qualquer forma, não havia realmente qualquer outro lugar para ir. A sala de negociação tinha cerca de um terço do comprimento de um campo de futebol e estava organizada com mesas conectadas. Os traders sentados lado a lado formavam uma corrente humana. Entre as fileiras de mesas não havia espaço suficiente para duas pessoas passarem confortavelmente. Assim que começasse a vagar sem rumo, o trainee corria o risco de perturbar os deuses em ação. Todas as pessoas mais velhas, do presidente Gutfreund para baixo, vigiavam o pregão. Não era uma empresa normal, onde os trainees eram recebidos com sorrisos benevolentes pelos executivos de meia-idade porque representavam o futuro da organização. Os trainees do Salomon eram aproveitadores, culpados até que provassem o contrário. Com essa ideia na cabeça, ninguém estava muito ansioso para conhecer o chefe. Infelizmente, não tínhamos escolha. O chefe estava em toda parte. Ele via você em seus suspensórios vermelhos com cifrões dourados e sabia imediatamente quem você era. Um centro de custos.

Mesmo se você abandonasse seus suspensórios vermelhos e adotasse uma atitude defensiva, seria facilmente identificável como trainee. Os trainees estavam incrivelmente fora de compasso com o ritmo do lugar. Os movimentos do pregão respondiam aos movimentos dos mercados como se estivessem amarrados. O mercado de títulos dos EUA, por exemplo, dá uma guinada sempre que dados econômicos importantes são divulgados pelo Departamento de Comércio dos EUA. O pregão de títulos se movimenta junto com ele. Os mercados decidem quais dados são importantes e quais são negligenciáveis. Em um mês, é o déficit comercial dos EUA, no mês seguinte, o índice de preços ao consumidor. O aspecto relevante é que os traders sabem que número econômico é a bola da vez naquele mês e os trainees não. Todo o pregão do Salomon pode estar preparado para receber um número às 8h30, tomado pelo suspense e uma grande dose de esperança, pronto para pular e gritar, para comprar ou vender bilhões de dólares em títulos, ganhar ou perder milhões de dólares para a empresa, quando um trainee chega, sem suspeitar de nada e, inocentemente, pergunta: “Com licença, estou indo à lanchonete, alguém quer alguma coisa?” Em suma, os trainees eram uns idiotas.

Um trainee sortudo foi poupado do rito de passagem. Seu nome era Myron Samuels, e ele tinha fechado um acordo com o chefe da negociação de títulos municipais que, quando chegou no Salomon Brothers, estava cotado para trabalhar com dois diretores e um trader sênior. Havia rumores de que ele tinha laços de família nos mais altos níveis hierárquicos da empresa; a explicação alternativa é que ele era um gênio. De qualquer forma, não deixou de explorar sua posição de destaque. Ele caminhava ao redor do pregão com uma confiança vista em alguns poucos que estavam de fato trabalhando. Como Samuels não trabalhava, podia se divertir, como uma criança que visitava o escritório do pai. Ele caminhava até a mesa de títulos municipais, sentava-se, chamava o engraxate, fazia uma ligação de longa distância para um amigo, acendia um charuto e colocava o sapato que não estava sendo engraxado em cima da mesa. Ele saudava os diretores que passavam como velhos amigos. Ninguém, mas ninguém mesmo sequer sonhava em fazer isso — exceto Samuels. Em geral, quanto mais antigo o gerente, mais pitoresco ele considerava Samuels. Acho que isso era porque as pessoas mais experientes estavam mais conscientes das ligações de Samuels. No entanto, alguns ficavam furiosos. Mas na mesa de operações de títulos municipais Samuels era intocável. Eu passei por perto uma vez e ouvi dois vice-presidentes sussurrando sobre ele. "Não suporto aquele maldito", disse um para o outro. "É", disse o outro, "mas estamos de mãos atadas."

Para evitar ser esmagado em minhas visitas ao pregão, eu tentava ficar quieto, de preferência em algum canto. Exceto por Gutfreund, que eu conhecia por causa das fotos nas revistas e considerava mais uma celebridade do que um empresário, os rostos eram estranhos para mim. O que tornava difícil saber quem evitar. Todos pareciam iguais, pois a maioria era branca, homem e usava as mesmas camisas de algodão com botões (um dos nossos japoneses me disse que não conseguia distingui-los de jeito nenhum). O 41º andar do escritório de Nova York do Salomon era um campo de força, que abrigava não só a diretoria atual da empresa, mas também sua futura administração. Você tinha de se orientar pelo jeito pomposo deles andarem para saber quem abordar ou evitar.

O tempo conseguiu fazer com que eu me sentisse mais confortável no pregão? Acho que sim. Mas, mesmo quando eu já tinha me estabelecido na empresa, sentia calafrios toda vez que ia ao 41º andar. Eu via certos avanços no meu próprio comportamento. Um dia estava bancando o Homem Invisível, sentindo o calor do cocô do bandido e pensando que ninguém no mundo era mais vil do que eu. De repente, adentra o pregão um sujeito do departamento de finanças corporativas usando seu paletó como um crachá da desonra. Ninguém usava paletó naquele andar. Deve ter sido a primeira vez que ele saía da sua sala envidraçada e olhava de um lado para outro em meio àquela bagunça. Alguém esbarrou nele e rispidamente disse que olhasse por onde andava. Olhar por onde andava? Mas ele só estava ali de pé. Parecia que ele pensava que todos os olhares do mundo estavam sobre ele. E começou a entrar em pânico, como um ator que esquece as falas em cena. Provavelmente, esquecera por que tinha ido lá. E saiu. Então, tive um mau pensamento. Um pensamento terrível. Um pensamento realmente imperdoável. Mas demonstrava que eu estava aprendendo alguma coisa. *Que débil mental*, pensei. *Ele não tem a menor ideia de nada.*

CAPÍTULO 4

Educação de adultos

Quatro semanas se passaram. A turma tinha adquirido a noção de seus direitos. O primeiro direito inalienável de um trainee era enrolar e se divertir antes de se acomodar em sua cadeira pela manhã. Rosquinhas e café da lanchonete eram ruidosamente devorados por toda a sala. As pessoas liam o *New York Post* e faziam as apostas relativas a qualquer jogo a ser disputado naquela noite. As palavras cruzadas do *New York Times* tinham sido copiadas 126 vezes e distribuídas. Alguém tinha ligado para um dos sórdidos serviços de gravações pornô de Nova York e plugado o receptor a um alto-falante em cima da mesa, na frente da sala de aula. Palavras sacanas enchiam o ar. Eu estava, como era meu hábito a esta hora, comendo um salgado.

De repente, Max Johnson, ex-piloto de caça da Marinha dos EUA, acertou Leonard Bublick, MBA quatro-olhos da Universidade de Indiana, no lado da cabeça, com uma bolinha de papel. Bublick não pode ter sido surpreendido, uma vez que esse tipo de coisa acontecia sempre; no entanto, ele pareceu ferido e procurou identificar o agressor. "Bonito corte de cabelo, Bublick!", gritou uma pessoa da fila de trás, com os pés em cima da cadeira ao lado de Johnson.

"Por que vocês não crescem?!", disse Bublick, de seu lugar, na frente.

Susan James entrou para interromper *A vingança dos nerds II*. James desempenhava um papel estranho. Ela era algo entre uma babá e uma das organizadoras do programa. Sua recompensa por um trabalho benfeito foi, perversamente, ser admitida em um futuro programa de treinamento. Como todo mundo, ela queria trabalhar no pregão, só que estava um passo mais distante do que nós de realizar essa ambição. A sua distância da máquina de fazer dinheiro reduzia a credibilidade dela como disciplinadora a zero. Ela tinha apenas o poder de nos delatar, e olhe lá. Como seríamos seus futuros chefes, ela queria ser nossa amiga. Assim que nos mudássemos para o pregão, e ela entrasse no programa de treinamento, estaria implorando por um emprego. Os trainees sabiam que a influência dela era tanta quanto a de um professor substituto e, assim, quando não abusava dela, a turma a ignorava. Agora, no entanto, ela tinha uma mensagem importante para passar.

"Vamos parar com isso, gente", suplicou, como um inspetor do acampamento antes do dia da visita dos pais. "Jim Massey estará aqui em um minuto. A reputação da turma já é ruim o suficiente", o que era verdade. Alguns dias antes uma pessoa do fundão tinha acertado um chumaço de papel em um diretor de pesquisa do mercado de títulos, que havia ficado da cor de um sorvete de framboesa depois de gritar por cinco minutos. Ele não foi capaz de identificar o culpado e, antes de sair, prometera se vingar de todos.

Susan James repetia pela décima vez que a impressão que deixássemos em Jim Massey durante a sua aparição de meia hora afetaria nossas carreiras (contracheques!) até a nossa aposentadoria ou morte. Massey, todos nós achávamos, era o matador de aluguel de John Gutfreund, um biscate da América corporativa. Não era preciso grandes arroubos de imaginação para vê-lo decapitando trainees insolentes com um chapéu-coco afiado. Ele tinha o que algumas pessoas podem considerar um problema de imagem: nunca sorria. Seu cargo formal era de membro do comitê executivo do Salomon Brothers responsável pelas vendas. Ele também era responsável pelo nosso futuro. Presidia o quadro-negro dos postos de trabalho ao lado do pregão. Um ligeiro movimento do pulso dele poderia mandar o trainee direto de Nova York para Atlanta. Os trainees temiam Massey. Ele parecia preferir assim.

Aparentemente, Massey tinha vindo para responder a perguntas que talvez tivéssemos sobre a firma. Estávamos apenas há algumas semanas no programa. Certamente, deveríamos ter dúvidas sobre a empresa. Na verdade, não nos deram muita escolha. A gente tinha obrigação de demonstrar curiosidade, disse Susan. "E vocês precisam fazer perguntas *boas*. Lembrem-se, opiniões estão sendo formadas."

Assim, a corneta soou antes de o guardião da cultura corporativa chegar para responder às nossas perguntas. Ele tinha o cabelo cortado rente e uma mandíbula fina e afiada o suficiente para cortar fatias de bolo. Usava um terno cinza sem lenço de bolso, ao contrário de outros membros do conselho. Ele tinha uma economia de estilo e, como um atleta talentoso, uma economia de movimentos, como se estivesse conservando energia para uma explosão significativa.

Ele fez uma pequena palestra, cujo objetivo era salientar como a cultura do Salomon Brothers era singular e louvável. Sim, sabíamos que era a melhor empresa de negociação do mundo. Sim, também sabíamos que o Salomon enfatizava o trabalho em equipe (quem não valoriza?). Sim, percebíamos que a maneira mais rápida de ser demitido era aparecer na imprensa gabando-se dos altos salários (o Salomon era modesto e discreto). Talvez já tivéssemos ouvido falar do destino do homem do Salomon em Los Angeles que apareceu em uma reportagem da *Newsweek* em uma piscina, gabando-se de sua boa sorte? Sim, ele foi demitido. Sim, sabíamos que os US$ 3 bilhões em capital do Salomon tornavam o banco a mais poderosa força nos mercados financeiros. Sim, sabíamos que não importava o que tínhamos alcançado em nossas insignificantes vidas até aquele momento, pois não estávamos preparados sequer a pegar uma xícara de café para os homens do pregão. Sim, sabíamos que não deveríamos nos preocupar demais, mas deixar que a empresa (Massey) decidisse onde deveríamos ser colocados no final do programa de treinamento.

Como outros executivos do Salomon, Massey estava voando alto em 1985 na esteira de uma série de trimestres de lucros recordes. Estes não eram apenas recordes para o Salomon Brothers, mas para Wall Street inteira. Ele não poderia fazer nada errado. A partir de sua descrição, a empresa não poderia fazer nada errado. No entanto, quando ele quis saber se havia perguntas, a turma ficou em silêncio. Estávamos assustados demais para falar.

Eu, certamente, não ia dizer nada. *Sem dúvida*, ele sabia muitas coisas que eu gostaria de ter sabido, mas eu sentia que o seu convite para que fizéssemos perguntas não era genuíno. Nisso eu não estava sozinho. Ninguém se atreveu a perguntar, por exemplo, por que, ao mesmo tempo em que todos no Salomon estavam sendo instruídos a não falar com a imprensa, Gutfreund tinha seu rosto de querubim estampado na capa de todas as revistas de negócios no país. Nem ninguém iria perguntar o que realmente queríamos saber: quanto dinheiro poderíamos ganhar ao longo dos próximos anos. E a pergunta mais óbvia que ninguém perguntou foi por que Jim Massey, o homem encarregado de contratar trainees, o homem diretamente responsável pelo crescimento explosivo da empresa, não estava preocupado com a expansão desordenada do banco (sim, isso era evidente até mesmo para nós). Não, estávamos perplexos e sem perguntas para fazer. É isso, conforme observei na época, que distingue o trabalho da escola. Massey não estava procurando mentes curiosas. Massey procurava seguidores do culto. Mas ele repelia os mais bajuladores da fileira da frente. Mesmo estes relutavam em atender a um desejo assim tão óbvio.

Ao meu lado, na frente, estava Susan James, parecendo uma babá frustrada: *Vamos lá, pessoal, façam perguntas*! Por fim, à minha direita, a mão de uma pessoa odiosa na primeira fila levantou. Eu vi quem era e fechei os olhos, esperando para me sentir constrangido por ele. Não decepcionou.

"Você poderia nos dizer", disse o jovem aventureiro, "se a empresa considerou abrir um escritório em uma cidade do Leste europeu? Tipo Praga."

Tipo Praga! Se o palestrante fosse alguém menos do que um membro do comitê executivo, a sala teria irrompido em bolas de papel, uivos e bagunça generalizada. Do jeito que as coisas estavam, sons estranhos vieram do fundo da sala, como se uma dúzia de jovens estivessem sufocando o riso. A ideia de uma filial do Salomon Brothers em Praga provavelmente nunca tinha ocorrido a ninguém na história de 75 anos da empresa. Este é o tipo de centelha de criatividade gerada pela presença de um membro do comitê executivo que exige que lhe sejam feitas perguntas.

Mas Massey levou a pergunta a sério, como um porta-voz do Departamento de Estado americano. Ele claramente teria preferido ser perguntado: "A que você atribui o seu sucesso no Salomon?", mas hoje, ele deve ter pensado, não era o seu dia.

Depois que Massey foi embora, mais de um mês se passou antes que alguém do seu nível hierárquico se aventurasse a nos visitar no programa de treinamento. Talvez ele tenha deixado claro que nós não éramos muito bons nesse jogo. Mas, de repente, em rápida sucessão, apreciamos a visita de outro membro do comitê executivo, Dale Horowitz, e depois do próprio presidente.

Horowitz era um bancário do velho mundo na casa dos 50 anos de idade, um homem esperto e bem-relacionado, um candidato natural para abrir e administrar o escritório de Praga, quando chegasse o momento. Sua cabeça balançava em cima do seu corpo grandão e seu rosto sempre me fazia lembrar o Zé Colmeia. Tudo que eu sabia a seu respeito quando chegou foi que, como Gutfreund, fez seu nome em títulos municipais e que alguns dos meus amigos judeus eram dedicados a ele. Era o rabino original: amável e sábio, com um gosto por charutos grandes. As pessoas o chamavam de Tio Dale. Ele se recusou a ficar no pódio e, em vez disso, sentou-se à mesa na frente da sala e abriu os braços. Ele falou sobre como era mais importante ter uma família do que uma carreira, o que acho que impressionou a maioria das pessoas, como a coisa mais estranha que tinham ouvido durante o programa de treinamento. Então, disse, em sua voz profunda e suave, que responderia a qualquer pergunta. Realmente, qualquer pergunta. Podem perguntar qualquer coisa.

Várias mãos se levantaram. Pensei que aquela seria a tão esperada sessão sobre Tudo Que Você Queria Saber Sobre o Salomon, Mas Tinha Medo de Perguntar. De algum lugar no meio da sala veio a primeira boa pergunta. "Por que", perguntou o aprendiz, "o Salomon é boicotado pelos árabes?"

Tio Dale franziu o cenho. "Qual seu interesse nisso?", ele disparou. Ele parecia chateado, como um Zé Colmeia irritado. A lista negra dos árabes não podia ser mencionada, embora eu não entendesse o motivo. Não era preciso ser Dick Tracy para descobrir que estávamos na lista (embora fosse necessário ser James Bond para descobrir como sair dela. Aparentemente, exigia uma missão diplomática a Damasco). Os árabes tinham cortado relações com o Salomon na época da fusão do banco com a trader Phillips Brothers. A Phillips Brothers tinha laços com Israel, pelo que me disseram. Achei que a lista negra tivesse perdido sua força com o colapso do preço do petróleo. Os árabes estavam agora gastando mais do que ganhavam. A US$ 12 o barril, eles eram muito menos importantes como clientes do que no passado. Sem segredos corporativos aqui. Ainda assim, você quase podia ver a marca negra se formando contra o nome do homem que fez a pergunta.

As crianças tinham deixado de distrair o titio. Tínhamos sido atraídos por uma falsa sensação de segurança. Todos nós sentimos isso ao mesmo tempo. As mãos levantadas rapidamente sumiram ao redor da sala, retiradas da bocarra de uma armadilha prestes a se fechar. Mas um pobre rapaz demorou a perceber. Horowitz se dirigiu a ele.

"Por que", perguntou o trainee, "toleramos uma empresa sul-africana como nosso maior acionista? Alguém na empresa considera a ética de nossos proprietários?"

Horowitz lançou-lhe o olhar assassino que dizia: "Vocês, aprendizes, são muito insolentes com as palavras." Mas dessa vez ele estava rolando um enorme charuto na boca, e seus olhos tinham se reduzido a fendas finíssimas. Uma mineradora sul-africana chamada Minorco detinha 12% da Salomon Inc. A resposta do Tio Dale foi: sim, a ética era uma preocupação (você consegue imaginar um banqueiro dizendo alguma vez que a ética não era uma preocupação?), mas ele não iria discutir o assunto além desse ponto.

Assim acabou a nossa *glasnost*.

Algumas manhãs depois John Gutfreund chegou. A essa altura, já estávamos cansados desses bate-papos sinceros com a alta administração. Alguns trainees planejavam ficar dormindo na manhã da fala de Gutfreund. Susan James estava preocupada em não conseguir quórum suficiente para ouvir o grande homem. Ela fez com que as secretárias nos ligassem em casa nas primeiras horas da manhã do dia do evento para nos ameaçar com punição caso não comparecêssemos. Seu esforço foi desperdiçado no meu caso.

Eu não tinha intenção de perdê-lo, assim como se Joan Collins fosse fazer a apresentação, eu não perderia por nada. Eu não esperava ouvir nada de novo. Mas achava que poderia aprender alguma coisa indiretamente. Pois esse era um homem que diziam ter imprimido sua personalidade à instituição; seus defeitos, assim como suas virtudes, eram os do Salomon Brothers.

Gutfreund é muitas vezes acusado de simular um sotaque britânico, mas nesse momento de sua carreira ele se limitava a chamar os outros de "camarada" ("*fellow*", em inglês). Como em "Jim Massey é um camarada muito talentoso". Mesmo isso, pelo que pude verificar, não é uma afetação britânica, mas um jeito de falar do nordeste dos EUA. Não, sua única afetação era uma perceptível calma de estadista. Ele estava tão intensamente calmo e ponderado que deixava todo mundo nervoso. E desconfiado. Ele fazia pausas intermináveis depois de cada pergunta que fazíamos. Ele realmente parecia saber o que estávamos pensando. Quando um trainee perguntou sobre a política de caridade do Salomon Brothers, Gutfreund, com a testa franzida, depois de ficar em silêncio por um tempo desconfortavelmente longo, disse que a caridade era uma questão muito difícil, e que ele gostaria de ouvir a nossa opinião.

O jeito de estadista era uma agradável surpresa em relação à imagem de um trader ríspido e desbocado que as pessoas tinham de John Gutfreund. E ele não só ficava bem no papel, mas tinha o *tipo físico* para o papel. Ele era redondo como Churchill, tinha os cabelos ralos brancos de Harry Truman e a grandeza, se não a altura, de De Gaulle. Mas o que tinha acontecido com o homem que todos os dias afirmava estar pronto para "arrancar o couro de um urso"? Onde estava o homem que era conhecido em toda Wall Street por seus jogos brutais de poder? O homem cujo próprio nome causava terror nos corações dos diretores? Nós não sabíamos. E eu não estou certo de que queríamos descobrir. O problema com seus sentimentos sublimes e pausas significativas era de que eram completamente eclipsados por sua reputação. Por causa do que ouvimos falar sobre ele, era impossível imaginar discutir o modo de vida americano com ele, tomando o chá das cinco em sua sala. Sabe-se lá onde aprendeu a rotina de um estadista de bom-senso! Mas ninguém pensou que era para valer. Só perigoso — como o olhar hipnótico de uma naja.

Sem ter feito grandes revelações, mas mostrando como era uma celebridade financeira mundial de perto, foi embora. E esse foi o fim de nossa exposição à diretoria do Salomon Brothers.

Achei que o estranho comportamento de nossos gerentes era simplesmente uma resposta por terem recebido um monte de dinheiro de mão beijada. Eles ainda estavam apreciando o peru recheado por Paul Volcker e a farra de empréstimos no país. Lá estavam homens modestos vivendo de restos de outras pessoas, quando de repente o grande e gordo pássaro recheado foi entregue a eles. Não estavam fazendo nada além do que sempre fizeram e, ainda assim, a glória repentina lhes foi imposta. Suas rendas haviam mudado e, com elas, suas vidas também mudaram. Imagine.

Se você é um homem controlado, com um saudável senso de desapego em relação à sua conta bancária e, de repente, alguém lhe passa um cheque de dezenas de milhões de dólares, você provavelmente se comportará como se tivesse ganhado na loteria, pulando e rindo sem parar até cair no sono diante do milagre da sua boa sorte. Mas se o seu senso de autoestima está morbidamente vinculado ao seu sucesso financeiro, você provavelmente acredita que merece tudo o que recebeu. A fortuna nada mais é do que um reflexo de algo grandioso que existe dentro de você. Você adquire seriedade e a projeta como água-de-colônia sempre que discute a singular e louvável cultura do Salomon Brothers.

Quase todo mundo em Wall Street levava o seu dinheiro a sério, independentemente de suas origens, e os nossos chefes não eram exceção. Mas parte da velha-guarda do Salomon Brothers sofria de uma resposta mais complicada ao seu dinheiro. Não que tenham duvidado por um minuto sequer de que valiam cada centavo do que receberam. Mas estavam inquietos com a explosão da dívida nos Estados Unidos. (Em geral, quanto mais lembravam da Grande Depressão, mais desconfiados ficavam com a alavancagem do país.) O chefe de pesquisa de títulos no Salomon, Henry Kaufman, era, quando cheguei, o caso mais agudo de dissonância cognitiva. Ele era o guru do mercado de títulos e também a consciência de nossa empresa. Ele dizia aos investidores se seus títulos em rápido movimento subiriam ou não. Ele acertava com tanta frequência que os mercados o tornaram famoso, se não em todo o mundo de língua inglesa, pelo menos entre o tipo de pessoa que lê o *Wall Street Journal*. Ainda assim, Kaufman era conhecido como Dr. Depressão. A festa tinha sido organizada em sua homenagem, mas ele parecia querer que acabasse. Como escreveu no *Institutional Investor* de julho de 1987:

> Uma das coisas mais marcantes que aconteceram na década de 1980 foi [a] explosão acentuada na dívida, muito além de qualquer referência histórica. Foi muito além de qualquer coisa que você teria esperado em relação ao PIB, em relação à expansão monetária que estava acontecendo. Mas ocorreu, creio eu, como resultado da liberação do sistema financeiro, colocando em prática o empreendedorismo financeiro sem implementar disciplinas e salvaguardas adequadas. De modo que esta é a nossa posição.

Esta *é* a nossa posição: selvagens, irresponsáveis e profundamente endividados. Nós do Salomon Brothers estávamos entre os principais executivos financeiros. O que Kaufman estava dizendo é que tínhamos ajudado a criar o problema.

Enquanto a maior parte do país imaginava que Wall Street significava o mercado de ações, o nosso mercado de títulos estava definindo o tom e o ritmo em Wall Street na década de 1980. O Salomon Brothers estava no centro dessa mudança, fartando-se com a sorte de estar no lugar certo, na hora certa, orgulhando-se, justificadamente, de suas superiores habilidades na negociação de títulos. Mas o tempo todo com uma venda nos olhos. Faltava-lhe uma visão exata de onde essa explosão no mercado de títulos nos levaria. O que não faltavam eram opiniões sobre o que fazer com os ganhos inesperados. Um trader tem sempre um ponto de vista. Mas as opiniões eram arbitrárias e autoindulgentes. E o Salomon Brothers, de 1980 em diante, embarcou no que deve ter sido uma das mais caras e extravagantes viagens comerciais na história da América corporativa. Durante a maior parte dessa viagem a empresa se vangloriou das conquistas.

Após quase oito semanas de treinamento já concluídas os semblantes dos palestrantes estavam começando a se confundir. No entanto, outro trader com sotaque do Brooklyn e uma tosse seca baixou na sala e fez sua palestra fumando sem parar. Ainda assim, algo o distinguia dos demais oradores. No início, eu não sabia dizer exatamente o que era. Então, percebi: as rugas. Aquele homem era velho. Sua atitude para com o trabalho era, pelos nossos padrões, sentimental. Ele lançava seus epigramas como pombos de estimação: "Quando estou negociando, sabe, eu não fico me vangloriando. Porque, quando eu fico convencido, a sensação seguinte é geralmente a de um pontapé mais embaixo. E não é tão agradável." Quando perguntaram qual a chave do seu sucesso, ele respondeu: "Em terra de cego quem tem um olho é rei." Melhor de tudo: ele nos deu uma regra de ouro sobre as informações nos mercados que mais tarde eu achei útil: "Aqueles que falam, não sabem, e aqueles que sabem, não falam."

Ele estava falando do mercado de ações. Ele pertencia ao temido departamento de ações, o remanso sonolento no qual se escondiam atrasos de vida como "Equities em Dallas". A forma mais barata de evitar ser despachado para Dallas para vender ações era nunca conhecer alguém desse departamento. Primeiro, você tinha que ser escolhido para trabalhar lá. Afundamos em nossos assentos durante a semana em que as pessoas do departamento de ações fizeram suas apresentações. Partimos do pressuposto de que nunca mais teríamos que cruzar com eles, assim que saíssem do programa de treinamento. Isso não quer dizer que eles eram ineptos — o Salomon Brothers era líder em subscrições de novas ações em Wall Street e um dos dois ou três principais trader de ações —, mas dentro do Salomon Brothers os homens das ações eram cidadãos de segunda classe. As ações, comparativamente falando, não geravam dinheiro.

O departamento de ações não era no 41º, o pregão principal, mas no andar abaixo. O 40º andar tinha tetos baixos e o charme de uma casa de máquinas, sem uma janela sequer. Além dos traders de ações, armazenava um grande número de corretores do Salomon (só os corretores Fodões tinham autorização para atuar no 41º). O som ouvido do 40º, tão perpétuo quanto grilos na floresta à noite, era a melodia sem tom da venda de ações e títulos: o tom de súplica em uma centena de vozes e o farfalhar de fatos sendo reempacotados para parecer melhores do que quando chegaram. Através de um alto-falante alguém no 41º berrava insistentemente com os corretores do 40º para que vendessem mais títulos. Uma vez eu estava passando bem na hora em que a empresa tentava vender os títulos da cadeia de drogarias Revco (que mais tarde foi à falência e deu o calote nesses mesmos títulos). A voz explodiu pela caixa: "Vamos lá, gente, não estamos vendendo a verdade!" A vida no 40º andar era dura.

O 40º andar estava mais distante do todo-poderoso 41º do que a mera geografia poderia sugerir. Um grupo separado de elevadores atendia ao 40º andar. Havia muita conversa todos os dias entre o 40º e o 41º, mas ninguém se conhecia. Os sistemas de comunicação eram suficientemente avançados, e as relações humanas suficientemente primitivas, de modo que um corretor em Dallas sentia-se tão perto do 41º quanto um corretor do 40º andar. O corretor em Dallas estava em alguns aspectos mais perto da Central de Força. Pelo menos, quando fazia sua peregrinação ao 41º, os diretores o cumprimentavam, pois ele vinha de longe.

O departamento de ações era uma lição sobre a inversão de valores na vida. O mercado de ações já tinha sido a maior fonte de receita de Wall Street. As comissões eram polpudas, variáveis e inegociáveis. Toda vez que uma ação mudava de mãos, algum corretor em algum lugar pegava para si uma comissão considerável, sem necessariamente trabalhar muito. Um corretor recebia em dobro para realizar uma operação com duzentas ações em comparação com uma de cem ações, embora o trabalho em ambos os casos fosse o mesmo. O fim das comissões fixas para a corretagem de ações veio em 1º de maio de 1975 — chamado de "Mayday" pelos corretores de ações — depois do que, como era de se esperar, as comissões despencaram. Os investidores passaram a utilizar corretores que cobrassem menos. Como resultado, em 1976, as receitas em Wall Street caíram em cerca de US$ 600 milhões. A máquina do dinheiro certo quebrou.

Então, para piorar a situação, o mercado de títulos explodiu. Com a ascensão dos mercados de títulos, os corretores e traders de ações foram reduzidos comparativamente a cobradores de pedágio. Eles ganhavam um pouco de dinheiro e se divertiam de vez em quando, mas não tanto quanto o pessoal dos títulos. Nenhum trader de ações, por exemplo, sonharia em apostar US$ 1 milhão no jogo da mentira. Onde ele conseguiria o dinheiro?

Nós, trainees, não estávamos a fim de ser pobres. Isso fazia com que o pessoal das ações tivesse uma certa dificuldade em nos persuadir a trabalhar com eles. No programa de treinamento, longe de mostrar seus traseiros para obter nossa atenção imediata, como faziam muitos dos homens dos títulos, os oradores do departamento de ações faziam longos e ininterruptos discursos de vendas. Suas apresentações tinham uma lamentável qualidade suplicante, agravando o problema. Nós, os aprendizes, talvez fôssemos lentos em muitos aspectos. Mas estávamos antenados com a moda. E sabíamos que, em geral, a qualidade do tratamento que recebíamos em sala de aula era inversamente proporcional ao grau de interesse do trabalho realizado pelo orador. Havia uma lição nisso tudo: para conseguir o melhor trabalho era preciso aguentar maus-tratos.

Nesse sentido, ser um trainee não era assim tão diferente de ser um cliente. Assim como o pessoal das ações tinha de bajular e paparicar a gente, precisavam também bajular e paparicar seus clientes para conseguir fechar as operações, porque o mercado acionário era brutalmente competitivo. Um investidor poderia comprar ações da IBM do Salomon, mas poderia muito bem comprá-las de 40 outros corretores de ações. O pessoal dos títulos, por outro lado, poderia chutar e pisar nos trainees impunemente, como também poderia, se quisesse, chutar e pisar nos clientes, porque o Salomon era praticamente monopolista em certos mercados de títulos. Pelo modo como éramos tratados, podíamos inferir os padrões de comportamento em todos os mercados e o grau de domínio exercido pelo Salomon. Embora talvez não articulada por todos os trainees, a mensagem final era clara: trabalhe com ações e seja bajulador como Willy Loman; trabalhe com títulos e arrebente como Rambo.

Ainda assim, as pessoas no departamento de ações pareciam felizes, mas só depois de passar algum tempo com eles é que comecei a entender o motivo. Eles sentiam menos pressão do que os traders e corretores de títulos. Haviam aceitado seu destino e, como os camponeses em uma cena pastoral de Breughel, se contentavam em celebrar os simples prazeres da vida. Uma casa na costa de Jersey, em vez de nos Hamptons. Esqui em Vermont, em vez de Zermatt. E, por mais difícil que fosse aceitar, as pessoas no departamento de ações tinham uma carreira. Eles tinham visto mercados em alta, mercados em baixa e mercados estagnados. Enquanto tivessem seu estimado mercado de ações, eles pareciam não se importar com a relativa penúria. Queriam desesperadamente nos transmitir quanto o trabalho deles era emocionante. Para este fim distribuíram um livro de poemas, ensaios e citações no início de seu módulo no programa de treinamento. Começava de forma infeliz, com a seguinte passagem escrita por um homem do departamento de ações, intitulada "Memórias de um trader":

> O mercado, ele aprendera, era como o mar, devia ser respeitado e temido. Num plácido dia de verão, navegamos em sua superfície lisa, somos levados por uma brisa favorável, nadamos agradavelmente em suas águas mansas e nos regalamos com os raios do sol. Ou somos embalados por suas correntes calmas e cochilamos. De repente, uma rajada de vento frio traz consigo nuvens que se acumulam, e o sol desaparece — relâmpagos e trovões rasgam o céu, o oceano é chicoteado em ondas furiosas, a frágil embarcação é atingida e avariada por mares bravios. Metade da tripulação é jogada ao mar... você consegue chegar na praia... nu e exausto, desmaia na areia, grato por estar vivo...

Não era só mau tempo que o departamento de ações enfrentava, mas também rejeição. Era triste de ver. Todos os dias o MC do módulo de ações, Laszlo Birinyi, fazia um audacioso e muitas vezes brilhante discurso para nos atrair. Em vão. A essência da fala de Laszlo para o departamento de ações era a pergunta: quando você liga a TV às 6h30 e Dan Rather informa que o mercado subiu 24 pontos, de que mercado você acha que ele está falando? "O quê!", Laszlo diria. "Você acha que ele está falando dos títulos industriais de Grau A? Ah! Ele está falando sobre o mercado de ações." Em outras palavras, se você entrasse para o departamento de ações, sua mãe saberia o que você fazia para viver.

Laszlo também destacou a longa história e tradição do mercado de ações. Todos, de Will Rogers a John Kenneth Galbraith, tinham discorrido sobre o mercado de ações. Ao se juntar a esse grupo, poderíamos fazer parte de algo muito maior do que nós. Eu não tenho certeza se conseguíamos conceber algo muito maior do que nós. E, mesmo se conseguíssemos, não seria o mercado de ações. Como resultado, esse apelo especial de Laszlo nunca funcionou. Estávamos insensíveis à história e à tradição, e de qualquer maneira, os sabichões sempre faziam com que o mercado acionário parecesse um lugar desinteressante para trabalhar. Seus rabiscos eram tão escorregadios quanto as "Memórias de um trader", como no caso dessa citação de alguém chamado Walter Gutman: "Não há nada como o boletim de cotações, exceto uma mulher — nada que prometa, hora após hora, dia após dia, avanços tão repentinos; nada que cause tanta frustração com tanta frequência ou que gere tanta satisfação com tamanha e arrebatadora magnificência." Ao som do que os representantes do sexo masculino, que só lembravam das suas conquistas sexuais, reviravam os olhos mentalmente e coravam. Quem sabe o que as trainees pensavam nessa hora?

No fundo, no fundo, entretanto, o pessoal do mercado de ações não estava muito interessado no aprendizado formal ou em cursos ou qualquer coisa do tipo, a não ser a experiência concreta. Citações da lenda do mercado de ações Benjamin Graham eram apresentadas para defender sua posição: "No mercado de ações, quanto mais sofisticada e obscura for a matemática, mais incerta e especulativa será a conclusão tirada [...] Sempre que cálculo ou álgebra avançada são invocados, é um sinal claro de que o operador está tentando se valer da teoria em vez da experiência."

Isso parecia ridículo aos 80 MBAs e 15 Ph.Ds. da sala de treinamento. Qual o objetivo de ter uma bazuca se a lei obrigava a gente a caçar com arco e flecha? O departamento de ações parecia desesperadamente retrógrado. Tinha certeza de que sua conversa mole não convencia ninguém. Então, um dia eles pararam de tentar e enviaram um dos seus Brilhantes Meninos Prodígios para conversar com a gente. Ele era seu mais novo brinquedo. Sua função era nos ofuscar com seu brilho, nos cegar com sua ciência. Ele trabalhava na mais nova e popular área do departamento — *program trading* [cesta de ações] (que desde daquela época vem sendo acusada pela crise do mercado de ações, em outubro de 1987). A palestra foi sobre a sua especialidade. Em seguida, abriu a sessão para perguntas. Um MBA de Chicago chamado Franky Simon partiu para o ataque.

"Ao negociar opções de ações", perguntou meu amigo Franky, "você faz o hedge do gama e do teta ou apenas do delta? E, em caso negativo, por que não faz o hedge, do gama e do teta?"

O especialista em opções de ações balançou a cabeça durante cerca de dez segundos. Eu não estou certo de que ele sequer entendeu as palavras.

Nós, aprendizes, éramos igualmente esquecidos (era uma pergunta detestável), mas achávamos que qualquer trader de opções de respeito deveria evitar ser desafiado por um trainee. O trader tentou rir para fugir do embaraço. "Sabe", disse ele, "Eu não sei a resposta. Provavelmente por isso é que não me dou o trabalho de negociar. Vou verificar e respondo amanhã. Eu realmente não estou a par da teoria das opções."

"É por isso", disse Franky, "que você está em ações."

Esse comentário arrasou com ele. O jovem aspirante do departamento de ações não teve resposta. Ele apenas se encolheu e se contorceu de dor. Que humilhante! Desafiado por um trainee.

No final das contas, passou a ser ruim ser visto no departamento de ações. Imagine nosso horror, então, quando o departamento começou um programa de extensão com os trainees. Biryini insistiu em jantar com cada um de nós, e de repente todos éramos candidatos ao setor de equities, em Dallas. As pessoas entraram em pânico. Muitos tentaram se transformar em elementos profundamente indesejáveis. Alguns eram especialistas nisso. Ainda assim, podiam correr, mas não podiam mais se esconder. Ninguém estava a salvo. Havia rumores de que uma pequena lista estaria sendo criada pelo departamento de ações com nomes de trainees nos quais havia "interesse". Então, recebemos a notícia arrasadora: o departamento de ações estava planejando uma viagem de barco para se familiarizar melhor com os trainees incluídos em sua pequena lista.

Seria verdade? Era. Seis felizardos tinham sido alvo de Biryini, mas a minha fonte não sabia exatamente quem. Isso ficou claro quando os convites chegaram. Quatro dos seis convites foram para o pessoal da fila de trás. Então, havia alguma forma de justiça no mundo. Um foi para Myron Samuels, que poderia se dar o luxo de rir disso porque o departamento de títulos municipais já tinha prometido salvá-lo. O sexto veio para mim.

Eu estava tão indefeso quanto a noiva vítima de um casamento arranjado que, ao ver pela primeira vez o rosto medonho do noivo escolhido, grita em vão. Eu não apitava nada no meu futuro no Salomon Brothers. Minha influência só poderia ser fraca e indireta, utilizando diretores como forma de aparecer. O caminho para sair dessa armadilha era bancar o frígido com o departamento de ações e, ao mesmo tempo, incentivar um diretor de outro departamento a querer me contratar. O risco era que eu ofenderia o departamento de ações, que, então, tentaria me demitir. Verdade seja dita, o departamento não tinha praticamente poder algum. Mas não era necessário muito poder para me despedir.

O barco flutuava ao largo da ponta sul de Manhattan. Os homens do departamento de ações tentavam nos acuar e envolver com palavras entusiasmadas sobre o seu mercado. Os trainees dançavam e se esquivavam como boxeadores. Três minutos na parte da frente do barco, mais um tanto na parte de trás do barco, depois na sala de máquinas, dando voltas sem parar, com o barco parecendo ficar cada vez menor. Uma hora de cruzeiro e o barco parecia um bote. Logo alguém começaria a recitar as "Memórias de um trader" à medida que as ondas batiam contra a lateral do barco da Circle Line.

Seu ritual de acasalamento era brutalmente simples. Assim que conseguiam encurralar você no barco, enchiam sua cara de uísque, esperavam até que a lua iluminasse os cânions de Wall Street e posicionasse o Circle Line diante da Bolsa de Valores. Em seguida, um diretor colocava o braço em torno de você e elogiava seus talentos especiais, perguntando se não gostaria de colocar todo esse talento a serviço de uma carreira certa em ações. Pense na história! Pense na cultura! Eu pensei, em vez disso, em uma boa regra para sobreviver em Wall Street: nunca concorde com nada proposto no barco de outra pessoa, ou você vai se arrepender amanhã. Fui extremamente ágil e encontrei uma maneira de evitar problemas.

Myron Samuels descreveu a manhã seguinte do passeio de barco como uma "manhã de coiote". Depois de uma irrefletida noitada, você acorda e vê pela primeira vez o rosto da mulher com quem passou a noite, seu braço preso à cama pela cabeça dela e, em vez de acordá-la, como um coiote aprisionado, você puxa o braço e dá o fora. À cruel luz da manhã, o departamento de ações realmente parecia ser espinhento e bruto.

Mesmo assim, os caçadores continuaram a avançar. Fomos convidados a participar de um jogo de beisebol entre o departamento de ações do Salomon e um de seus maiores clientes. O diretor-executivo, que na noite anterior tinha sussurrado palavras suaves em meu ouvido, agora nem sequer lembrava o meu nome. Estava ocupado demais se desmanchando para agradar os seus clientes para se preocupar com qualquer outra coisa. Era evidente que nós, a equipe do Salomon, não deveríamos ganhar. Além disso, deveríamos rir sempre que o outro time fizesse uma piada, por pior que fosse. Eu deixei passar algumas bolas pela causa e ri como tolo — como os clientes eram engraçados! —, mas eu sabia que tinha feito a coisa certa na noite anterior ao me trancar no banheiro.

À medida que o programa de treinamento se aproximava da conclusão, as partidas do jogo da mentira aumentavam no fundão. A negociação de títulos tinha capturado a imaginação de mais da metade dos homens da turma. Em vez de dizer "compre" e "venda" como seres humanos normais, eles diziam "lance" e "oferta". Os aspirantes a traders negociavam tudo que pudesse ser quantificado, do número de pontos que os Giants marcariam até o número de minutos antes que o primeiro japonês pegasse no sono, passando pelo número de palavras na última página do *New York Post.* Na frente da sala todas as manhãs um jovem esperançoso gritava: "Ofereço vinte centavos pelo seu bagel."

Títulos, títulos e mais títulos. Quem não queria negociá-los para ganhar a vida, queria vendê-los. Esse grupo, agora, incluía várias mulheres que inicialmente tinham esperança de trabalhar como traders. No Salomon, os homens eram os traders. As mulheres vendiam. Ninguém nunca questionou a ordenação dos sexos no Salomon. Mas a consequência imediata da proibição da presença de mulheres na negociação era clara para todos: mantinha-as mais afastadas do poder.

Um trader fazia apostas nos mercados em nome do Salomon Brothers. Um corretor era o porta-voz do trader para a maior parte do mundo exterior. Os corretores falavam com investidores institucionais, tais como fundos de pensão, companhias de seguros, associações de poupança e empréstimo. As habilidades mínimas necessárias para os dois trabalhos eram bem diferentes. Para ser trader era necessário ter conhecimento do mercado. Para ser corretor eram necessárias habilidades interpessoais. Mas os melhores traders também eram excepcionais corretores, pois tinham de convencer o corretor a persuadir seus clientes a comprar o título X ou a vender o título Y. E os melhores corretores eram excelentes traders e conseguiam fazer com que os clientes dessem suas carteiras para que eles administrassem.

A diferença entre um trader e um corretor era mais do que uma questão de mera função. Os traders administravam a loja, e não era difícil perceber o motivo. O bônus de fim de ano do corretor era determinado pelos traders. O bônus de um trader era determinado pelos lucros em seus livros de negociação. Um corretor não fechava negócio sem um trader, enquanto os traders detinham total controle sobre os corretores. Não por acaso, corretores jovens corriam de um lado para outro parecendo intimidados e assustados, enquanto traders jovens fumavam charutos. O fato de a tirania do trader estar institucionalizada não surpreende ninguém. Os traders estavam mais perto do dinheiro. Os altos-executivos da empresa eram traders. O próprio Gutfreund tinha sido trader. Havia até rumores ocasionais, provavelmente iniciados pelos traders, de que todos os corretores seriam demitidos e a empresa negociaria simplesmente em um bem-aventurado vácuo. Quem precisava de clientes?

Os bons traders eram espertos e tinham muita energia. Eles observavam os mercados 12 e às vezes 16 horas por dia — e não apenas o mercado de títulos. Eles observavam dezenas de mercados financeiros e de commodities: ações, petróleo, gás natural, moedas e qualquer outra coisa que pudesse influenciar de alguma forma o mercado de títulos. Sentavam-se em suas cadeiras às 7 horas e ficavam até escurecer. Poucos se davam o trabalho de falar sobre seus empregos; eram tão reticentes quanto os veteranos de uma guerra impopular. Valorizavam os lucros. E o dinheiro. Especialmente o dinheiro, e todas as coisas que o dinheiro podia comprar, e todos os elogios associados a alguém com mais dinheiro.

Como eu tinha chegado na empresa sem planos concretos para o meu futuro, estava disposto a considerar qualquer coisa. No entanto, rapidamente cheguei à conclusão de que eu nunca poderia ser trader de títulos depois de ter conhecido alguns deles e não encontrar nenhum que fosse minimamente parecido comigo. Não tínhamos, até onde eu podia dizer, nada em comum, e eu considerava a possibilidade de me tornar um trader com a mesma seriedade com que eu considerava virar um chinês.

O que me tornava, por tabela, um corretor. Eu achava que me imaginar como corretor de títulos era apenas marginalmente mais plausível do que como trader de títulos. Eu estava enfrentando a mesma dificuldade em fazer a transição da faculdade para um trabalho dentro do Salomon que vivenciara fora do banco. E, para minha tristeza, toda a ideia de trabalhar no pregão, em vez de parecer mais familiar com o tempo, tornava-se cada vez mais assustadora à medida que o programa de treinamento avançava. Os corretores do 41° andar, que falavam com a gente, eram por definição líderes na empresa, e talvez servissem de modelo, mas seu jeito escorregadio não oferecia nada em que pudéssemos nos agarrar. Eles não expressavam outros interesses além da venda de títulos, e raramente faziam qualquer referência a uma vida fora do Salomon Brothers. Suas vidas pareciam começar e terminar no 41° andar; e comecei a me perguntar se eu não estava prestes a entrar em um terreno *Além da imaginação.*

Mais tipos diferentes de pessoas se davam bem no pregão do que eu inicialmente supunha. Alguns dos oradores eram realmente seres humanos deploráveis. Derrubavam os outros para se promover. Assediavam mulheres. Humilhavam estagiários. Eles não tinham clientes. Tinham vítimas. Outros eram naturalmente personagens extremamente admiráveis. Inspiravam aqueles à sua volta. Tratavam seus clientes quase de forma justa. Eles eram gentis com os trainees. A questão aqui não é o fato de um Fodão ser intrinsecamente mau. A questão é que não importava se ele era bom ou mau, desde que demonstrasse ser um Fodão. Os bandidos não levavam a pior no quinto ato no 41° andar. Eles prosperavam (mas se o sucesso era resultado direto por serem maus ou se havia algo sobre o trabalho em si que naturalmente os favorecia, em detrimento dos virtuosos, são questões diferentes). A bondade não era levada em conta no pregão. Ela não era recompensada nem punida. Simplesmente existia. Ou não.

Como o 41° andar era o berço escolhido para as pessoas mais ambiciosas da empresa e como não havia regras que regessem a busca por lucros e glória, os homens que trabalhavam lá, incluindo os mais sedentos por sangue, tinham um olhar vidrado. O lugar era governado pelo simples entendimento de que a busca desenfreada em satisfazer os próprios interesses era saudável. Devorar ou ser devorado. Os homens do 41° andar trabalhavam de olho nos outros para ver se alguém estava tentando enganá-los, pois não havia como saber que tipo de cara tinha chegado até ali e agora estava ávido para ocupar sua função: a gama de condutas aceitáveis no Salomon Brothers era realmente ampla. Ela revelava algo sobre a capacidade do livre mercado moldar o comportamento das pessoas em um padrão socialmente aceitável. Pois esse era o capitalismo em sua forma mais bruta, e era autodestrutivo.

Como trainee do Salomon Brothers, é claro, você não se preocupava muito com a ética. Você estava apenas tentando sobreviver. Você se sentia lisonjeado por estar na mesma equipe de pessoas que arrebentavam todo mundo o tempo todo. Como um moleque que misteriosamente faz amizade com o fortão da escola, você tende a esquecer as falhas do pessoal de títulos em troca de sua proteção. Eu prestava muita atenção quando esse mesmo pessoal fazia suas apresentações e observava os mais variados tipos de comportamento, que eu nunca tinha encontrado antes, exceto em obras de ficção. Como estudante, eu precisava partir da premissa de que cada um desses personagens era extremamente bem-sucedido, e depois tentar entender o motivo. E foi assim, nesse estado de espírito, que vi pela primeira vez o Piranha Humana em ação.

O Piranha Humana veio fazer uma palestra sobre títulos da dívida pública, embora ele fosse tão versado em questões ligadas à administração de dinheiro que poderia ter falado sobre qualquer assunto. Era o único corretor que deixava os traders nervosos, porque, em geral, ele conhecia melhor o trabalho deles do que os próprios. Caso os traders fizessem alguma besteira, passando-lhe um preço errado, por exemplo, ele fazia questão de humilhá-los em alto e bom som. Os demais corretores sentiam grande satisfação em vê-lo fazer isso.

O Piranha Humana era curto e grosso, como o talonador em uma equipe de rúgbi. A coisa mais incomum sobre ele era a expressão congelada em seu rosto. Seus olhos escuros, na verdade, buracos negros, raramente se moviam. E quando se moviam lentamente, pareciam um periscópio. Sua boca nunca parecia mudar de formato; em vez disso, se expandia e contraía proporcionalmente quando falava. E da sua boca vinha um fluxo constante de análises de resultados e grosserias de todo tipo.

Naquele dia, o Piranha Humana começou devorando o governo da França. O governo francês havia emitido um título conhecido como Giscard (sim, aquele descrito por Tom Wolfe em *Fogueira das vaidades*. Wolfe soube do Giscard através de um trader do Salomon; na verdade, para realizar a pesquisa sobre o corretor ficcional, Wolfe chegou ao 41º e sentou-se muito perto do Piranha Humana). O Piranha ficou incomodado pelo Giscard, assim chamado por ter sido criado pelo governo de Valéry Giscard d'Estaing. Os franceses tinham levantado cerca de US$ 1 bilhão em 1978 com o título. Este não era o problema. O problema era que o título poderia ser, em certas condições, trocado por ouro a US$ 32 a onça — ou seja, o titular de, digamos, US$ 32 milhões em títulos, em vez de aceitar dinheiro, poderia exigir 1 milhão de onças de ouro.

"Esses malditos franceses estão sendo roubados", afirmou o Piranha, querendo dizer que estavam perdendo muito dinheiro na emissão de títulos, agora que o título tinha de fato se tornado conversível e que o preço do ouro era US$ 500 por onça. A estupidez dos franceses irritava o Piranha. Ele a associava com seu hábito de parar de trabalhar às 17 horas. A ética de trabalho na Europa era sua *bête noire*, embora ele o explicasse de outro modo. Ele tinha ridicularizado um grupo de ingleses e de europeus continentais do Salomon que haviam reclamado do excesso de trabalho, chamando-os de "Eurogays".

Depois que terminou com a França, ele sacou gráficos para mostrar como funcionava a negociação de arbitragem de títulos da dívida pública. Enquanto falava, o pessoal na primeira fila ia ficando nervoso, e o pessoal na fila de trás soltava risadinhas, deixando as pessoas na primeira fila ainda mais nervosas, temendo que isso fizesse com que o Piranha descontasse em todos nós. *O Piranha Humana não falava como uma pessoa.* Nove entre dez palavras suas eram palavrões. Era palavrão para todo lado. Nada escapava. Ninguém escapava. O seu mundo estava repleto de objetos inanimados copulando e de pessoas que viviam sendo sacaneadas. Nunca tínhamos ouvido isso de forma tão intensa. E ele repetia com tanta frequência, como um tique nervoso, que causava furor na fila de trás todas as vezes. O Piranha Humana, um egresso de Harvard, não dava bola para isso. Ele sempre foi assim.

Dezenas de corretores e traders de cada um dos três grupos de títulos (governo, empresas e hipotecas) passaram pelo nosso programa. Lembro-me apenas de alguns. O Piranha Humana vinha do setor de títulos do governo e era típico, não apenas desse departamento, o uso do palavrão no pregão do Salomon. O representante dos títulos corporativos pegava mais leve. Esse homem tinha uma abordagem diferente, mais intimidadora. O Piranha Humana perturbava o pessoal da primeira fila. Para o pessoal da fila de trás, era apenas estranho. O sujeito dos títulos corporativos perturbava todo mundo.

Ele chegou cedo uma manhã, sem avisar, depois de nove semanas de programa. Seu nome era... bem, vamos chamá-lo de Sangfroid, por conta do gelo que corria em suas veias. Um leve sotaque britânico acentuava o frio que atravessava o ar quando ele falava. Era suficientemente alto para ter uma ampla visão da sala inteira, ocupada por 12 assentos na largura e 15 fileiras até o fundo. Degraus percorriam a sala. Ficou um minuto em silêncio depois que entrou nela. Um minuto parece tempo demais quando pertence exclusivamente a um homem alto e frio de terno cinza que está encarando 127 trainees tensos.

Sangfroid resolveu, então, ir até o fundo da sala. Em momentos como esses, a fila de trás entrava em pânico abjeto. Dava para ouvi-los sussurrando: "*Por que ele está vindo aqui? Ele não pode fazer isso. O que... ele... está... fazendo?*" Mas ele parou antes de chegar ao fundo. Escolheu alguém sentado na ponta da cadeira no meio da sala e perguntou: "Qual é o seu nome?"

"Ron Rosenberg", disse o trainee.

"Bem, Ron", disse Sangfroid, "qual a LIBOR de hoje?"

LIBOR? LIBOR? Todo mundo começou a se perguntar: "Que porra é LIBOR?" LIBOR é um acrônimo para London Interbank Offered Rate, ou taxa interbancária de juros compilada pela Associação de Banqueiros Britânicos; e ela está disponível às 8 horas, horário de Londres, ou 3 horas, horário de Nova York. Isso dava ao trainee quatro horas inteiras para descobrir a taxa LIBOR antes de a aula começar, às 7 horas. Juntamente com todos os detalhes dos mercados de títulos, Sangfroid esperava que soubéssemos a LIBOR na ponta da língua.

"Esta manhã", afirmou Ron, "a LIBOR é de sete dois cinco pontos percentuais, o que a coloca 25 pontos base acima do de ontem." Incrível. Sangfroid tinha chamado a única pessoa na sala que realmente sabia a taxa LIBOR. Pelo menos metade da turma sequer sabia o que significava LIBOR, muito menos o seu valor naquele dia.

No entanto, Sangfroid não deu muita importância; nem sequer parabenizou Rosenberg. Ele retomou sua caminhada em direção ao fundo da sala, e a tensão aumentava com cada passo.

"Você", disse ele a uma pessoa da fila de trás, "qual o seu nome?"

"Bill Lewis", disse o trainee.

"Bill, qual é o spread do TED esta manhã?", Sangfroid disse, aumentando a temperatura. O spread do TED é a diferença entre a taxa LIBOR e a taxa de juros dos títulos da dívida pública federal de três meses. A taxa dos títulos só ficava disponível meia hora antes de a aula começar. Não importava. Lewis não tinha a menor ideia de nada. Com Lewis a ignorância era uma questão de princípio. Ele corou, mordeu o lábio e olhou desafiadoramente para Sangfroid. "Eu não sei."

"Por que não?", revidou Sangfroid.

"Eu não consultei esta manhã", disse Lewis.

Contato! Era exatamente isso que Sangfroid tinha ido buscar no fundo da sala. Ignorância. Preguiça. Falta de compromisso com a causa. Isso era inaceitável, ele nos disse. Um trainee do Salomon tinha de ser competente e estar atualizado, como Gutfreund gostava de dizer. Não é de admirar que uma impressão muito ruim de nós estava sendo formada no pregão. E assim por diante. Então ele saiu, mas antes disso fez questão de deixar claro que viria nos visitar de vez em quando.

Sangfroid e o Piranha Humana acabaram se tornando minhas pessoas favoritas do 41º andar. Eles não brincavam em serviço. Eram brutais, mas também honestos e, penso eu, justos. Os problemas no 41º eram causados por pessoas difíceis, mas injustas, também chamadas, por muitos trainees, de idiotas completos. Você sobrevivia ao Piranha Humana e a Sangfroid simplesmente sendo o que você era. Como, porém, sobreviver a um trader que jogava um telefone na sua cara toda vez que você passava pela mesa dele? Como é que uma mulher lidava com um diretor-executivo casado que tentava seduzi-la sempre que a encontrava sozinha? O programa de treinamento não era um curso de sobrevivência, mas às vezes aparecia alguém que colocava os horrores do 41º em perspectiva. Para mim, foi um jovem corretor, que concluíra o programa de treinamento e trabalhava no 41º há apenas um ano, chamado Richard O'Grady.

Quando O'Grady entrou na sala de aula, a primeira coisa que ele fez foi desligar o vídeo que geralmente registrava os eventos do curso. Depois fechou a porta. Ele então verificou se havia algum bisbilhoteiro no peitoril das janelas do 23º andar. Só então ele se sentou.

Começou nos contando como chegou ao Salomon. Ele tinha sido um dos advogados da empresa. Os advogados, quando viam como os traders se davam bem, muitas vezes acabavam se tornando traders também. A empresa tinha realmente convidado O'Grady para ficar. Ele foi entrevistado em uma tarde de sexta-feira. Sua primeira reunião foi com um diretor chamado Lee Kimmell (ainda membro do comitê executivo). Quando O'Grady entrou na sala de Kimmell, Kimmell estava lendo seu currículo. Ao comentar o currículo, disse: "Amherst Phi Beta Kappa, atleta, Harvard Law School, você deve transar muito." Grady riu (o que mais você pode fazer?).

"Qual é a graça?", perguntou Kimmell.

"A ideia de eu transar muito", disse O'Grady.

"Isso não é engraçado", disse Kimmell, com crueldade em sua voz. "Quanto você transa?"

"Isso não é da sua conta", disse O'Grady.

Kimmel bateu com o punho na mesa. "Não me venha com essa desculpa. Se eu quero saber, você responde. Entendeu?"

De alguma forma, O'Grady escapou dessa entrevista e de outras, até que, finalmente, acabou enfrentando o mesmo cara que tinha me contratado, Leo Corbett.

"Então, Dick", disse Corbett, "o que você diria se eu lhe oferecesse um emprego?"

"Bem", disse O'Grady, "Eu gostaria de trabalhar no Salomon, mas também gostaria de ir para casa e pensar sobre isso por um ou dois dias."

"Você parece mais um advogado do que um trader", disse Corbett.

“Leo, não estou fazendo uma negociação, estou fazendo um investimento”, disse O’Grady.

“Eu não quero saber dessa babaquice inteligente de Harvard”, disse Corbett. “Estou começando a achar que você seria um erro... Vou sair daqui e voltar em dez minutos, e quando eu voltar, quero uma resposta.”

A primeira reação de O’Grady, disse ele, foi que acabara de cometer um catastrófico erro de julgamento. Então, pensou naquilo como um ser humano (o que era tão reconfortante sobre O’Grady era que, ao contrário dos outros caras do 41º, ele parecia genuinamente humano). O Salomon havia convidado *ele* para uma entrevista. Quem eles achavam que eram fazendo ultimatos? O’Grady tomou-se de uma raiva irlandesa. Corbett demorou mais do que havia prometido, deixando O’Grady ainda mais irritado.

“Bem...”, disse Corbett, quando voltou.

“Bem, eu não trabalharia aqui por todo o dinheiro no mundo”, disse O’Grady. “Eu nunca vi tantos imbecis juntos em toda a minha vida. Você e a sua oferta de emprego podem ir para aquele lugar.”

“Agora estou finalmente começando a ouvir alguma coisa que preste”, disse Corbett. “Essa é a primeira coisa inteligente que você disse o dia inteiro.”

O’Grady saiu batido do Salomon Brothers e conseguiu um emprego em outra empresa de Wall Street.

Mas esse foi só o começo da história. A história, segundo O’Grady, foi retomada um ano depois de ele ter mandado Leo Corbett e a oferta de trabalho para aquele lugar. O Salomon o chamara *de novo* para uma entrevista. Tinha pedido desculpas pelo seu comportamento. A empresa fez bem ao fazê-lo, porque O’Grady se tornara não apenas um excelente corretor, mas também um exemplo raro e muito necessário de bondade no pregão (acho que uma vez eu o vi dar esmola a um mendigo). A surpresa não foi o fato de o Salomon o chamar, mas o fato de O’Grady ter concordado em ouvir. A única coisa que a história nos ensina, um homem sábio disse uma vez, é que a história não nos ensina nada. O’Grady aceitou o emprego no Salomon Brothers.

E agora ele estava prestes a nos dizer o que queríamos saber. “Então, vocês querem saber como lidar com esses imbecis, não é?”, perguntou ele. Os trainees balançaram a cabeça. O’Grady disse que havia descoberto o segredo antes da maioria. Logo no começo da carreira, ele afirmou, uma experiência lhe ensinou uma lição.

Ele tinha sido estagiário de um corretor sênior chamado Penn King, um Fodão alto e louro, se é que já existiu um. Um dia, King pediu a ele que pesquisasse preços de quatro títulos para um cliente muito grande, o Morgan Guaranty. O'Grady, portanto, perguntou os preços ao trader relevante. Quando o trader o viu, no entanto, disse: "O que você quer?"

"Apenas alguns preços", disse O'Grady.

"Estou ocupado", disse o trader. *OK*, pensou O'Grady, *vou ver se consigo encontrar os preços na máquina Quotron.*

Enquanto O'Grady dedilhava o teclado do Quotron — que se assemelha a um computador pessoal —, Penn King exigia os preços para o seu cliente. "Eu disse para você pegar os preços, porra", disse ele. Então, O'Grady correu de volta para perguntar novamente ao trader. "Foda-se", disse ele, "toma, pegue daqui", e entregou a O'Grady a lista com os preços dos títulos. O'Grady voltou para sua mesa só para descobrir que, embora houvesse muitos preços listados na folha, eles não eram os preços de que ele precisava.

"Onde está a porra dos preços?", perguntou Penn.

O'Grady explicou o que havia acontecido entre ele e o trader até aquele momento.

"Então, você vai fazer o seguinte: ouça bem", disse um Penn King completamente irritado. "Você volta lá e diz para aquele idiota assim: 'Olha só, seu imbecil, já que você foi tão prestativo da primeira vez que eu perguntei, talvez possa me dar os malditos preços do Morgan Guaranty.'"

Então, O'Grady voltou lá. Ele imaginou que pudesse editar a pergunta, sabe, tirando a parte sobre o cara ser um idiota e ser tão prestativo. Ele tinha sua versão mental higienizada.

"Olha, eu realmente sinto muito incomodá-lo", ele estava planejando dizer, "mas o Morgan Guaranty é um dos nossos maiores clientes, e precisamos da sua ajuda..."

Mas quando chegou perto do trader este levantou e gritou: "Quem mandou você voltar aqui??" E já disse: "*Estou... ocupado...*"

"Olha aqui, seu idiota", disse O'Grady, esquecendo-se da versão polida, "já que você foi tão prestativo da primeira vez que eu pedi, talvez possa me dar os malditos preços *agora.*" O trader ficou boquiaberto. O'Grady era, convenientemente, o dobro do tamanho dele. Ele se deteve sobre o trader e o encarou durante cerca de um minuto. *"Idiota"*, ele gritou de novo, para causar efeito.

De repente, o trader pareceu assustado. "Pennnnn!" ele meio que gritou, meio que gemeu até o chefe de O'Grady para o andar inteiro ouvir. "Qual é a desse cara?"

Penn deu de ombros inocentemente como se dissesse que não tinha a menor ideia do que se tratava.

O'Grady caminhou de volta para seu lugar, recebendo uma ovação de três ou quatro corretores que assistiram a cena se desenrolar e um grande sorriso de Penn. Com certeza, menos de dois minutos depois *o trader tinha providenciado os preços.*

"E depois disso", disse O'Grady a uma turma encantada com suas palavras, "ele nunca mais se meteu comigo."

Como você pode imaginar, isso causou frenesi na fila de trás; isso os fez bater os pés no chão como a torcida organizada depois de um grand slam. Deu um nó na garganta da fila da frente. O'Grady era, por formação e disposição, um homem requintado e descontraído. É verdade que ele tinha um quê de irlandês brutamontes, mas se alguém tinha condições de superar o jeito Neandertal de ser do 41º, era O'Grady. Qual era a moral da história? Fácil. Para conseguir um lugar no 41º era preciso derrubar alguém, mesmo se você tiver se formado com Phi Beta Kappa da Amherst e da Harvard Law School, for um atleta e transar muito. Qual era o segredo para lidar com os idiotas? "Levantar peso e aprender karatê", disse O'Grady.

Como que para confirmar essa impressão, seguindo os passos de O'Grady, veio o departamento de negociação de hipotecas. Com a possível exceção de John Meriwether, os traders de hipotecas eram os Maiores Fodões da empresa. O departamento de hipotecas era a área mais lucrativa do banco e onde os trainees queriam desesperadamente trabalhar. Esse pessoal podia se dar o luxo de ser desagradável. As apresentações do departamento de hipotecas foram as últimas a que assistimos em sala de aula.

As mesas de negociação de hipotecas no 41º ficavam entre os elevadores e o canto que eu escolhera para me esconder. Eu havia selecionado meu cantinho com cuidado. Ele abrigava um diretor-executivo simpático e sua pequena equipe de pessoas não violentas. Na verdade, esse diretor tinha prometido me livrar do setor de Equities, em Dallas. Ele também me dava abrigo temporário. Todos os dias ao sair do elevador no 41º andar e partir direto para a mesa do meu diretor, eu precisava decidir se passaria pelas mesas de operações de hipotecas. E todos os dias eu decidia que era melhor não passar por ali. Os traders de hipotecas emitiam vibrações tão malignas que eu fazia de tudo para evitá-los todas as tardes. Mesmo assim, me sentia desconfortável. Eles eram conhecidos por atirar telefones na cabeça dos trainees, e diziam que instalavam fios extralongos para aumentar seu alcance. Mais tarde descobri que tinham a mesma probabilidade de usar as bombas de telefone em profissionais experientes e que mesmo os veteranos no Salomon Brothers, que enfrentaram todo tipo de abuso, se recusavam a passar pelo departamento de hipotecas. Todas as empresas em Wall Street tinham seus piores elementos, e esses eram os nossos.

Apesar do meu pânico total na presença desses trader de hipotecas, eu estava curioso sobre o negócio e seu chefe, Lewie Ranieri. Todos os trainees do Salomon estavam curiosos sobre Ranieri. Lewie Ranieri era um gênio, uma lenda no Salomon, que começou na sala de expedição, galgou seu lugar até o pregão e criou um mercado na América (e estava começando um semelhante na Grã-Bretanha) para títulos hipotecários. Ranieri era o Salomon e o Salomon era Ranieri. Ele era constantemente citado como exemplo de tudo que era especial sobre a nossa empresa. Ele era prova viva de que o pregão era uma meritocracia. No Salomon Brothers, por causa das conquistas de Ranieri, muita coisa que de outra forma não seria sequer cogitada parecia ser possível. Eu nunca tinha visto o grande homem em pessoa, mas tinha lido a seu respeito. Tínhamos sido informados de que ele falaria para nós.

Ele não apareceu. Em vez disso, enviou três traders de hipotecas seniores para representar o seu departamento. Os três juntos poderiam facilmente chegar a 400 quilos. Eles ficaram em pé diante da sala em formação, o do meio fumando o maior charuto que eu já vi. Barato, mas grande. Eu me lembro bem dele.

Ele não falava nada, só resmungava e ria quando um trainee fazia uma pergunta. Dezenas de trainees queriam negociar títulos hipotecários. Por isso faziam muitas perguntas, mas não recebiam respostas. Quando um trainee fez uma pergunta cretina, o homem empunhando o charuto deu a única resposta em uma língua compreensível da qual me lembro. Ele disse: "Então, você quer ser um trader de hipotecas, hein?" Em seguida, os três riram juntos e pareciam uma frota de rebocadores soprando suas buzinas.

O pobre aprendiz queria ser um trader de hipotecas. Assim como mais 35 outros. No final, cinco foram escolhidos. Eu não fui, o que foi bom para mim. Eu fui despachado para Londres para me tornar um corretor. No devido tempo, voltarei à minha educação privada no pregão de Londres. Mas agora é hora de conhecer um pouco melhor a história dos traders de hipotecas, pois não só eles eram a alma da empresa, mas também eram um microcosmo de Wall Street na década de 1980. O mercado hipotecário era um dos dois ou três estudos de casos que ilustravam a mudança que varria o mundo das finanças. Eu acompanhava de perto os traders de hipotecas em Londres, principalmente porque me intrigava o fato de que pessoas com um aspecto tão terrível pudessem se dar tão bem na vida. Eu era fascinado por Ranieri. Durante vários anos seguidos ele e seus traders ganhavam mais dinheiro do que qualquer outra pessoa em Wall Street. Eu não gostava deles nem um pouco, mas isso provavelmente era um ponto a seu favor. A presença deles era um sinal da saúde da empresa, assim como a minha era um sinal da doença. Se os traders de hipotecas deixassem o Salomon, estaríamos liquidados. Não sobraria nada além de um bando de caras legais.

CAPÍTULO 5

A irmandade

Eu não faço favores. Acumulo devedores.
Antigo ditado siciliano

Era janeiro de 1985, e Matty Oliva tinha acabado de se formar em Harvard e de concluir o programa de treinamento do Salomon Brothers. A boa notícia era que tinha conseguido o emprego dos sonhos na mesa de negociação de hipotecas do banco. A má notícia era que no seu primeiro ano no cargo seria alvo de todo tipo de ofensa. Os traders de hipotecas seniores argumentavam que a ofensa levava à iluminação. Eliminava qualquer pretensão dos trainees e os fazia perceber que eles eram as criaturas mais vis do universo. Os traders eram culpados pela desgraça que se abateria sobre Matty Oliva.

Alguns traders pediam regularmente que Matty lhes trouxesse o almoço. Eles gritavam: "Ei, mané, tá na hora do rango!" Em seus momentos menos intratáveis, eles diziam, quase educadamente: "Tá quase na hora, não é, Matty?" Não havia motivo para ser educado com Matty porque Matty era um escravo. Não havia necessidade de lhe dizer exatamente o que comprar, porque todo trainee sabia que os traders de hipotecas comiam qualquer coisa, a qualquer hora.

Assim como algumas pessoas são bêbadas inveteradas, os traders de hipotecas eram gulosos inveterados. Nada os irritava mais do que ficar sem comida, exceto serem interrompidos na hora da comida. Em outras palavras, não eram gordos hipertireoidianos que passam o dia inteiro timidamente bebericando Coca Diet e atraem perguntas do tipo "Como é que ele engordou, se nunca come nada?". Nem eram aqueles gordos alegres, como Ed McMahon, que são adorados porque não ameaçam ninguém. Os traders de hipotecas eram o tipo de gente gorda que grunhe e se arrasta, como lutadores de sumô. O trainee, quando convocado para a missão "almoço", trazia simplesmente tudo que conseguisse carregar.

Naquele fatídico dia de janeiro o assediado Matty subiu os cinco lances de escada do pregão até a lanchonete. Era degradante ser visto pelos colegas trainees como o escravo das hipotecas. Os demais trainees gozavam do status de homens quase livres. Matty rapidamente encheu o maior número de bandejas de plástico que conseguia carregar com batata frita, hambúrgueres, Cocas, chocolate e uns tantos biscoitos com flocos de chocolate, produtos de uma cozinha famosa em Wall Street pelos avisos regulares recebidos dos inspetores de saúde da cidade de Nova York. Ele, então, passou direto pelo guarda de plantão sem pagar. Chame de pequeno triunfo. Chame de autoafirmação. Chame de um pequeno grito de liberdade de uma alma tantas vezes sacaneada. Ou chame simplesmente de medida de economia. Comer e sair sem pagar não era incomum na lanchonete do Salomon Brothers. Roubar comida não foi o maior erro de Matty. Seu maior erro foi contar vantagem para um dos obesos traders.

Naquela tarde, Matty recebeu uma ligação de alguém que alegou trabalhar para "a divisão de projetos especiais da Securities and Exchange Comission". A SEC, explicou o homem, recebera jurisdição sobre as lanchonetes de Wall Street e estava investigando um suposto roubo de três bandejas de comida da lanchonete do Salomon Brothers. Será que Matty teria alguma informação a esse respeito?

Ha, ha, ha, respondeu Matty. Muito engraçado.

Não, disse a autoridade, o assunto é muito sério. Os padrões éticos de Wall Street precisam ser monitorados em todos os níveis.

Matty riu novamente e desligou.

Ao chegar para trabalhar no dia seguinte Matty encontrou Michael Mortara, um diretor-executivo do Salomon Brothers, esperando por ele. Mortara era o chefe da negociação de hipotecas. Foi Mortara que fez a apresentação no nosso programa de treinamento. Os engraçadinhos no pregão do Salomon faziam imitações de Mortara. Ora pareciam Marlon Brando em *O Poderoso Chefão*, ora Marlon Brando em *Um Bonde Chamado Desejo*.

Mortara parecia aborrecido. Pediu que Matty o acompanhasse até a sua sala. "Matty, acabei de receber uma ligação da divisão de projetos especiais da SEC e não sei o que fazer a respeito. É verdade que você vem roubando comida da nossa lanchonete?", ele perguntou.

Matty assentiu com a cabeça.

"O que deu em você? Eu realmente não sei o que vai acontecer agora. Volte para a sua mesa; entro em contato com você. Isso é um problema", disse Mortara.

Durante o restante do dia Matty parecia tão desvairado quanto alguém que ganhou na loteria e perdeu o bilhete premiado. Embora fosse um trainee jovem e vítima de constantes ofensas, ainda assim estava prestes a entrar para a Irmandade dos Fodões. O mercado norte-americano de hipotecas estava crescendo mais rapidamente do que qualquer outro mercado de capitais do mundo, tornando o setor hipotecário o melhor setor da empresa. Era o melhor cargo no pregão do Salomon Brothers em 1985, e, possivelmente, o melhor trabalho em Wall Street, já que o pregão do Salomon dominava Wall Street.

Depois de dois anos de negociação no Salomon, um jovem trader de hipotecas passava a receber um fluxo constante de ofertas de firmas como Merrill Lynch, Bear Stearns, Goldman Sachs, Drexel Burnham e Morgan Stanley, todas elas ávidas por captar um pouco da magia hipotecária do Salomon Brothers. Essas ofertas garantiam pelo menos meio milhão de dólares anuais mais um tanto dos lucros das negociações. Matty estava em seu primeiro ano como trader. Quando chegasse ao quarto ano, se mostrasse serviço, estaria ganhando US$ 1 milhão bruto. Era o momento e o lugar certo para estar aos 22 anos de idade, e Matty, por meio de sorte e esforço, tinha conseguido chegar precisamente onde desejava. Agora isso: pego pela SEC na lanchonete. Até que ponto a situação era grave? Os outros traders de hipotecas observaram seu nervosismo, deixaram que ele meditasse sobre os reveses da vida.

Na manhã seguinte Matty foi informado que deveria se apresentar na sala de Gutfreund. Matty nunca havia encontrado com John Gutfreund, nem deveria. "Gutfreund", explicou um trader de hipotecas a Matty, "não brinca com lacaios." Se Gutfreund desejava vê-lo, o negócio era grave. A sala de Gutfreund ficava a uns 20 metros da mesa de Matty. Ficava normalmente vazia. Era possível ter uma longa e feliz carreira no Salomon sem precisar botar o pé ali. Coisas ruins aconteciam na escuridão daquela sala com pessoas muito mais preparadas para se defender do que Matty. Qualquer esperança que Matty alimentava sobre o motivo para a reunião morreu quando viu Mortara sentado ao lado de Gutfreund na sala. Matty entrou.

Gutfreund falou durante algum tempo sobre como não tinha cabimento roubar cheeseburgers da lanchonete. Em seguida, disse: "Matthew, acabo de sair de uma reunião longa e dolorosa com o Comitê Executivo do Salomon Brothers, e decidimos" — longa pausa — "deixar você ficar, por enquanto. Tudo o que posso dizer agora é que existem outras questões que precisamos resolver com a SEC em Washington. Entraremos em contato com você."

Tudo que um homem tem no mercado é a sua palavra, sua honra. O programa de treinamento ouvia essa mensagem todos os anos de John Gutfreund. Como Matty era novo no negócio, poderia até ter acreditado nisso. De qualquer maneira, Matty achava que sua carreira estava arruinada. O roubo iria assombrá-lo durante o tempo em que permanecesse em Wall Street. Sempre que a SEC fosse investigar alegações de negociação com informações privilegiadas ou desvio de comida, Matty seria suspeito. Ele estaria fichado. As pessoas sussurrariam o seu nome.

Quando Matty voltou ao seu lugar na mesa de hipotecas, parecia ter testemunhado o fim do mundo. Os 20 ou mais outros traders de hipotecas não suportavam aquela visão. Tentaram esconder o riso atrás de suas máquinas Quotron. Matty olhou em volta e viu não só que todo mundo estava rindo, mas que todo mundo estava rindo dele. Tinha sido vítima do que era conhecido no departamento como "pegadinha". A ideia veio de Mortara, mas Mortara persuadira Gutfreund a dar um toque de credibilidade à farsa. Matty havia rejeitado *a priori* a possibilidade de que John Gutfreund, improvável gaiato, entraria nesse tipo de embuste. "Uma das maiores pegadinhas de todos os tempos!", exclamou um trader de hipotecas. Foi mais uma vez comprovado que a credulidade dos aprendizes não conhecia limites. Pense nisso: a SEC investigando gente na lanchonete!

Matty não conseguiu ver a graça. Seu rosto assumiu o olhar aparvalhado de alguém que foi submetido a uma execução simulada, e começou a chorar. Ele então saiu correndo do pregão e entrou no elevador. Planejava nunca mais voltar. E ninguém o deteve. Os traders rolaram de tanto rir. Gutfreund e Mortara rugiram juntos na sala de Gutfreund. Finalmente, mais por obrigação do que compaixão, um trader de hipotecas sênior chamado Andy Stone partiu em busca de Matty. Ele se sentia responsável, porque Matty era seu escravo. De qualquer modo, Stone sempre fora um dos mais humanos no pregão. Stone levou uma cerveja para Matty no lobby do One New York Plaza e tentou persuadi-lo de que o que tinha acontecido era sinal de que as pessoas gostavam dele: era necessário inspirar uma certa dose de respeito antes de ser escolhido para uma piada. Depois de várias horas vagando pelas ruas de Nova York, Matty decidiu voltar.

Eu só posso imaginar o que passou pela cabeça de Matty, enquanto ele percorria toda a área sul de Manhattan. Assim que se acalmou, deve ter pensado que não tinha outro lugar para ir. Estava preso por algemas de ouro ao departamento de negociação de hipotecas do Salomon Brothers. O bando de traders que tornavam a vida miserável para os graduados de Harvard dominava por completo um terço do mercado de títulos. Eles eram, talvez, os empregados mais bem-pagos da América corporativa. Só eles poderiam ensinar a Matty como também dominar o mercado. Não era verdade, como Stone tinha dito, que os traders só se interessavam em ser cruéis com as pessoas de quem gostavam. Eles eram cruéis com todo mundo. Parte da crueldade, no entanto, não era pessoal, mas cerimonial. As pegadinhas eram um rito de iniciação. Enfim, depois de um ano, Matty estaria do outro lado da brincadeira. Ele seria o trader rindo atrás do Quotron, enquanto algum outro trainee escravo chorava. Não, não havia outro lugar melhor para estar em janeiro de 1985 do que com os poucos escolhidos por Michael Mortara, essa rica irmandade de traders de hipotecas do Salomon Brothers.

1978-1981

Wall Street reúne mutuários e mutuantes. Até meados de 1978, quando o Salomon Brothers criou o primeiro departamento de títulos hipotecários de Wall Street, o termo "mutuário" referia-se a grandes empresas e aos governos federal, estadual e local. Não incluía os proprietários de imóveis. Um sócio do Salomon Brothers chamado Robert Dall achava isso estranho. O grupo de mutuários que mais crescia não era formado por governos ou empresas, mas proprietários de imóveis residenciais. A partir do início da década de 1930, os legisladores passaram a criar uma carteira de incentivos para os americanos fazerem empréstimos para a compra da casa própria. O mais óbvio desses incentivos era a dedução do imposto dos pagamentos de juros da hipoteca. O outro incentivo mais óbvio era o setor de poupança e empréstimo.

O setor de poupança e empréstimo era responsável pela maior parte dos empréstimos concedidos ao cidadão norte-americano médio e recebia grande apoio e proteção por parte do governo. As facilidades concedidas ao setor de poupança e empréstimo, como seguro de depósito e brechas na legislação tributária, indiretamente diminuíam o custo dos juros sobre as hipotecas, reduzindo o custo dos fundos para a poupança e os empréstimos. Os lobistas do setor em Washington invocavam a democracia, a bandeira e a torta de maçã ao solicitar essas concessões no Congresso. Defendiam o direito à casa própria e diziam que este era o modo de vida americano. Assumir no Congresso uma postura contrária à casa própria teria sido tão politicamente astuto quanto fazer campanha contra a maternidade. Sustentado por uma política pública amigável, o setor de poupança e empréstimo cresceu, e o volume de empréstimos hipotecários em circulação, também, de US$ 55 bilhões em 1950 para US$ 700 bilhões em 1976. Em janeiro de 1980 esse número tornou-se US$ 1,2 trilhão, e o mercado de hipotecas superou todos os mercados de ações dos EUA como o maior mercado de capitais do mundo.

No entanto, em 1978, era esquisito em Wall Street pensar que as hipotecas residenciais poderiam ser um grande negócio. Tudo sobre elas parecia pequeno e insignificante, pelo menos para as pessoas que rotineiramente aconselhavam CEOs e chefes de Estado. Os CEOs das hipotecas residenciais eram os presidentes dos setores de poupança e empréstimo. O presidente típico de uma associação de poupança e empréstimo era um líder em uma pequena comunidade. Ele era o tipo de sujeito que patrocinava um carro alegórico na parada da cidade; isso dizia tudo, não é? Usava ternos de poliéster, tinha uma renda de cinco dígitos e trabalhava poucas horas por semana. Pertencia ao Lions ou Rotary Club e também a um grupo menos formal conhecido dentro da indústria da poupança como o Clube 3-6-3: ele tomava dinheiro emprestado a 3%, emprestava dinheiro a 6% e chegava ao campo de golfe às 15 horas.

Todos os anos os corretores que vendiam títulos para instituições de poupança* do Texas faziam um esquete no programa de treinamento do Salomon. Dois representavam os corretores do Salomon; dois representavam gestores de uma instituição de poupança. O enredo era o seguinte: os corretores do Salomon entram na instituição de poupança exatamente quando os gestores estão saindo, com raquetes de tênis em uma das mãos e um saco de tacos de golfe na outra. Os homens da poupança vestem combinações absurdas de calças xadrez e jaquetas de poliéster xadrez com lapelas largas. Os corretores do Salomon bajulam os homens da poupança. Chegam a ponto de admirar as lapelas na jaqueta de um dos gestores. Nessa hora, o segundo gestor se ressente. "Você chama essa coisa de lapela? Aquilo?", diz ele, com característico sotaque texano. "Uma lapela só é uma lapela se a gente consegue enxergá-la de costas." Então ele se vira e as lapelas sobressaem como asas em seus ombros.

Os corretores do Salomon, tendo levado no papo seu cliente, partem para acabar com ele. Eles recomendam que os gestores da instituição de

---

* No interesse da variedade, *instituição de poupança* será usada como sinônimo de *instituição de poupança e empréstimo* ao longo do texto, como é em Wall Street.

poupança comprem U$S 1 bilhão em swaps de taxa de juros. Os gestores claramente não sabem o que é um swap de taxa de juros; eles se entreolham e encolhem os ombros. Um dos corretores do Salomon tenta explicar. Os homens da poupança nem querem ouvir; querem jogar golfe. Mas os corretores do Salomon tinham pego eles de jeito e não abriam mão do negócio. "Manda o bilhão de dólares em swaps de taxa de juros, pra gente acabar logo com isso", dizem finalmente os gestores. Fim do esquete.

Esse era o tipo de pessoa que negociava hipotecas residenciais, um criador de ovelhas comparado aos caubóis sabichões de Wall Street. Os caubóis negociavam títulos, títulos corporativos e da dívida pública. E quando um caubói negociava títulos, mandava ver. Ele se levantava e gritava do outro lado do pregão: "Tenho 10 milhões de IBM a oito e meio [títulos de 8,5%] para sair [à venda], a um-zero-um, e quero esses filhos da mãe fora daqui agora." Nunca em um milhão de anos ele poderia se imaginar gritando: "Tenho uma hipoteca residencial de US$ 62 mil de Mervin K. Finkleberger a um-zero-um. Ele tem 20 anos ainda para pagar; está pagando um juro de 9%; e é um bom apartamento de três dormitórios perto de Norwalk. Boa compra, também." Um trader não podia criticar e forçar os proprietários de imóveis a tomarem decisões.

O problema era mais fundamental do que um mero desdém pela classe média americana. As hipotecas não eram papéis negociáveis, não eram títulos. Eram empréstimos feitos por bancos de poupança que nunca deveriam sair dos bancos de poupança. Uma única hipoteca residencial era um investimento ruim para Wall Street, que estava acostumada a lidar com números maiores. Nenhum trader ou investidor queria bisbilhotar nos subúrbios para verificar se os proprietários a quem tinha acabado de emprestar dinheiro eram dignos de crédito. Para a hipoteca imobiliária se tornar um título ela precisava ser despersonalizada.

No mínimo, uma hipoteca tinha que ser agrupada com outras hipotecas de outros proprietários de imóveis. Traders e investidores confiariam em estatísticas e comprariam um pool de vários milhares de empréstimos hipotecários feitos por uma instituição de poupança e empréstimo, em que, pelas leis da probabilidade, somente uma fração pequena ficaria inadimplente. Papéis poderiam ser emitidos conferindo ao portador o direito a uma parte pro rata dos fluxos de caixa do pool, uma fatia garantida de uma torta fixa. Poderia haver milhões de pools, cada um com hipotecas de determinadas características, cada pool homogêneo em si mesmo. O pool material, por exemplo, hipotecas residenciais de menos de US$ 110 mil pagando uma taxa de juros de 12%. O titular do papel do pool ganharia 12% ao ano sobre o seu dinheiro, mais a sua parte dos pré-pagamentos do principal dos proprietários dos imóveis.

Assim padronizados, os papéis poderiam ser vendidos para um fundo de pensão americano, para uma companhia fiduciária de Tóquio, para um banco suíço, para um magnata grego dos transportes sonegador que mora em um iate no porto de Monte Carlo, para qualquer pessoa com dinheiro para investir. Assim padronizados, os papéis poderiam ser negociados. O que o trader via, eram títulos. Tudo que o trader queria era ver o título. Um título que ele poderia negociar livremente. Uma linha que nunca seria cruzada poderia ser traçada no centro do mercado. De um lado estaria o proprietário do imóvel; do outro lado estariam os investidores e os traders. Os dois grupos nunca se encontrariam; o que é curioso, em vista do caráter pessoal que parece ter o ato de emprestar dinheiro a um ser humano para que ele compre sua casa própria. O proprietário só teria contato com o gestor da instituição de poupança e empréstimo, a pessoa que providenciava o dinheiro e para quem, com o tempo, este seria devolvido. Os investidores e os traders veriam o papel.

A curiosidade de Bob Dall por hipotecas foi despertada quando ele trabalhava para um sócio do Salomon chamado William Simon, que mais tarde se tornou secretário do Tesouro dos EUA na administração de Gerald Ford (e mais tarde até ganhou US$ 1 bilhão comprando poupança e empréstimos baratos do governo dos EUA). Simon deveria monitorar os avanços no mercado hipotecário, mas, como Dall dizia: "Ele não dava a mínima." No início da década de 1970 Simon negociava títulos da dívida pública federal dos Estados Unidos para o Salomon Brothers. Ele gostava de fazer isso em pé, bebendo um copo atrás do outro de água gelada. Gritar lances e ofertas para títulos não era então uma ocupação tão popular fora do Salomon. "Quando comecei, a negociação de títulos não era uma profissão respeitável", ele disse mais tarde ao escritor L. J. Davis. "Eu nunca contratei ninguém das escolas de administração para trabalhar na mesa de negociação. Eu costumava dizer aos meus traders: 'Se vocês não estivessem negociando títulos, estariam dirigindo um caminhão. Não tentem bancar o intelectual no mercado. É só negociar.'"

Simon não era formado em Harvard; ele havia abandonado o Lafayette College e desbravado seu caminho até o topo. Não atraía uma multidão de aspirantes a traders em suas visitas a *campi* universitários ou escolas de negócios, porque não havia uma multidão de traders aspirantes. O que ele dizia ou fazia não tinha interesse algum para o *The New York Times* ou o *Wall Street Journal*. Quem se importava com títulos da dívida pública federal na década de 1970?

Ainda assim, ele sentia e agia como se fosse o tal. A sua opinião importava no Salomon, e era no Salomon que o trader de títulos era rei. Os títulos de dívida pública dos EUA eram referência para todos os títulos; o homem que conseguisse domá-los era referência para todos os traders. O desgosto de Simon com o mercado de hipotecas residenciais vinha de uma disputa que ele teve com a Government National Mortgage Association (conhecida como Ginnie Mae, a associação hipotecária do governo dos EUA), em 1970. A Ginnie Mae garantia as hipotecas residenciais dos cidadãos menos favorecidos, assim, imbuindo-os com plena confiança e crédito do Tesouro dos EUA. Qualquer proprietário de imóvel que se qualificasse para uma hipoteca da Federal Housing and Veterans Administration (FHA/VA) — cerca de 15% dos compradores de imóveis nos Estados Unidos — recebia um selo da Ginnie Mae. A Ginnie Mae procurou agrupar seus empréstimos e vendê-los como títulos. Foi aqui que Simon entrou em cena. Como assessor do governo dos EUA mais bem-informado sobre títulos, era o homem natural para alimentar o mercado de hipotecas.

Como muitas hipotecas, os empréstimos com garantia da Ginnie Mae exigiam pagamento gradual do principal ao longo do tempo. Também como a maioria das hipotecas, o empréstimo poderia ser pré-pago integralmente a qualquer momento. Esta era a principal falha dos títulos hipotecários propostos pela Ginnie Mae, na visão de Simon. Quem comprasse os títulos estaria, em um aspecto crucial, em piores condições que os compradores dos títulos corporativos e da dívida pública: não podia ter certeza do tempo de duração do empréstimo. Se um bairro inteiro pagasse suas hipotecas, o titular, que achava que possuía um título hipotecário de trinta anos, via-se sentado sobre uma pilha de dinheiro em vez disso. Mais provavelmente, as taxas de juros cairiam, e todo o bairro refinanciaria suas hipotecas de trinta anos de taxa fixa com taxas mais baixas. O titular da obrigação hipotecária ficava então com dinheiro na mão. Dinheiro não seria problemático, se o investidor pudesse reinvesti-lo à mesma taxa de juros que o empréstimo original, ou a uma taxa mais elevada. Mas se as taxas de juros caíssem, o investidor perderia, pois seu dinheiro não renderia a mesma taxa de retorno que antes. Não surpreendentemente, os proprietários de imóveis preferem pagar antecipadamente suas hipotecas quando as taxas de juros caem, para então poderem refinanciar a casa a uma taxa de juros menor. Em outras palavras, o dinheiro investido em títulos hipotecários normalmente é devolvido no pior momento possível para o credor.

Bill Simon tentou persuadir a Ginnie Mae a proteger o comprador de títulos hipotecários (o credor). Em vez de simplesmente passar todo o dinheiro dos proprietários pelos titulares das obrigações, argumentou, o pool deve ser criado de forma a simular um título normal, com prazo de vencimento definido. Caso contrário, perguntava, quem compraria os títulos? Quem compraria um título com vencimento desconhecido? Quem viveria com a incerteza de não saber quando receberá o seu dinheiro de volta? Quando a Ginnie Mae ignorou a objeção, Bill Simon ignorou Ginnie Mae. Ele designou o que no Salomon Brothers é chamado de soldado raso — um analista do departamento de finanças corporativas — para liderar o ataque contra os novos mercados hipotecários. Soldados rasos não lideram ataques. Em outras palavras, não haveria ataque.

Bob Dall passava o dia tomando dinheiro emprestado para financiar as apostas de Bill Simon no mercado de títulos da dívida pública federal dos EUA. Dall estava efetivamente negociando dinheiro; todos os dias procurava tomar emprestado a taxas mais baixas e emprestar a taxas mais altas. Mas suas operações de empréstimo eram apenas para aquele dia. No dia seguinte, ele voltava, e começava tudo de novo. Negociar dinheiro, ao contrário da negociação de títulos, nunca foi popular, nem mesmo no Salomon

Brothers. Dinheiro era a commodity menos volátil negociada pelo Salomon Brothers e, portanto, a que oferecia menor risco. Negociar dinheiro era, todavia, uma negociação. Exigia pelo menos um testículo de ferro e a mesma lógica peculiar que a negociação de títulos. Observe: um dia, no início de sua carreira, Dall estava no mercado para comprar (tomar emprestado) US$ 50 milhões. Ele pesquisou e verificou que o mercado monetário operava de 4% a 4,25%, o que significava que ele poderia comprar (tomar emprestado) a 4,25% ou vender (emprestar) a 4%. Quando ele realmente tentou comprar US$ 50 milhões a 4,25%, no entanto, o mercado avançou de 4,25% para 4,5%. Os vendedores foram afugentados por um grande comprador. Dall ofereceu 4,5%. O mercado mudou novamente, de 4,5% para 4,75%. Ele subiu a oferta várias vezes, com o mesmo resultado, depois foi até a sala de Bill Simon para dizer que não poderia comprar dinheiro. Todos os vendedores estavam correndo feito galinhas.

"Então seja você o vendedor", disse Simon.

Assim, Dall se tornou o corretor, embora realmente precisasse comprar. Vendeu US$ 50 milhões a 5,5%. Vendeu outros US$ 50 milhões a 5,5%. Então, como Simon adivinhara, o mercado entrou em colapso. Todos queriam vender. Não havia compradores. "Compre de volta agora", disse Simon, quando o mercado chegou a 4%. Então Dall não só conseguiu seus US$ 50 milhões a 4%, mas obteve lucro sobre o dinheiro que tinha vendido a taxas mais elevadas. *Era assim* que pensava um trader de títulos do Salomon: dissimulava qualquer querer por um minuto e sentia o pulso do mercado. Se o mercado estivesse inquieto, se as pessoas estivessem assustadas ou desesperadas, ele as agrupava como ovelhas em um canto, e depois as fazia pagar por sua incerteza. Esperava até o mercado vomitar moedas de ouro. *Só então* se preocupava com o que queria fazer.

Bob Dall adorava negociar. Embora não tivesse responsabilidade oficial pelos títulos da Ginnie Mae, começou a negociá-los. Alguém precisava. Dall se estabeleceu como autoridade do Salomon Brothers em títulos hipotecários em setembro de 1977. Juntamente com Stephen Joseph, o irmão do CEO da Drexel, Fred Joseph, ele criou a primeira emissão privada de títulos hipotecários. Eles persuadiram o Bank of America a vender os empréstimos imobiliários que tinha feito — na forma de títulos. Eles persuadiram investidores, como companhias de seguros, a comprar os novos títulos hipotecários. Quando o fizeram, o Bank of America recebeu o dinheiro que tinha originalmente emprestado aos proprietários dos imóveis, que poderia então ser emprestado novamente. O proprietário do imóvel continuava a assinar seus cheques de pagamento de hipoteca para o Bank of America, mas o dinheiro era repassado para os clientes do Salomon Brothers que tinham comprado os títulos do Bank of America.

Dall tinha certeza de que esta era a onda do futuro. Ele pensava que o boom na demanda por habitação superaria em muito as fontes de financiamento. A população estava envelhecendo. Menos americanos ocupavam cada casa. A nação estava mais rica, e mais pessoas queriam comprar casas de veraneio. As instituições de poupança e empréstimo não conseguiam manter o ritmo de crescimento necessário para fazer os empréstimos necessários. Ele também via um desequilíbrio no sistema causado pelo deslocamento constante das pessoas do Centro-Oeste norte-americano para as regiões Sul e Sudeste. As instituições de poupança nos estados do Sul dos EUA tinham pequenos depósitos e muita demanda pelo dinheiro dos compradores de imóveis. Já as instituições de poupança no Centro-Oeste detinham depósitos maciços pelos quais não havia demanda. Dall viu a solução. As instituições do Centro-Oeste poderiam efetivamente emprestar aos proprietários de imóveis sulistas pela compra de títulos hipotecários de instituições de poupança do Sul do país.

A pedido do comitê executivo do Salomon Brothers, Dall produziu um memorando de três páginas resumindo sua crença no mercado, o que convenceu John Gutfreund a remover os títulos da Ginnie Maes do departamento de negociação de títulos da dívida pública federal e estabelecer um departamento de hipotecas. Era primavera de 1978, e Gutfreund tinha acabado de ser nomeado presidente da empresa pelo seu antecessor, William Salomon, filho de um dos três fundadores. Dall parou de negociar dinheiro, mudou-se para uma mesa a poucos metros da anterior, e começou a elucubrar sobre o futuro. Percebeu que precisava de um financiador para negociar com bancos e instituições de poupança, para persuadi-los a vender seus empréstimos como o Bank of America tinha feito. Esses empréstimos seriam transformados em títulos hipotecários. A escolha óbvia para o cargo foi Steve Joseph, já que ele tinha trabalhado em estreita colaboração com Dall na transação com o Bank of America.

Dall também precisava de um trader para gerar mercados para os títulos que Joseph tinha criado, e este era um problema maior. O trader era absolutamente crucial. O trader comprava e vendia os títulos. Um trader renomado inspirava confiança nos investidores, e só sua presença poderia desenvolver o mercado. O trader também ganhava dinheiro para o Salomon Brothers. Por causa disso, o trader era admirado, observado e servido por todos. Dall sempre fora trader de hipotecas. Agora, seria gestor. Ele precisava pedir emprestado um campeão das mesas de negociação de títulos corporativos ou da dívida pública federal. Isso era um problema. No Salomon, se um departamento permitisse que alguém saísse, era pela boa razão de que queria se livrar da pessoa; por outro lado, quando você tirava alguém de outros departamentos, nunca conseguia a pessoa que realmente queria.

Mas com a ajuda de John Gutfreund, Dall conseguiu sua primeira escolha: Lewis Ranieri, um trader de 30 anos que negociava títulos de concessionárias públicas, como a Louisiana Power & Light. A transferência de Ranieri para o departamento de hipotecas foi um evento essencial na véspera da era de ouro para o trader de títulos. Com a sua nomeação, em meados de 1978, começa a história do mercado hipotecário como é convencionalmente contada no Salomon Brothers.

Dall sabe precisamente por que escolheu Ranieri. "Eu precisava de um trader forte e eficiente. No entanto, Lewie não era apenas um trader: tinha a mentalidade e a vontade de criar um mercado. Era cabeça-dura. Não se importava em esconder do chefe a perda de US$ 1 milhão, se fosse necessário. Ele não permitia que a moralidade atrapalhasse. Bem, moralidade não é a palavra certa, mas você sabe o que quero dizer. Nunca vi ninguém, com ou sem educação formal, com tanta sagacidade. Melhor de tudo, era um sonhador."

Quando John Gutfreund disse que iria se juntar a Dall como principal trader no embrionário departamento de títulos hipotecários, Lewie entrou em pânico. "Eu era o maior talento do departamento corporativo", afirma. "Eu não entendi." A transferência o tirava da briga. Os títulos das concessionárias estavam dando muito dinheiro. E, embora fosse verdade que eles não viviam de comissão, para subir na hierarquia do Salomon Brothers bastava apontar para um bolo de dinheiro no final de cada ano e dizer: "Isso é meu, fui eu que fiz isso." Receitas significavam poder. Na opinião de Lewie, não haveria bolo de dinheiro algum no final do ano no departamento de hipotecas. Não haveria mais promoções. Voltando os olhos para a época, seus temores parecem ridiculamente absurdos. Seis anos depois, em 1984, sem entrar em muitos detalhes, Ranieri poderia plausivelmente dizer que o seu departamento de hipotecas fez mais dinheiro naquele ano do que o restante de Wall Street combinado *em todos os setores*. Ele se inchava de orgulho ao descrever as realizações de seu departamento. Seria nomeado vice-presidente do Salomon Brothers, subordinado apenas a Gutfreund. Gutfreund regularmente mencionava Ranieri como um possível sucessor. Mas Ranieri não via nada disso em 1978. Na época da indicação, ele se sentiu traído.

"Eu me senti como se estivessem dizendo: 'Parabéns, queremos exilá-lo na Sibéria.' Não tentei frustrar a transferência, porque esse não era o meu estilo, mas ficava perguntando a John: 'Por que você quer que eu faça isso?' Mesmo depois da mudança, meus amigos me perguntavam o que eu tinha feito para irritar John: será que eu tinha perdido dinheiro ou violado a lei, ou sei lá o quê?" Como Bill Simon, Ranieri pensava que as hipotecas eram o patinho feio do mercado de títulos. Quem iria comprar os títulos? Quem queria emprestar dinheiro a um proprietário de imóvel que poderia pagar? Além disso, não havia muito a negociar. "Não havia nada além de poucas instituições, como a Ginnie Mae (e uma transação com o Bank of America), e ninguém se importava; tentei descobrir o que mais havia para fazer."

O sonho de infância de Ranieri era se tornar um chefe de cozinha italiana. Isso terminou quando uma batida de carro em Snake Hill no Brooklyn reacendeu uma alegria asmática que não tolerava a fumaça da cozinha. Estava no segundo ano do St. John's College, com área de especialização em língua inglesa, quando conseguiu um emprego de meio expediente na sala de correspondência do Salomon Brothers em 1968. O salário era US$ 70 por semana. Vários meses depois de começar no novo trabalho, passou a enfrentar problemas de dinheiro. Não tinha o apoio financeiro dos pais (o pai morrera quando Ranieri tinha 13 anos). A esposa estava doente no hospital, e as contas simplesmente se acumulavam. Ranieri precisava de US$ 10mil. Ele estava com 19 anos de idade, e tudo o que tinha era o seu salário semanal.

Foi finalmente forçado a pedir um empréstimo a um dos sócios do Salomon Brothers, que conhecia vagamente. "É preciso lembrar", diz agora: "Eu estava convencido, realmente convencido, de que ele ia me demitir." Em vez disso, o sócio disse a Ranieri que não se preocupasse. Ranieri pensou que significava que seria deduzido de seu salário semanal, que ele não poderia pagar e começou então a protestar. "*Não se preocupe*", o sócio insistiu. O Salomon Brothers pagou a conta de US$ 10 mil acumulada pela esposa de seu funcionário da sala de correspondência com apenas três meses de casa. Não houve reunião do comitê para discutir se isso era apropriado. O sócio a quem Ranieri tinha feito o pedido de empréstimo não tinha sequer feito uma pausa antes de dar a resposta. Ficou subentendido que a conta seria paga, por nenhuma outra razão a não ser pelo fato de ser a coisa certa a fazer.

Não se pode ter a certeza das palavras exatas pronunciadas por um sócio do Salomon Brothers que há muito tempo partiu, mas o que Ranieri ouviu ficou claro: *Lewie Ranieri sempre estaria amparado.* O gesto tocou Ranieri profundamente. Quando fala de lealdade, do "pacto" entre o Salomon Brothers e as pessoas que trabalhavam lá, é desse simples gesto de generosidade que ele lembra. "A partir desse ponto", diz um dos seus traders de hipotecas, "Lewie passou a amar a empresa. Não conseguia enxergá-la apenas como um negócio." "A empresa cuidava do seu pessoal", afirma Ranieri. "A gente ouvia essas coisas: 'É mais importante ser um bom homem do que um bom gerente.' E as pessoas eram *realmente* sinceras. Nós formávamos uma irmandade. Havia, como o pessoal dizia, uma aliança entre nós."

Parece mais idílico do que de fato era. Um homem não chega aonde Ranieri chegou simplesmente por ser um poço infinito de confiança e lealdade. "Eu acredito em Deus, mas nunca fui santo", Ranieri disse uma vez a um repórter da revista *Esquire*. Não que ele não tivesse valores, mas tinha plena noção de que, às vezes, os fins justificavam os meios e uma noção igualmente apurada de seus próprios interesses. Havia sinais de tensão entre ele e o departamento de títulos corporativos (que supervisionava a negociação de títulos de concessionárias públicas). Em setembro de 1977 o seu oponente Bill Voute tornou-se sócio e ele, não. "Lewie ficou doido ao ser preterido", diz Steve Joseph. Um ex-corretor de títulos corporativos do Salomon da década de 1970 se lembra de Ranieri como um trader de títulos corporativos que vivia "reclamando e gemendo sobre o pagamento. Lewie tinha certeza de que não recebia o que valia para a empresa. Ele disse, e me lembro exatamente das suas palavras: 'Se não fosse pelo fato de eu poder fazer tudo que eu quero aqui, eu pedia demissão.'"

Ele era folgado, espalhafatoso e ousado. O pessoal dos bastidores, que trabalhou com Ranieri naquela época, lembra dele dizendo-lhes o que fazer, gritando por cima da mesa, balançando os braços como um árbitro. Ainda assim, ele tinha o encanto de querer ser amado. "Eu não tenho inimigos", dizia. "Mesmo meus concorrentes gostam de mim, o que é incrível, considerando que nunca deixei que eles tivessem qualquer fatia do meu negócio."

Quando Ranieri chegou ao Salomon Brothers, a sala de correspondência era composta em grande parte por imigrantes recém-chegados aos EUA, que não falavam inglês. Entre as suas ineficiências estava o mau hábito de colocar selo demais na correspondência a ser enviada. Sua primeira contribuição foi cortar custos; isto é irônico, pois nunca realmente se importou com custos. Ele não tinha tempo para detalhes. "Tive a brilhante ideia um dia de colocar um mapa dos EUA na parede e delinear as zonas de postagem com marcadores de texto. Por causa disso, virei supervisor." Largou a faculdade quando virou supervisor do turno do dia. "De onde eu venho, não demora muito pra gente tomar esse tipo de decisão." De supervisor da sala de correspondência passou para a parte administrativa, que o colocou diretamente em contato com a negociação e com os traders. Em 1974, estava sentado exatamente onde queria, como trader de títulos de concessionárias públicas, na mesa de títulos corporativos.

Em 1985, quando Matty Oliva pulou direto de Harvard para o programa de treinamento e, depois, para a mesa de operações de hipotecas, uma barreira havia surgido entre o setor administrativo e o operacional. O processo para se tornar trader tinha se tornado rigidamente sistematizado.

Você precisava de um currículo. Você precisava de um diploma universitário. Ajudava ter frequentado uma escola de negócios. Era importante *parecer* um homem de banco de investimentos. Em meados da década de 1970 isso simplesmente não funcionava assim, porque Ranieri não tinha terminado a faculdade, não tinha currículo e parecia tanto com um homem de banco de investimento quanto o chefe de cozinha italiano médio. Ele era, nas palavras de um de seus ex-sócios, um "gordo porcalhão". Mas simplesmente não importava. "Se alguém saísse do pregão, viravam para o corpo mais próximo e diziam: 'Faça o trabalho'", lembra Tom Kendall, que também saiu da parte administrativa da empresa para negociar hipotecas no departamento de Lew Ranieri. "Um trader diria: 'Ei, garoto, você é esperto, senta aqui.'" E se você fosse um garoto extremamente esperto, como Ranieri, assumia o cargo.

Até o momento de sua transferência para o departamento de hipotecas, Ranieri tinha dominado todos os departamentos ao qual se juntava. A empresa incentivava a agressão e o talento; fazia questão de nunca interferir com as forças da selva natural. Em questão de meses após sua nomeação o poder sobre o novo departamento de hipotecas consolidou-se nas mãos de Ranieri. Diante da ambição de Ranieri, até mesmo Dall admite que um golpe era inevitável. Dall adoeceu e estava frequentemente ausente. Na sua ausência, Ranieri inaugurou um departamento de pesquisa ("As hipotecas envolvem matemática", insistia o homem que havia desertado da faculdade), convidando Michael Waldman, um exímio matemático, a se juntar a ele. O convite veio, lembra Waldman, "da maneira enérgica típica de Lewie".

Ranieri, em seguida, convenceu a empresa a dar-lhe uma força para vender as malditas hipotecas que lhe haviam pedido para negociar. De repente, dezenas de corretores aprenderam que precisavam agradar Lew Ranieri, em vez de quem quer que viessem agradando até então. Rich Shuster, que trabalhava como corretor para as instituições de poupança no escritório do Salomon Brothers de Chicago, agora era corretor de hipotecas, trabalhando para Lewie Ranieri. "Uma vez disquei errado para o departamento de títulos de crédito e a ligação caiu no de hipotecas. Por acaso Lewie atendeu o telefone e imediatamente percebeu o que havia acontecido. Ele começou a gritar comigo: 'Que porra você está fazendo vendendo títulos de crédito? Você é *pago* para vender hipotecas!'" Os corretores começaram a se concentrar em hipotecas.

Steve Joseph era a única outra pessoa que poderia ter substituído Dall, mas era um financista corporativo, e não um trader. Como ele diz: "No Solly daquela época não era possível pegar uma operação de negociação importante e colocá-la sob o comando de um cara de finanças corporativas." Era possível, entretanto, pegar uma operação financeira e colocá-la sob o comando de um trader. Assim, Lewie assumiu o comando do andar de cima também, e passou a tratar o departamento financeiro como custos indiretos divertidos, onde até mesmo mulheres podiam ser contratadas. (O departamento de hipotecas nunca foi exatamente um bastião da tolerância sexual. Uma mulher que desejava negociar hipotecas, mas foi barrada, afirma: "Você era razoável para a mesa de negociação, desde que fosse relativamente branco e do sexo masculino." Antes de 1986, nenhuma mulher negociava títulos.)

Bob Dall desapareceu, embora só tenha saído do Salomon em 1984. Ele ficou desempregado. Meses após sua contratação, Ranieri pôs Dall para fora. Esse tipo de coisa acontecia o tempo todo no Salomon. O desafiante foi assumindo o comando por ser um pouco mais enérgico, um pouco mais popular com os clientes, um pouco mais influente com os colegas, até que o homem que estava discretamente desafiando pareceu evaporar. Ele tornou-se quase obsoleto, como a manivela de um automóvel. A gerência não intervinha. O perdedor, por fim, acabava saindo de campo.

"Gutfreund nunca me disse que eu seria substituído por Lewie Ranieri", conta Dall. "Eu fiquei pendurado ali, e deve ter demorado uns seis meses para eu perceber que aquele não era mais o meu negócio." Até hoje Ranieri chama o mercado de títulos hipotecários de "visão do Bobby". Em 1984, Dall saiu do Salomon, primeiro, para trabalhar no Morgan Stanley e, depois para Steve Joseph, que tinha deixado o banco para trabalhar na Drexel Burnham. "Se eu não acreditasse no sistema capitalista, nunca poderia aceitar o que aconteceu. Mas eu acredito nele: os mais aptos avançam", Dall disse a James Sterngold, um repórter do *New York Times* que estava tentando descobrir o que havia acontecido com os antigos sócios do Salomon Brothers.

Em fevereiro de 1979 Gutfreund colocou Ranieri oficialmente no comando de toda a operação de hipotecas. Durante os dois anos e meio seguintes, para todo mundo, exceto para quem trabalhava lá, o departamento ficou mais cômico do que prático. Ranieri criou uma mesa de negociação à sua imagem: italiana, autodidata, barulhenta e gorda. Os primeiros traders começaram suas carreiras, como Lewie, na parte administrativa. Entre eles só um tinha diploma universitário — bacharelado do Manhattan College. Os criadores da mesa de operações hipotecárias, além de Ranieri, foram John D'Antona, Peter Marro e Manny Alavarcis. Bill Esposito e Ron Dipasquale não ficavam muito atrás. Eles eram chamados pelo primeiro nome: Lewie, Johnny, Peter, Manny, Billy e Ronnie. Pareciam mais integrantes de uma equipe de beisebol do que banqueiros de investimentos. "Tudo aquilo que falavam de mim na sala de correspondência é verdade", diz Ranieri. "E quando chefiei o setor de hipotecas, recrutei pessoal administrativo de propósito. No começo, era por motivos morais. Mas funcionou. Eles reconheciam isso. Não achavam que o mundo lhes devia a vida. *Eles eram mais leais.*" Mas Ranieri também queria cérebros jovens e criativos do programa de treinamento do Salomon. Assim, decidiu recrutar seu primeiro aprendiz, que também seria seu primeiro MBA, a primeira pessoa magra e o primeiro judeu do departamento: Jeffery Kronthal.

Kronthal recorda que foi o único da turma de treinamento de 1979 do Salomon Brothers a começar a sua vida profissional como assistente administrativo. Os demais trainees designados para outros departamentos podiam se chamar de corretores ou traders. Kronthal nem sequer era chefe dos assistentes. Ele era atendente júnior e respondia a Peter Marro. Nesta função, sua principal responsabilidade era acompanhar a posição dos títulos administrados por John D'Antona.

Kronthal tinha acabado de se formar na Wharton, em um programa combinado de graduação e MBA, de cinco anos — a coisa mais próxima nos Estados Unidos de uma escola de negócios para financistas — e tinha interesses mais elevados do que as posições de Johnny. Isso irritava Johnny. Johnny recostava-se em sua cadeira e perguntava: "Jeffery, qual é a posição?"

Jeffery dizia "Não sei".

Johnny gritava para Lewie: "Que diabos está acontecendo? O assistente não sabe as posições."

Lewie gritava para Peter: "Que diabos está acontecendo? O seu assistente não sabe as posições."

Peter gritava com Jeffery: "Por que você não sabe as posições?"

E Jeffery dava de ombros.

Foi difícil para Kronthal levar isso a sério por duas razões. Primeiro, ele sabia que Lewie gostava dele, e Lewie era o chefe. Kronthal tinha feito um favor a Lewie concordando em entrar para o departamento de hipotecas. Kronthal recorda que o único sentimento dos membros da sua turma de treinamento em relação ao incipiente departamento era desprezo. "Definitivamente, não para MBAs; os traders de hipotecas eram tipos como Donnie Green", diz ele.

Tipos como Donnie Green eram traders que infernizavam a vida dos aprendizes. Eles eram deliberadamente desagradáveis ou rudes com quem não gerava dinheiro para a empresa.

"Um tipo como Donnie Green era de poucas palavras, não cumprimentava nem olhava para ninguém. *Nenhum trainee jamais ousou sentar-se ao lado de Donnie Green*", diz Kronthal. O próprio Donnie Green tinha sido trader no Salomon Brothers na idade das trevas, quando os traders tinham mais pelos no peito do que na cabeça. Ele é lembrado como o homem que parou um jovem e inexperiente corretor, de saída para embarcar em um voo de Nova York para Chicago. Green passou ao corretor uma nota de US$ 10. "Ei, faça um seguro de acidente para você em meu nome", disse ele. "Por quê?", perguntou o corretor. "Estou achando que hoje é meu dia de sorte", respondeu Green.

"Ninguém queria chegar nem perto do departamento de hipotecas", diz Kronthal. Mesmo Ranieri admite que "a decisão de Jeffery de aderir ao departamento de hipotecas era considerada extremamente estúpida." Então, por que Kronthal decidiu aceitar? "Eu pensei bem e disse: primeiro, tenho 23 anos de idade e não importa se não der certo. Eu não tenho que sustentar ninguém, a não ser minhas bebedeiras. Segundo, certamente a empresa acredita nas hipotecas; caso contrário, não teria colocado Lewie no comando."

Outra razão pela qual Kronthal não estava preocupado com o fato de seus muitos chefes passarem tanto tempo gritando com ele era que Lewie não levava a sério o trabalho do assistente. "Lewie costumava dizer que eu era o segundo pior funcionário que já vira. O primeiro tinha sido ele mesmo", diz Kronthal. Mas não havia muita coisa para um assistente fazer. Aliás, não havia muita coisa para ninguém fazer. O mercado de hipotecas era o equivalente financeiro de uma cidade fantasma: nada se mexia, nada era negociado. Isso significava que não ganhavam dinheiro. Para obter títulos para negociar Lewie percebeu que precisava agir e persuadir os clientes do Salomon a entrar no jogo. Ele teria que ser o promotor do cassino e convidar as pessoas para entrar. Mas para se libertar da mesa de negociação Lewie precisava encontrar um "chefe de negociação". Fez uma pesquisa rápida e encontrou Mario, um pequeno mas divertido erro de julgamento, talvez não o primeiro, certamente não o último.

"Mario vinha da Merrill Lynch, e não sabia de nada", diz Samuel Sachs, que se juntou ao departamento de hipotecas como corretor em 1979. Enquanto os demais traders eram grosseirões, Mario vestia terno e gravata de poliéster e tinha uma corrente dourada para o relógio. Todo certinho. Nenhum fio de cabelo fora do lugar. Sachs descreve: "Ele se virava para Lewie e perguntava: 'O que você acha dele Lewie?' (referindo-se ao mercado de títulos). Lewie dizia: 'Muito bom!' Mario diria: 'Eu também acho, muito bom mesmo.' Quinze minutos depois, ele se virava para Lewie de novo e perguntava: 'O que você acha dele agora, Lewie?' Lewie dizia: 'Péssimo!' Mario diria: 'Eu também acho péssimo.' Mario durou cerca de nove meses no Salomon Brothers como o novo chefe da negociação de hipotecas."

Ainda havia necessidade de um chefe de negociação. Em maio de 1980 Michael ("Tornozelos Gordos") Mortara foi chamado do escritório de Londres, onde tinha sido trader, para preencher a lacuna deixada pela saída de Mario. Um de seus ex-colegas de Londres se lembra de Mortara com suas malas prontas e um olhar desalentado sugerindo que não tinha ideia de para onde estava voltando. Hoje Mortara afirma que sabia exatamente para onde estava voltando. Mas ele não poderia estar muito satisfeito com isso. Depois de um ano sem ganhar dinheiro algum, a negociação de hipotecas virou alvo de chacota dentro do Salomon Brothers, e parecia condenada. A cisão ia crescendo entre esse pequeno grupo de italianos incultos e o restante da empresa. Os traders de hipotecas ressentiam-se profundamente dos traders de títulos corporativos e da dívida pública.

Em parte, era um problema de dinheiro. O jogo de compensação do Salomon, como o jogo de colocação profissional para os trainees, tinha um componente político coringa. Os bônus de fim de ano não estavam diretamente vinculados à rentabilidade, mas sim à percepção do próprio valor pelo comitê de remuneração do Salomon Brothers. No final do ano, as gratificações eram altamente subjetivas, e um amigo bem-colocado podia ser tão útil quanto um bom ano de negociação. O departamento de hipotecas não tinha nem amigos nem lucros. "Eu não conseguia pagar o meu pessoal", diz Lewie. "Eles eram considerados de segunda categoria. Éramos do esquadrão ovelha negra." O que realmente incomodava os traders, no entanto, não era o salário absoluto, mas o seu salário em relação aos outros traders de títulos. "Tínhamos a sensação de que a empresa estava fazendo um favor [em pagar qualquer coisa]", diz o ex-trader de hipotecas Tom Kendall.

"Pergunte aos caras", diz Ranieri, "eles vão dizer que os traders de títulos corporativos recebiam duas vezes mais." Supostamente, os números dos bônus eram um segredo administrativo. O trader não devia saber o tamanho do bônus do seu colega. Certo. Um bônus alto era tão bem-escondido no pregão do Salomon Brothers quanto os resultados de um encontro *caliente* em um vestiário de meninos no colégio." Levava cerca de uma hora para um trader descobrir as gratificações dos demais colegas de pregão.

Caso a cisão entre os traders de hipotecas e o restante dos traders tivesse sido somente dinheiro, talvez pudesse ter sido superada. Mas havia um fosso cultural cada vez maior entre os dois grupos. No final da década de 1970 Jim Massey, o arquiteto da política de recrutamento do Salomon, decidiu que o banco precisava atualizar seu pessoal. "Ele chegou à conclusão de que não poderíamos ter um bando de lesados preguiçosos no pregão", afirma Scott Brittenham. Brittenham trabalhou como recrutador para Massey em 1980, antes de passar para a negociação de hipotecas.

O Salomon Brothers começou a parecer com o restante de Wall Street. Recrutava os mesmos MBAs que o Goldman Sachs e o Morgan Stanley. O efeito foi tanto social quanto intelectual. Como os Goldmans, os Sachs, os Lehmans, os Kuhns, e os Loebs antes deles, os Salomons estavam sentindo a força do que o escritor Stephen Birmingham chamou de "Our Crowd" (as grandes famílias judaicas de Nova York), embora ainda não estivéssemos naquela fase de construir novas alas para o Metropolitan Museum. A empresa sempre fora administrada por judeus. Passou a ser controlada por um contingente de WASPs (protestantes, anglo-saxões, brancos), aspirantes a WASPs e alpinistas sociais. A plástica coincidiu com a venda da empresa para a trader de commodities Phillips Brothers em 1981. O Salomon deixou de ser uma sociedade limitada e passou a ser uma companhia. O sócio médio recebeu uma quantia total de US$ 7,8 milhões com a venda. Era como se tivessem dito, de repente: "Temos o nosso dinheiro, e agora?" Um império. Classe. Fins de semana em Paris. Noitadas no Palácio de St. James.

O departamento de hipotecas tinha uma cultura muito mais rica e realista a proteger do que os de títulos corporativos ou da dívida pública. Enquanto o restante da empresa adquiriu gradativamente uma nova personalidade, o setor de hipotecas permaneceu mais incisivamente o mesmo. Ranieri moldou uma personalidade coerente do departamento a partir de dois grupos étnicos distintos, mas igualmente aguerridos. A origem de praticamente todos os traders era certa: ou eram italianos que deram início ao departamento, ou eram judeus com MBAs que entraram depois, recém-saídos do programa de treinamento. Não tenho certeza se algum tinha o que poderíamos chamar de identidade étnica genuína. Mas eram uma minoria oprimida. E ditavam moda em vez de segui-la. Eles eram o tipo de pessoa do fundão.

Pelos padrões de fora da empresa, o departamento de negociação de hipotecas era altamente discriminatório: poucos negros e orientais; nenhuma mulher. Comparado ao restante da empresa, no entanto, o departamento de hipotecas parecia as Nações Unidas. As fotos dos relatórios anuais do Salomon Brothers contam uma história por si só. As do final da década de 1970 parecem propagandas em defesa da paz mundial. Inúmeras fotos mostravam a mistura obrigatória de homens e mulheres negros, amarelos e brancos, trabalhando em pacífica harmonia em lindas mesas de reunião. Em meados da década de 1980, no entanto, não havia sinal algum de negros ou amarelos ou de mulheres nas fotos. Só homens brancos aparecem nos relatórios anuais.

O departamento de hipotecas tornou-se uma irmandade branca à parte. O acordo tácito era que Lewie faria todo o possível para que seus traders fossem pagos e, logo, eles seriam leais a Lewie. Esta aliança era mais fraca do que a de Ranieri. Os traders tinham vindo de escolas de negócios, e não da sala de correspondência. Muitos deles eram financeiramente independentes. Era difícil para Ranieri fazer favores. Ranieri gostava de estar rodeado por pessoas que ele poderia ajudar. Ele gostava das pessoas, mas gostava especialmente do conceito das "suas pessoas". Teria prosperado se houvesse um fluxo constante de traders com contas médicas que não podiam bancar. Quando Bill Esposito precisou de US$ 19 mil para comprar uma casa, Ranieri fez o Salomon pagar a diferença. "Ele pediu desculpas por não poder me dar o dinheiro do próprio bolso", afirma Esposito.

Ainda assim, as pessoas responderam. Em 1979, Tom Kendall juntou-se à mesa da Wharton, com uma breve parada no setor administrativo. Em 1980, Mason Haupt, colega de Kronthal, da Wharton, e Steve Roth, de Stanford, entraram para o grupo. Em 1981, Andy Stone e Wolf Nadoolman, de Harvard, fizeram o mesmo. Eles viam a si mesmos em relação ao restante da empresa quase da mesma maneira que Lewie. Como Nadoolman diz: "Enquanto Tom Strauss [o chefão emergente do departamento de títulos da dívida pública] e seu pessoal usavam gravatas Hermés e praticavam triatlo, o pessoal do Lewie era uma grande família italiana. Enquanto o departamento de títulos da dívida pública comia tofu e vestia calças de pregas, a atitude do departamento de hipotecas era: 'Como assim, você só repetiu duas vezes; não gostou da comida?' Você já viu traders de títulos da dívida pública gordos? É claro que não. Eram magros e maus. Eles discriminavam os gordos. Olha, eu sei do que estou falando; sou gordo."

"Ficou claro que o restante da empresa nos tolerava sem a aprovação", diz Tom Kendall. "Eles perguntavam: 'O que esses engraçadinhos sabichões fazem para ganhar a vida, hein?'" Uma das lembranças mais vívidas de Andy Stone como trainee é apontar na direção de Ranieri & Cia. e perguntar a um trader corporativos quem eles eram. "Ninguém", disse o trader.

"Hipotecas. Eles são um departamento de nada. Ninguém quer estar em hipotecas." Craig Coates, diretor de negociação dos títulos de dívida pública do Salomon, perguntou a Stone: "Por que você quer ficar em hipotecas quando pode entrar para o nosso departamento?" Mesmo em níveis mais altos da hierarquia, os gordos achavam que os magricelas estavam preparando uma vingança. "A empresa", afirma o ex-diretor-executivo Mortara, "era composta de vários feudos. As pessoas em outros departamentos estavam mais preocupadas em proteger seus próprios negócios do que em desenvolver esse novo ramo."

O ressentimento do departamento de hipotecas em relação a quem estava no poder aumentou quando, no início de 1980, foi divulgado que os outros departamentos queriam que ele encerrasse as operações. O departamento de hipotecas não estava ganhando dinheiro. As demais unidades de hipotecas em Wall Street — da Merrill Lynch, First Boston, Goldman Sachs — eram natimortas. Fecharam antes mesmo de terem aberto. A filosofia reinante era que as hipotecas não serviam para Wall Street.

A empresa estava atordoada com o que parecia ter sido o nocaute. Paul Volcker tinha feito o seu discurso histórico em 6 de outubro de 1979. As taxas de juros de curto prazo tinham atingido níveis estratosféricos. Para um gestor de uma instituição de poupança e empréstimo conseguir fazer um empréstimo de trinta anos para um imóvel residencial ele precisava aceitar uma taxa de juros de 10%. Enquanto isso, para conseguir o dinheiro, estava pagando 12%. Ele parou, portanto, de fazer novos empréstimos, o que atendia ao propósito do Banco Central dos EUA, que à época tentava desacelerar a economia. O número de novos empreendimentos residenciais caiu para índices mínimos tais como no pós-guerra. Antes do discurso de Volcker, o departamento financeiro de hipotecas de Steve Joseph havia criado quase US$ 2 bilhões em títulos hipotecários. Era uma quantidade ridiculamente pequena — menos de dois décimos de um percentual de hipotecas residenciais pendentes nos EUA. Mas era um começo. Após o discurso de Volcker, os negócios pararam. Para Ranieri & Cia. criarem títulos era necessário que as instituições de poupança e empréstimo quisessem fazer empréstimos. Elas não queriam. A indústria que mantinha a maioria das hipotecas residenciais dos Estados Unidos em seus livros estava desabando. Em 1980 havia 4.002 instituições de poupança e empréstimo no país. Ao longo dos três anos seguintes, 962 entrariam em colapso. Como Tom Kendall disse: "Todo mundo encolheu e ficou lambendo as próprias feridas."

Todo mundo, menos Ranieri. Ranieri expandiu. Por quê? Ninguém sabe. Talvez tivesse uma bola de cristal. Talvez tivesse pensado que, quanto maior o departamento, mais difícil desmontá-lo. Por algum motivo, Ranieri contratou os corretores de hipotecas dispensados de outras empresas, construiu o seu departamento de pesquisa, dobrou o número de traders e deixou o departamento de financiamento hipotecário no lugar. Ele contratou uma falange de advogados e lobistas em Washington para trabalhar na legislação a fim de aumentar o número de potenciais compradores de títulos hipotecários. "Vou contar uma história", diz Ranieri, "o acordo do Bank of America [primeira ideia original de Bob Dall] foi um investimento legal, em apenas três estados. Eu tinha uma equipe de advogados tentando mudar a lei em cada estado. Teria levado dois mil anos. É por isso que eu fui para Washington. Para passar por cima dos estados."

"Se Lewie não gostasse de uma lei, ele dava um jeito de mudá-la", explica um de seus traders. Mesmo que Ranieri tivesse garantido uma mudança na lei, no entanto, os investidores teriam ficado longe das obrigações hipotecárias. Tom Kendall lembra-se de visitar o melhor corretor de Ranieri, Rick Borden, no escritório do Salomon Brothers em São Francisco, em 1979. Borden estava lendo um livro de autoajuda. "Eu me lembro dele repetindo várias e várias vezes: 'Essas Ginnie Maes são uma bomba. Elas ficam mais longas [em termos de vencimento] quando as taxas sobem, e mais curtas quando as taxas caem, e ninguém quer saber delas'", conta Kendall.

Para piorar as coisas, o comitê de crédito do Salomon Brothers estava cada vez mais relutante em lidar com o setor de poupança e empréstimos à beira de um colapso. Clientes desinformados (os otários do mercado) eram um ativo maravilhoso, mas em determinado nível de ignorância tornavam-se um passivo: eles faliam. E, de alguma forma, as instituições de poupança não eram como os clientes otários *normais*. Uma instituição de poupança na Califórnia, a Beneficial Standard, desistiu de uma compra de títulos do Salomon que havia sido confirmada — como são todas as negociações de títulos — por telefone. A instituição alegou no processo judicial subsequente que o negócio de obrigações hipotecárias deveria ser regido pelo direito imobiliário, em vez da lei de valores mobiliários e que, em direito imobiliário, um contrato oral não era vinculativo (anos mais tarde ela perdeu o caso). Essa quase foi a gota d'água final.

Os membros do comitê executivo do Salomon Brothers decidiram que o mercado de hipotecas era má notícia. Eles não entendiam o mercado, nem pretendiam entender, só queriam sair de lá. Eles planejavam começar por romper os laços com o setor de poupança e empréstimos. Todo o setor parecia instável. Linhas de crédito seriam cortadas. Cortar essas instituições de poupança era equivalente a fechar o departamento de hipotecas uma vez que essas instituições eram as únicas compradoras de obrigações hipotecárias. "Basicamente, eu me posicionei entre o comitê de crédito e o setor de poupança e empréstimos", diz Lewie. Em todas as suas decisões, Ranieri contou com o apoio de apenas um homem no comitê executivo do Salomon Brothers, mas o voto dele era importante: John Gutfreund. "John me protegia", dizia Ranieri.

O resultado das hostilidades entre o departamento de hipotecas e os dois reais poderes do Salomon, o de títulos corporativos e o de títulos da dívida pública, foi que tudo no departamento de hipotecas ficou separado: as vendas, o financiamento, a pesquisa, as operações e a negociação de hipotecas. "A razão pela qual tudo era separado é que ninguém queria ajudar a gente", concluía Ranieri.

Era um pouco mais complicado do que isso, no entanto. Até certo ponto, as atividades estavam separadas por opção. Não se pode dizer que Ranieri tenha se empenhado para construir pontes com o restante da empresa. Bob Dall havia insistido em seu memorando original de três páginas para o comitê executivo do Salomon que o departamento de hipotecas ficasse isolado. Lembrou-se da forma como o antigo chefe, Bill Simon, havia tratado os primeiros títulos hipotecários. Se o departamento de hipotecas fosse forçado a trabalhar com o departamento de títulos da dívida pública, disse ele, "o mercado hipotecário nunca teria decolado; teria sido subjugado". Se os poucos financistas do Salomon Brothers, cujo trabalho era ligar para os CEOs de grandes empresas, tivessem recebido negócios ligados a financiamento hipotecário, "eles nunca teriam fechado as transações. As pessoas de finanças corporativas sentiam que as transações com hipotecas não estavam à sua altura", explicou Dall.

Mas, do ponto de vista de Ranieri, o departamento de hipotecas ficava independente dos demais pela simples razão de que não tinha amigos. Ele construiu muralhas para proteger seu pessoal contra forças hostis. Os inimigos não eram mais seus concorrentes de Wall Street, pois tinham praticamente desaparecido. O inimigo era o Salomon Brothers. "A ironia", afirma Ranieri, "é que a empresa sempre apontava para o departamento de hipotecas e dizia: 'Olha, veja como somos inovadores!' Mas a verdade é que a empresa vetava tudo o que fazíamos. Esse departamento cresceu, apesar da empresa, e não por causa da empresa."

CAPÍTULO 6

Os gordos e suas maravilhosas máquinas de dinheiro

1981-1986

As luzes começaram a piscar na mesa de negociação de hipotecas em outubro de 1981, e no começo ninguém sabia o motivo. Na outra extremidade do telefone estavam nervosos presidentes de instituições de poupança e empréstimo do país inteiro querendo falar com o trader de hipotecas do Salomon. Eles estavam desesperados para vender seus empréstimos. Todas as hipotecas residenciais nos EUA, no valor de US$ 1 *trilhão* de dívida, pareciam estar à venda. Havia milhares de corretores, mas nenhum comprador. Correção. Um comprador. Lewie Ranieri e seus traders. A força do desequilíbrio entre a oferta e a demanda era impressionante. Era como se um hidrante tivesse estourado diretamente sobre um grupo de meninos de rua morrendo de sede. Fluíam pelas linhas telefônicas US$ 1 trilhão, e tudo que os traders tinham de fazer era abrir a boca e engolir o máximo que podiam.

O que estava acontecendo? A partir do momento em que o FED aumentou as taxas de juros em outubro de 1979, as instituições de poupança começaram a liberar dinheiro. Toda a estrutura de empréstimos habitacionais estava à beira do colapso. Houve um tempo em que parecia que, se nada fosse feito, todas as instituições de poupança iriam à falência. Assim, em 30 de setembro de 1981 o Congresso dos EUA aprovou um atraente pacote de incentivos fiscais* para seu adorado setor de poupança e empréstimo. A medida proporcionou um alívio enorme para as instituições do setor. Para aproveitá-la, no entanto, essas instituições precisavam vender seus empréstimos hipotecários. E venderam. E isso levou a centenas de bilhões de dólares em volume de negócios em Wall Street. Wall Street não tinha sugerido a redução de impostos e, de fato, os traders de Ranieri só tiveram conhecimento da legislação depois do ocorrido. Ainda assim, esse valor representou um subsídio significativo do Congresso para Wall Street. Viva a maternidade e a casa própria! O Congresso dos Estados Unidos tinha acabado de salvar Ranieri & Cia. O único departamento de hipotecas totalmente capacitado de Wall Street não era mais estranho e caro; era um monopólio florescente.

Foi tudo um grande erro. O mercado não estava explodindo por causa das megatendências que Bob Dall listara em seu memorando para Gutfreund (crescimento no setor imobiliário, mudança do Cinturão da Ferrugem para o Cinturão do Sol etc.), embora mais tarde esses fatores tenham ganhado força. O mercado decolou por causa de um simples incentivo fiscal. Era

---

* O incentivo fiscal para as instituições de poupança permitiu que essas entidades vendessem todos os seus empréstimos hipotecários e colocassem seu dinheiro a fim de trabalhar para alcançar retornos mais altos, muitas vezes com a compra de empréstimos baratos liberados por outras instituições de poupança e empréstimo. Essas instituições estavam simplesmente trocando carteiras de empréstimos. As enormes perdas nas vendas (as instituições estavam vendendo empréstimos por US$ 0,65 que originalmente obtinham ao valor nominal, ou US$ 0,100) poderiam agora ser escondidas. Um novo padrão de contabilidade permitia instituições de poupança amortizarem as perdas ao longo da duração dos empréstimos. Por exemplo, a perda que a instituição teria na contabilidade do primeiro ano da venda de um empréstimo de 30 anos que tinha caído de valor em 35%, era um pouco mais de 1%: 35/30. Mas o que era ainda melhor é que a perda poderia ser compensada por impostos que a instituição tivesse pago nos *dez anos anteriores*. Demonstradas as perdas, a Receita devolvia o dinheiro dos impostos antigos para as instituições de poupança. Para essas instituições, o nome do jogo era gerar muitas perdas para mostrar à Receita; isso agora era fácil. Tudo que precisavam fazer para receber de volta os impostos antigos era vender seus empréstimos ruins: era por isso que as instituições de poupança estavam doidas para vender as suas hipotecas.

como se Steve Jobs tivesse comprado espaço de escritório, construído uma linha de montagem, contratado 200 mil vendedores e preparado folhetos de vendas *antes* que tivesse alguma coisa para vender. Então outra pessoa cria o computador pessoal e, vendo isso, Jobs entra em ação, chamando sua infraestrutura previamente inútil de Apple Computer.

Os traders de títulos tendem a tratar cada dia de negociação como se fosse seu último. Esta perspectiva de curto prazo permite explorar a fraqueza de seus clientes sem se preocupar com os efeitos a longo prazo sobre as relações com o cliente. Eles arrancam o que podem. Um corretor desesperado está em posição frágil. Ele está menos preocupado com *quanto* é pago do que com *quando* é pago. Os presidentes das instituições de poupança e empréstimo estavam desesperados. Haviam chegado ao departamento de negociação de hipotecas do Salomon Brothers com o chapéu na mão. Se a fraqueza delas seria assim tão explícita, poderiam muito bem ter feito um cheque para o Salomon Brothers.

A situação foi agravada pela ignorância dessas instituições. Os membros do Clube 3-6-3 não tinham sido submetidos às pressões do mercado de títulos; eles não sabiam como jogar o jogo da mentira. Eles não conheciam a mentalidade dos seus opositores. Não sabiam o valor do que estavam vendendo. Em alguns casos, eles sequer conheciam os prazos e as condições (anos até o vencimento, taxas de juros) de seus próprios empréstimos. A única coisa que os gestores dessas instituições sabiam era quanto queriam vender. A única coisa verdadeiramente incrível sobre eles, observada por todos os traders do Salomon, era que, independentemente da forma como eram tratados, *continuavam voltando para vender mais*. Eram como patos que eu vi uma vez em uma caçada corporativa, treinados para voar repetidas vezes sobre o mesmo campo de caçadores, até serem mortos a tiros. Você não precisa ser Charles Darwin para perceber que essa raça estava condenada.

O trader Tom DiNapoli carinhosamente lembra de um telefonema do presidente de uma dessas instituições de poupança. "Ele queria vender US$ 100 milhões de seus empréstimos de 30 anos [com a mesma taxa de juros] e comprar US$ 100 milhões de alguns outros empréstimos com o dinheiro da venda. Eu disse a ele que eu compraria seus empréstimos a 75 [centavos de dólar] e ofereceria os outros a 85." O presidente coçou a cabeça diante dos números. Ele estava vendendo empréstimos quase idênticos aos que estava comprando, mas a diferença no rendimento causaria uma perda inédita de US$ 10 milhões. Ou, dito de outra forma, a instituição de poupança estava sendo convidada a pagar uma taxa de transação de US$ 10 milhões para o Salomon Brothers. "Isso não parece um negócio muito bom para mim", disse. DiNapoli estava pronto para aquela resposta. "Não é, do ponto de vista econômico", disse, "mas considere a questão desta forma: se você *não* fizer a transação, ficará sem emprego." Um colega trader, que estava em outra linha falando com outro presidente de outra instituição de poupança ouviu a conversa de DiNapoli e caiu na gargalhada. Era a coisa mais engraçada que tinha ouvido o dia todo. Ele podia imaginar o homem do outro lado da linha, destilando desespero.

"Outubro de 1981 foi o período mais irresponsável da história do mercado de capitais", afirma Larry Fink, um sócio de Steven Schwartzman, Peter Peterson e David Stockman no Blackstone Group. Em outubro de 1981 Fink era chefe do pequeno departamento de negociação de hipotecas do First Boston, que logo cresceria e se tornaria o maior concorrente de Lewie Ranieri. "As instituições que se saíram melhor não fizeram nada. As que fizeram as grandes negociações foram estupradas."

Talvez. No entanto, como todos os negócios realizados no mercado de títulos, essas eram operações negociadas entre adultos responsáveis, e a única regra de engajamento era: cuidado, comprador. Se fosse uma luta de boxe, teria sido interrompida para evitar que o lutador mais fraco fosse morto. Mas não era. Em qualquer caso, o abuso poderia ter sido ainda pior. Ranieri tinha um senso de misericórdia e, sempre que podia, entrava em cena para restabelecer o equilíbrio de poder entre os presidentes das instituições e seus traders. O trader de hipotecas Andy Stone lembra de ter comprado US$ 70 milhões de obrigações hipotecárias, a oitenta (novamente, centavos de dólar). Por insistência de Stone, um corretor na Califórnia as vendeu imediatamente para Ben Franklin Savings & Loan por 83. Em minutos Stone tinha feito US$ 2,1 milhões (3% de US$ 70 milhões). Após o aplauso habitual e o elogio ao corretor pelo alto-falante da empresa, Stone informou Ranieri.

Era um bom resultado, US$ 2 milhões, para um dia de trabalho. Stone era trader apenas há oito meses, e estava ansioso para mostrar ao chefe como ia bem. O chefe não ficou satisfeito. "Lewie disse: 'Se você não fosse jovem, eu o demitiria agora. Ligue para o cliente e diga que você é o idiota que o roubou. Diga a ele que comprou os títulos a oitenta, e que o preço, portanto, não é 83, mas 80,25!'", conta Stone. "Imagine como é ter de ligar para o cliente e dizer: 'Oi, eu sou o babaca que roubou você.'"

Não eram apenas os manés que entravam na fila para negociar com o Salomon Brothers. Mesmo presidentes entendidos sentiam que enfrentavam uma escolha entre estupro e suicídio lento. Não fazer nada era sinônimo de falência para muitos. Pagar 14% nos depósitos e receber 5% sobre empréstimos hipotecários residenciais antigos era uma péssima maneira de viver, mas esta era precisamente a posição das instituições de poupança naquele momento. Ao final de 1982 as instituições de poupança estavam tentando crescer e fugir de uma catástrofe. Nessa época, as taxas de juros de curto prazo tinham caído abaixo das taxas de juros de longo prazo. A instituição de poupança e empréstimo poderia fazer *novos* empréstimos hipotecários a 14%, recebendo fundos a 12%.

Muitas instituições de poupança e empréstimo acumulavam US$ 1 bilhão em novos empréstimos sobre outros desastrosos US$ 100 milhões em empréstimos deficitários existentes, na esperança de que o novo compensaria o antigo. Cada nova compra de obrigações hipotecárias (que era idêntica à tomada de um empréstimo) era como o último ato de um homem desesperado. A estratégia era amplamente irresponsável, pois o problema fundamental (tomar empréstimos a curto prazo e emprestar a longo prazo) não havia sido sanado. O hipercrescimento só queria dizer que a crise seguinte seria maior. Mas os gestores das instituições de poupança não estavam pensando com muita antecedência. Eles estavam simplesmente tentando manter a porta da loja aberta. Isso explica porque as instituições de poupança tomavam precauções ao comprar títulos de hipotecas, mesmo quando vendiam seus empréstimos.

Os incentivos fiscais e contábeis, criados para resgatar o setor de poupança e empréstimo, pareciam, no final das contas, ser feitos sob medida para o departamento de hipotecas de Lewie Ranieri. Chovia ouro nos traders de hipotecas do Salomon. Ou pelo menos assim parecia para o restante da invejosa Wall Street. Ranieri permitiu que seus meninos assumissem uma atitude relaxada "compre agora e se preocupe depois" em meio à turbulência no setor de poupança e empréstimo. E os traders do Salomon se viram em um papel novo e estranho. Eles não estavam mais negociando títulos de hipotecas, mas a matéria-prima para as obrigações hipotecárias: empréstimos habitacionais. O Salomon Brothers, de repente, estava fazendo o papel de uma instituição de poupança e empréstimo. Nada — nem a Ginnie Mae, nem o Bank of America — se interpunha entre o banqueiro de investimentos de Wall Street e o proprietário do imóvel; o Salomon estava exposto à capacidade de os proprietários pagarem os empréstimos. Um homem cauteloso teria inspecionado as propriedades para as quais eram emprestados recursos, pois eram somente as propriedades que sustentavam os empréstimos.

Mas se a sua intenção era acompanhar esse novo mercado, não havia tempo para verificar cada última propriedade em um pacote de empréstimos. Comprar crédito hipotecário original (termo que os traders usaram para distinguir os empréstimos dos títulos hipotecários) era um ato de fé, como comer mortadela. Demonstrações de fé eram a especialidade de Ranieri. Um rápido cálculo mental determinava que qualquer que fosse o custo de comprar empréstimos ruins não poderia superar os lucros que obteria com a negociação. No final das contas, estava certo. Uma vez ele acabou negociando empréstimos que haviam sido feitos para diversas igrejas batistas no Texas, mas em geral os empréstimos eram para imóveis residenciais, exatamente como os gestores das instituições de poupança que os venderam tinham alegado.

No entanto, como eu já disse, a noção de precisar confiar nessas instituições dava arrepios à cúpula do Salomon. (E o Salomon não estava sozinho. A maioria das outras empresas de Wall Street tinha cortado relações com as instituições de poupança.) Como recorda Ranieri: "O comitê executivo disse que eu não poderia negociar créditos hipotecários originais. Simplesmente ignorei isso e fui em frente. Todos insistiam que eu não deveria ter feito isso. Eles me disseram que eu seria preso. Esses créditos representavam 99,9% de todo o mercado hipotecário. Como não negociar créditos hipotecários?" De fato. "Nós compramos esses créditos", diz Tom Kendall, "e depois descobrimos que tínhamos que ter aprovação para comprá-los." A aprovação era do Federal Housing Administration [Departamento Federal de Administração]. "Então fomos lá e conseguimos a aprovação."

Ranieri & Cia. pretendiam transformar os "créditos hipotecários" em títulos o mais rápido possível, com a aprovação do governo norte-americano. Então, poderiam vender os títulos para investidores institucionais do Salomon como títulos da dívida pública federal. Para isso, em parte como resultado do persistente *lobby* de Ranieri, duas novas entidades foram criadas no governo federal, juntamente com a Ginnie Mae. Eles garantiam as hipotecas que não se qualificavam para receber o selo de aprovação da Ginnie Mae. Entre elas, a Federal Home Loan Mortgage Corporation (Freddie Mac) e a Federal National Mortgage Association (Fannie Mae), dando suas garantias, foram capazes de transformar a maior parte das hipotecas imobiliárias residenciais em títulos governamentais. As instituições de poupança e empréstimo pagavam uma taxa para ter suas hipotecas garantidas. Quanto mais frágeis os empréstimos, maior a taxa que a instituição tinha de pagar para ter suas hipotecas autorizadas por uma das agências. Assim que fossem carimbadas, no entanto, ninguém se importava com a qualidade dos empréstimos. Proprietários de imóveis inadimplentes tornaram-se problema do governo. O princípio subjacente aos programas era que essas agências poderiam avaliar melhor e cobrar pela qualidade de crédito de forma mais adequada do que os investidores individuais.

O maravilhoso e espontâneo departamento de hipotecas era o lugar para estar se a sua filosofia de vida fosse: preparar, atirar, apontar. A recompensa para os traders arrogantes, pelos padrões da época, era impressionantemente alta. Em 1982, depois de superar um período fraco que se estendeu por dois anos e meio, o departamento de hipotecas de Lewie Ranieri ganhou US$ 150 milhões. Em 1984, o trader de hipotecas Steve Baum quebrou o recorde do Salomon Brothers, ganhando US$ 100 milhões em um único ano, negociando créditos hipotecários. Embora não existam números oficiais, era amplamente aceito no Salomon que os traders de Ranieri ganharam US$ 200 milhões em 1983, US$ 175 milhões em 1984 e US$ 275 milhões em 1985.

Lewie Ranieri era o homem certo, no lugar certo, na hora certa. "Lewie estava disposto a assumir posições em coisas que não entendia bem. Ele tinha um instinto de trader em que confiava. Isso era importante", diz um de seus traders seniores. "A atitude do Salomon sempre fora: 'Se você acreditar no seu instinto, vá em frente, mas se ele não funcionar, você está ferrado'. E Lewie respondeu ao desafio. Em outros lugares, a diretoria pergunta: 'A gente realmente quer apostar o rancho nesse negócio?' Lewie não só estava disposto a apostar o rancho. Ele estava disposto a contratar pessoas e deixar que elas apostassem o rancho também. Sua atitude era: 'Claro, foda-se, é só um rancho.' Em outras praças, teria de escrever um memorando de duzentas páginas para uma comissão que queria ter certeza de que o que ele estava fazendo era seguro. Teria de provar que sabia o que estava fazendo. Ele *nunca* conseguiria fazer isso. Sabia o que estava fazendo, mas não conseguiria provar. Se Lewie tivesse recebido a incumbência de analisar o mercado de hipotecas de outras firmas, não teria ido a lugar algum."

O pregão do Salomon era único. Tinha o mínimo de supervisão, controles mínimos e nenhum limite de posição. Um trader podia comprar ou vender tantos títulos quanto achasse conveniente, sem pedir. O pregão era, em outras palavras, o pesadelo de um CEO. "Se o pregão do Salomon fosse um estudo de caso de uma escola de negócios", afirma o trader de hipotecas Wolf Nadoolman, "o cara fingindo ser o CEO diria: 'Isso é terrível!' Mas sabe de uma coisa? Ele estaria errado. Às vezes você perde algum dinheiro, mas às vezes você ganha uma fortuna. O Salomon estava certo."

O estilo frouxo de gestão do Salomon tinha suas desvantagens. O Salomon Brothers era a única grande empresa em Wall Street no início da década de 1980 sem nenhum sistema de alocação de custos. Por incrível que pareça, nenhuma medida era tomada com base no lucro total: as pessoas eram julgadas pela soma total das receitas em seus livros de negociação, independentemente dos custos incorridos em sua geração. Quando a empresa era uma sociedade limitada (1910-1981), e os gerentes tinham seu próprio dinheiro no caixa, controles frouxos eram suficientes. Agora, porém, o dinheiro não pertencia a eles, mas aos acionistas. E o que funcionava para uma sociedade limitada revelou-se desastroso para uma companhia de capital aberto.

Em vez de se concentrar nos lucros, os gerentes de negociação se concentravam nas receitas. Eles eram recompensados por crescimento indiscriminado. Receitas brutas significavam poder. Ranieri tinha finalmente virado sócio em 1978. Sua influência diminuiu no mesmo ritmo das receitas, até o final de 1981, mas quando o mercado hipotecário explodiu, começou uma rápida ascensão até o topo do Salomon Brothers. Em 1983, com o seu departamento gerando 40% das receitas da empresa, enquanto nenhum outro departamento gerava mais de 10%, foi colocado no comitê executivo do Salomon Brothers. Expandiu com a contratação de mais traders e a entrada no setor de hipotecas imobiliárias.

Em dezembro de 1985 John Gutfreund disse a um repórter: "Lew, definitivamente, está na curta lista de potenciais futuros presidentes." Ranieri expandiu com a compra de um banco de hipotecas, que fazia empréstimos diretamente aos compradores de imóveis residenciais e fornecia a Ranieri a matéria-prima para os títulos hipotecários. Em 1986 Ranieri foi nomeado para o gabinete do presidente, logo abaixo de Gutfreund. No mesmo ano, ele expandiu no exterior, criando a Mortgage Corporation, em Londres, para remodelar o mercado de hipotecas britânico à imagem do mercado norte-americano. Junto com ele, no gabinete do presidente, estavam um representante das mesas de negociação de títulos corporativos e da dívida pública, Tom Strauss e Bill Voute. Ambos também estavam na curta lista de potenciais futuros presidentes. Ambos também estavam ampliando seus departamentos. Mas não tão rápido quanto Ranieri. Em meados de 1987, embora não tenha sido possível confirmar a afirmação, um diretor-executivo do Salomon alegou que 40% dos 7 mil e tantos funcionários do Salomon se reportavam, de uma forma ou de outra, a Ranieri.

Com as receitas, vieram a glória e o desenvolvimento em todos os níveis da empresa. Os números constantes, no livro de negociação do vizinho, tornavam-se conhecidos dentro do Salomon Brothers, da mesma maneira que o tamanho do seu bônus. Apesar de os trainees serem os últimos a ouvir qualquer notícia, acabaram tomando conhecimento da oportunidade criada pela mudança maciça no mercado de capitais presidido pelo Salomon. "Tudo o que a gente tinha que fazer era sentar na sala de aula, descobrir quantas hipotecas havia no país, descobrir o que aconteceria se eles securitizassem, digamos, 10% delas, e você percebia que o negócio seria quente", afirma o ex-trader do Salomon, Mare Freed, membro da turma de 1982 do Salomon.

Em 1984 o Salomon Brothers poderia plausivelmente afirmar a um subcomitê do Congresso americano que a nação precisaria de US$ 4 trilhões em novos financiamentos habitacionais até 1994. Ranieri, o herói conquistador, a lenda do Salomon, a encarnação do conceito de sucesso, compareceu diante da turma de trainees para contar como acabara de chegar da Califórnia e como tinha olhado para baixo de seu avião e visto todas aquelas casinhas; como todas aquelas casinhas tinham hipotecas e como todas essas hipotecas acabariam chegando de uma forma ou de outra ao pregão do Salomon Brothers (ninguém questionou sua capacidade de enxergar as casas a 30 mil pés de altitude; se alguém conseguia, esse alguém era Lewie). Em 1984 a mesa de negociação de hipotecas era o lugar para se trabalhar, aos olhos dos jovens MBAs que concluíam o programa de treinamento do Salomon Brothers. Todos queriam negociar hipotecas, todos queriam ser traders de hipotecas do Salomon Brothers, fazer parte de uma máquina de dinheiro que a essa altura gerava mais da metade das receitas da empresa.

Os traders de hipotecas do Salomon Brothers desdenhavam tanto do maior mercado de capitais do mundo quanto de sua própria empresa, que era de longe a mais lucrativa de Wall Street. *Eles se achavam sortudos.* "Era fato corrente", afirma um trader de hipotecas, "que os traders de hipotecas eram durões. Era fato corrente que, como trader de hipotecas, você não ganhava muito dinheiro no seu mercado, você ganhava *todo* o dinheiro do seu mercado. Era fato corrente que você não fazia *algumas* das negociações do seu mercado; você não fazia a *maioria* das negociações do seu mercado; você fazia *todas* as negociações do seu mercado."

Para fechar todas as negociações do seu mercado você precisava ter compradores e vendedores, e estes, em outubro de 1981, contavam-se nos dedos. Ranieri, juntamente com o guru dos títulos de alto risco, Mike Milken, da Drexel Burnham, se tornou um dos grandes missionários de títulos da década de 1980. Cruzando o país, tentando convencer os investidores institucionais a comprar títulos hipotecários, Ranieri esbarrou em

Milken. Eles visitavam as mesmas contas, no mesmo dia. "Meu produto decolou primeiro", diz Ranieri. "Os investidores começaram a comprar o evangelho segundo Ranieri." O evangelho segundo Ranieri dizia, em termos simples, "que as hipotecas eram tão baratas que davam frio na barriga". Ranieri concentrava seus argumentos de venda nos rendimentos muito superiores dos títulos hipotecários em relação aos rendimentos dos títulos corporativos e da dívida pública de qualidade de crédito similar. A maioria dos títulos hipotecários recebeu a mais alta classificação, o triplo A, pelas duas grandes agências de *rating*, Moody e Standard & Poor's. A maioria dos títulos hipotecários tinha lastro do governo dos Estados Unidos, seja explicitamente, como no caso de obrigações Ginnie Mae, ou implicitamente, como no caso de Freddie Mae e Fannie Mae.

Ninguém achava que o governo norte-americano daria o calote. Os investidores, no entanto, não queriam conversa com Ranieri nem com o crescente exército de corretores de Ranieri. Apesar da reviravolta no mercado de hipotecas, a objeção inicial expressa por Bill Simon a Ginnie Mae permaneceu válida: não era possível prever a vida de um título hipotecário. Não era porque os pagamentos antecipados fossem ruins por si só. É que era impossível prever quando eles chegariam. E se não era possível saber quando o dinheiro voltaria, não era possível calcular o rendimento. Tudo o que você poderia supor era que o título tenderia a manter o seu vencimento final, à medida que as taxas subissem e os proprietários deixassem de pagar antecipadamente, e que o vencimento encurtaria, à medida que as taxas caíssem e os proprietários fizessem refinanciamentos. Isso era ruim. Embora as condições da *oferta* tivessem mudado de um dia para o outro em outubro de 1981, as condições da *demanda* por títulos hipotecários não mudaram. As hipotecas de fato eram baratas; eram abundantes, mas ninguém queria comprá-las.

Pior, em vários estados as obrigações hipotecárias ainda eram investimentos ilegais, uma condição que Ranieri não aceitava. Em uma reunião, ele gritou com um advogado que não conhecia: "Eu não quero ouvir o que dizem os advogados, eu quero fazer o que eu bem entender." Ele buscava a preponderância das leis federais sobre as estaduais. Começou a procurar uma maneira de fazer as hipotecas parecerem outros títulos, uma maneira de dar aos títulos hipotecários um vencimento definido.

Finalmente, queria mudar o modo como os norte-americanos pediam dinheiro emprestado para comprar seus imóveis residenciais. "Eu devia pelo menos ter o direito", disse, "de procurar o consumidor e dizer: aqui estão duas hipotecas idênticas, uma a 13% e uma a 12,5%. A escolha é sua. Você pode refinanciar a de 13% sempre que quiser, por qualquer motivo que quiser. A de 12,5%, se você mudar, morrer ou trocar, não tem penalidade. Mas se você quiser apenas refinanciá-la para o serviço da dívida e poupança, vai me pagar [uma taxa]." O Congresso concedeu permissão para vender títulos hipotecários em cada estado, mas negou sua proposta mais radical. O proprietário manteve o direito de pagar antecipadamente a hipoteca, a qualquer momento, e Ranieri foi forçado a encontrar outra maneira de persuadir os investidores institucionais a comprar seus malditos títulos hipotecários. E foi o que ele fez. "Lewie Ranieri conseguiria vender gelo para um esquimó", diz Scott Brittenham, que o acompanhou em muitas das visitas de vendas. "Ele era tão bom com os clientes que não dava para mantê-lo na mesa de negociação", diz Bob Dall, que chegava ao fim dos seus dias no Salomon. Ranieri dizia: "Eu parei de tentar argumentar com os clientes sobre pagamentos antecipados e finalmente comecei a falar de preços. Que preços eram atraentes? Tinha de haver *algum* preço que os clientes estavam dispostos a pagar. Cem pontos-base sobre os títulos da dívida pública [ou seja, rendimento um ponto percentual maior do que os títulos do Tesouro americano]? Duzentos pontos-base? Quero dizer, esse negócio estava 350 pontos-base fora da curva [de rendimento da dívida pública dos EUA]!"

Todos os proprietários de imóveis nos EUA tinham ideia do valor de ter o direito de pagar sua hipoteca a qualquer momento. Eles sabiam que, se pedissem dinheiro emprestado quando as taxas de juros estivessem altas, pagariam quando as taxas caíssem e fariam novos empréstimos a taxas mais baixas. Eles gostavam de ter essa opção. Provavelmente, estariam dispostos a pagar pela opção. Mas ninguém, nem mesmo em Wall Street, conseguia colocar um preço na opção dos proprietários de imóveis residenciais (e ninguém consegue ainda hoje, embora estejam chegando perto). Sendo um trader, Ranieri imaginou e argumentou que, como ninguém estava comprando, mas vendendo hipotecas, elas deveriam estar baratas. Mais exatamente, argumentou que a taxa de juros paga por um título hipotecário, em relação à taxa governamental livre de risco, mais do que compensava o titular da hipoteca pela opção que estava concedendo ao proprietário do imóvel.

Ranieri assumiu para si uma posição estranha para um corretor de Wall Street. Ele personificava os títulos hipotecários. Quando ninguém os comprava, ele parecia ferido. Era como se o próprio Ranieri estivesse sendo vendido a descoberto. Ele disse ao *The United States Banker* em 1985: "Quem atuava no setor imobiliário sentia que o mercado estava cobrando mais ágio pelos riscos de pagamento antecipado do que o valor real." Pense na forma como colocou a questão. Quem eram as pessoas que "atuavam no setor imobiliário"? Ranieri não pagava ágio. Eram os proprietários dos imóveis que pagavam. Lewie Ranieri, ex-funcionário da sala de correspondência do Salomon Brothers e da mesa de negociação de títulos de concessionárias públicas, tornara-se o campeão dos proprietários de imóveis americanos. Era uma pessoa muito mais atraente do que a de um trader inescrupuloso e ambicioso de Wall Street. "Lewie vinha com essa conversa fiada sobre construir casas para os americanos", afirma Bob Dall. "Quando a gente saía daquelas reuniões, eu costumava perguntar a ele: 'Vem cá, você acha que alguém realmente acredita nesse papo furado?'" Mas era isso que tornava Ranieri tão convincente. *Ele* acreditava naquilo.

Ranieri talvez tenha sido o primeiro populista da história de Wall Street. O grande político de Louisiana, Huey P. Long, fazia campanha com o *slogan* "Um frango em cada panela!". Lewie Ranieri dava baixa nos títulos dos seus livros de negociação com o *slogan* "Uma hipoteca para cada casa!". O fato de Ranieri ter a perspectiva do homem comum ajudava. "Ele era um número e tanto", admite seu protegido Kronthal. Para trabalhar, Ranieri usava botas de cano alto, estilo Johnny Unitas, e gravatas de 15 centímetros. Toda sexta-feira, chegava no pregão usando uma jaqueta de poliéster clara e calças pretas de algodão. Ele tinha exatamente quatro ternos, todos de poliéster.

À medida que enriquecia, ganhando entre US$ 2 e 5 milhões em cada ano dourado, entre 1982 e 1986, ele continuou tendo apenas quatro ternos. Jeffery Kronthal lembra: "Brincávamos que ele ficava na fila da The Male Shop no Brooklyn para comprar os ternos. A loja vendia um terno, junto com uma viagem para a Flórida, uma garrafa de champanhe e selos de descontos, tudo por 99 pratas." Com o seu dinheiro, Ranieri comprou cinco lanchas. "Então, eu tinha mais lanchas do que ternos", disse. Fora isso, vivia modestamente, sem carrões ou mansões. As roupas faziam o homem, e todos percebiam as roupas. Os ternos diziam: "Eu não esqueci a minha origem; faça o favor de não esquecer dela também." Também diziam: "Sou Lewie, e não algum banqueiro de investimento idiota. Não existem artifícios aqui. Você pode confiar em mim, e eu tomarei conta de você."

Sob o peso de Ranieri e de seus traders, a desconfiança dos investidores desvaneceu. "Andy Carter da Genesson [gestores financeiros], em Boston, foi o primeiro a adotar o evangelho segundo Ranieri", diz Ranieri. Mais importante, Ranieri tornou-se guru do setor de poupança e empréstimo. Dezenas das maiores instituições de poupança nos Estados Unidos não davam um passo sem primeiro procurar aconselhamento com Ranieri. Ele conquistou a confiança deles: parecia com eles, se vestia como eles e falava como eles. Como resultado, os gestores de poupança e empréstimo que poderiam ter comprado títulos de alto risco de Mike Milken quando venderam os seus empréstimos, permaneceram fortemente concentrados em títulos hipotecários. Entre 1977 e 1986 a parcela de títulos hipotecários nas mãos das instituições norte-americanas de poupança e empréstimo cresceu de US$ 12,6 bilhões para US$ 150 bilhões.

Mas o número drasticamente subestima a importância das instituições de poupança para as fortunas de Ranieri & Cia. A força de vendas de Ranieri convenceu os gestores dessas instituições a negociar seus títulos ativamente. Um bom corretor poderia transformar um tímido e nervoso presidente de uma dessas instituições em um jogador maníaco. As antes sonolentas entidades tornaram-se as melhores apostadoras dos mercados de títulos. Apesar de seus números minguantes, as instituições de poupança, como grupo, quase dobraram em termos de tamanho de ativos, de US$ 650 bilhões a US$ 1,2 trilhão, entre 1981 e 1986. O trader do Salomon, Marc Freed, se lembra de uma visita que fez ao gestor de uma grande instituição de poupança na Califórnia que havia sofrido forte influência de Wall Street.

Freed realmente tentou convencer o gestor de poupança a se acalmar, fazer menos apostas no mercado, reduzir o tamanho de suas posições e, em vez disso, proteger suas apostas no mercado de títulos por meio de operações de hedge. "Você sabe o que ele me disse?", comenta Freed, "ele disse que hedge era para maricas."

Vários traders de hipotecas do Salomon estimam que entre 50% e 90% dos seus lucros derivavam simplesmente de assumir a outra ponta dos negócios das entidades de poupança e empréstimo. Por que será — você pode estar se perguntando — que os presidentes dessas instituições toleram as enormes margens de lucro do Salomon? Bem, para começar, elas não tinham essa informação em mãos. As margens do Salomon eram invisíveis. E como não havia concorrência em Wall Street, não havia ninguém para informar-lhes que estavam enriquecendo o Salomon Brothers. O que estava acontecendo — e ainda está acontecendo — é que o sujeito que patrocinava o carro alegórico na parada local, membro do Clube 3-6-3 e jogador de golfe, tinha se tornado o maior trader de títulos dos EUA. Ele também era o pior trader de títulos do país. Ele era o otário do mercado.

Apesar de seu crescimento frenético, as instituições de poupança e empréstimos, como Bob Dall havia previsto, não tinham como absorver o volume de hipotecas residenciais criado no início da década de 1980. Ser trader de hipotecas no Salomon mais frequentemente significava ser um comprador de hipotecas do que um corretor de hipotecas. "Steve Baum [o trader de crédito hipotecário] era administrador de uma instituição de poupança de US$ 2 bilhões", diz um de seus ex-colegas. Como uma instituição de poupança, Baum mantinha os empréstimos por longos períodos. (Diferentemente de uma instituição de poupança, ele prosperava.) Isso completava a curiosa inversão de papéis que ocorreu no início da década de 1980, quando as instituições de poupança viraram traders e os traders viraram instituições de poupança. (Na verdade, era Wall Street que estava tornando redundante todo o setor de poupança e empréstimo. Um dia alguém corajoso vai perguntar: "Por que simplesmente não nos livramos dessas instituições e pronto?") Michael Mortara apelidara Baum de "Eu compro Baum", já que ele parecia nunca vender nada. Isso, no final das contas, revelou-se um golpe de sorte. O mercado de títulos estava à beira de um período recorde de crescimento. Como Henry Kaufman lembrou na publicação *Institutional Investor*:

> Chegamos a cerca de 21,5% de taxa preferencial de juros e a 17,5% na taxa de desconto no início da década de 1980. O pico de juros de longo prazo foi alcançado em outubro de 1981, quando as taxas atingiram cerca de 15,25%. Eu sentia que no terceiro trimestre de 1982 a economia demoraria mais a se recuperar do que antes e, assim, finalmente, em agosto de 1982, fiquei otimista, na expectativa de que os preços subiriam. E, claro, naquele mesmo dia o mercado de ações teve o maior ganho da história; nesse dia, os títulos subiram dramaticamente.
>
> Nós estávamos prestes a entrar em uma reunião do comitê executivo da empresa no Waldorf. Eu tinha escrito na noite anterior um artigo de duas páginas, indicando que os rendimentos cairiam de forma bastante acentuada e explicando minha linha de raciocínio. E passei o texto ao meu motorista para que ele o entregasse à minha secretária, para que ela pudesse digitá-lo e colocá-lo em nossa máquina, em nossas telas, para que fosse mostrado aos nossos traders e corretores ao mesmo tempo — por volta de 8h45 ou 9 horas antes da abertura do mercado. Então fui para o Waldorf onde tínhamos oito pessoas do comitê executivo reunidas. Recebi um telefonema da minha secretária me pedindo para explicar algo que eu tinha escrito, porque estava digitando o texto, e acho que foi John Gutfreund que disse: "O que você está falando aí no telefone?" E eu disse: "Eu estava só ditando um memorando." Alguém perguntou: "Sobre o quê?", e eu respondi: "Bem, mudei de ideia sobre o mercado [de títulos]." E eles disseram: "Você mudou sua opinião sobre o mercado?" Bem, a essa altura já víamos a situação na tela, e os mercados foram à loucura.

Ranieri & Cia. tinham sido forçados pelas próprias condições de mercado a possuir bilhões de dólares de obrigações hipotecárias. Por causa das condições de oferta e demanda em seu mercado, não tiveram escolha a não ser apostar na alta do mercado de títulos. Eles assistiram com alegria, portanto, à maior alta do mercado de títulos na história de Wall Street. Tinham que agradecer a Kaufman em primeiro lugar pelo feito. Quando

Henry disse que o mercado ia subir, ele subiu. Mas, então, o FED permitiu que as taxas de juros caíssem. As diretrizes definidas em Washington, como antecipado por Kaufman, tinham tomado outro rumo, favorável a Ranieri e seu grupo de traders. "Estamos falando de um frenesi, uma alta de 16 pontos nos títulos futuros em uma semana, *surreal!*", lembra Wolf Nadoolman. O departamento de hipotecas era invejado por toda a empresa.

As centenas de milhões de dólares de lucros de negociações realizados por um punhado de traders de hipotecas derivavam, em grande parte, de uma combinação de alta no mercado e abençoada ignorância das instituições de poupança e empréstimo dos EUA. Ainda havia outras formas mais intrigantes de Ranieri ganhar dinheiro.

Os traders de Ranieri descobriram que os seus correspondentes em outras empresas poderiam ser facilmente enganados. A mesa de negociação do Salomon era a única que negociava hipotecas sem linhas telefônicas diretas com outros bancos de investimento de Wall Street, preferindo, em vez disso, trabalhar por meio de intermediários, chamados *interbroker dealers.* "Nós dominávamos o pedaço", afirma Andy Stone. "Comprávamos títulos a 12, mesmo quando estavam sendo negociadas a dez, para controlar o fluxo. O departamento de pesquisa [do Salomon Brothers], então, produziria um texto dizendo que os títulos que você tinha acabado de comprar a 12 valiam mesmo 20. Ou poderíamos comprar mais 6 bilhões dos mesmos itens a 12. O restante de Wall Street via-os negociando nas telas e imaginava: 'Ei, se o varejo está comprando, é melhor comprar também e sair dessa posição.'" Tradução: o Salomon ditava as regras do jogo da negociação de hipotecas à medida que se desenrolava.

Com o passar do tempo, Ranieri ficava cada vez menos envolvido com as decisões do dia a dia feitas na mesa de negociação. "Lewie era um cara brilhante, capaz de ter uma visão do todo", diz Andy Stone. "Ele dizia que os títulos hipotecários iriam ter um desempenho melhor do que os títulos da dívida pública nas duas semanas seguintes, e estava certo, 95% das vezes. E, se não estivesse, poderia sempre ligar para 19 instituições de poupança e persuadi-las a comprar a nossa posição." Entretanto, Ranieri não era um cara preocupado com detalhes, e os traders estavam começando a se aprofundar nas minúcias do mercado hipotecário. "A natureza do trader mudou", diz o antigo trader de títulos hipotecários Samuel Sachs. "Eles chamaram os sabichões, que começaram a dividir as obrigações hipotecárias em minúsculos pedacinhos. O mercado tornou-se maior do que as cinco coisas que Lewie conseguia guardar na cabeça ao mesmo tempo."

Os jovens traders tinham MBA e Ph.D. Kronthal encabeçava a lista, sendo seguido por Haupt, Roth, Stone, Brittenham, Nadoolman, Baum, Kendall e Howie Rubin. Um truque que os novos traders exploravam era a tendência dos mutuários de pagar antecipadamente os seus empréstimos, quando não deveriam fazê-lo. Em um bom exemplo dos benefícios conquistados por Wall Street por causa da confusão em Washington, Steve Roth e Scott Brittenham ganharam dezenas de milhões de dólares, negociando empréstimos de projetos federais — empréstimos feitos aos construtores de projetos habitacionais, garantidos pelo governo federal. Em 1981, o governo federal já enfrentava um déficit. Embarcou em um programa de venda de ativos. Um grupo de ativos vendidos foram os empréstimos que haviam sido feitos aos incorporadores de residências de baixo custo nas décadas de 1960 e 1970. Os empréstimos haviam sido realizados a taxas de juros menores que as do mercado, como uma forma de subsídio. No mercado aberto, por causa dos baixos cupons, eles valiam muito menos do que o valor nominal (US$ 0,100); um empréstimo típico valia cerca de US$ 0,60. Assim, por exemplo, um empréstimo de 30 anos de US$ 100 milhões, pagando ao credor 4% por ano em juros (quando podia ganhar, digamos, 13% em títulos da dívida pública), poderia valer US$ 60 milhões.

Por ocasião da venda de um empréstimo pelo governo, um minúsculo anúncio apareceu no *Wall Street Journal*. Parece que apenas duas pessoas o leram: Roth e Brittenham. Brittenham, agora, dizia: "Nós dominamos o mercado durante anos. Quando entrei na empresa, em 1981, éramos realmente as únicas pessoas que os compravam." O mercado era mais um jogo. O truque era determinar de cara qual dos empréstimos de projetos do governo corria o risco de pagar antecipadamente, pois quando isso acontecesse haveria inesperados rendimentos para o proprietário do empréstimo, o emprestador. Isso acontecia porque esses empréstimos eram negociados abaixo de US$ 0,100. Quando Roth e Brittenham compravam empréstimos a US$ 0,60, que eram pagos antecipadamente, logo obtinham um lucro de

US$ 0,40. Para ganhar o dinheiro você tinha que saber como identificar situações em que o credor receberia seu dinheiro de volta prematuramente. Essas situações, descobriu-se, eram de dois tipos.

A primeira envolvia dificuldades financeiras. Onde havia ansiedade, sempre havia oportunidade. "Era ótimo se você conseguisse encontrar um projeto habitacional do governo prestes a decretar moratória de sua hipoteca", diz Brittenham. Era ótimo porque o governo garantia o empréstimo e, em caso de inadimplência, pagava o empréstimo na íntegra. O lucro inesperado poderia ser na casa dos milhões de dólares.

O outro tipo de projeto suscetível a pagamento antecipado era o mercado de propriedades de luxo. Brittenham lembra: "Procurávamos propriedade legais — e não barracos — que tivessem uma bela piscina, quadra de tênis, fornos de micro-ondas. Quando encontrávamos, dizíamos: 'É uma provável conversão'". Para converter, os ocupantes compravam do proprietário-incorporador, que, por sua vez, pagaria o empréstimo ao governo. Assim que o governo recebesse o dinheiro, pagava a Roth e Brittenham US$ 0,100 por um pedaço de papel que tinham acabado de comprar a US$ 0,60. A ideia dos dois jovens MBAs de Wall Street, que procuravam nos projetos habitacionais do país por piscinas e inquilinos falidos, parece ridícula até o momento em que você a tiver colocado em prática e ganhado US$ 10 milhões. O estranho é que as pessoas em Washington que vendiam os empréstimos não faziam o mesmo. Só que não entendiam o valor dos empréstimos. Em vez disso, confiavam que o mercado pagaria o preço certo. O mercado, entretanto, era ineficiente.

Lucros ainda maiores vieram da exploração do comportamento ineficiente do proprietário norte-americano de imóveis residenciais. Ao decidir quando saldar suas dívidas, o proprietário não era muito mais hábil do que o governo federal. Em todo o país, cidadãos com hipotecas residenciais de 4%, 6% e 8% estavam irracionalmente insistindo em pagar os empréstimos imobiliários quando a taxa de hipoteca predominante era de 16%; mesmo na era da alavancagem, ainda havia muitas pessoas que simplesmente não gostavam da ideia de estar endividadas. Isso criou uma situação idêntica à bonança dos empréstimos de projetos federais. Os empréstimos habitacionais sustentavam as obrigações hipotecárias. Os títulos eram precificados abaixo do seu valor nominal. O truque era comprá-los abaixo do valor nominal, logo, antes que os proprietários pagassem seus empréstimos. O trader de hipotecas, que podia prever o comportamento dos proprietários de imóveis, obtinha enormes lucros. Qualquer pagamento antecipado significava lucro para o titular da obrigação hipotecária. Ele tinha comprado o título a sessenta; agora, ele estava recebendo a cem.

Um jovem trader do Salomon Brothers, chamado Howie Rubin, começou a calcular a probabilidade de os proprietários de imóveis pagarem suas hipotecas. Ele descobriu que a probabilidade variava de acordo com seu local de residência, o tempo durante o qual os empréstimos estavam pendentes e o tamanho do empréstimo. Usava dados históricos coletados pelo departamento de pesquisa de Lew Ranieri. Os pesquisadores deveriam ser usados como assessores científicos, em conversas sobre desarmamento. Mais frequentemente, entretanto, eram tratados como gandulas nos jogos de futebol. Mas os melhores traders sabiam como usar bem os pesquisadores. Os proprietários de imóveis residenciais norte-americanos tornaram-se, para Rubin e para o departamento de pesquisa, uma espécie de rato de laboratório. Os pesquisadores mapeavam como proprietários anteriormente sedentários agiam em resposta ao choque das mudanças na taxa de juros. Assim que um pesquisador se convencesse de que um grupo de proprietários de imóveis estava mais predisposto do que outro a se comportar irracionalmente e a pagar hipotecas com baixas taxa de juros, ele informaria a Rubin, que então compraria as hipotecas. Os proprietários de imóveis, é claro, nunca souberam que seu comportamento era monitorado tão de perto por Wall Street.

O dinheiro ganho nos primeiros anos foi tão fácil quanto qualquer dinheiro obtido pelo Salomon. Ainda assim, reconhecidamente, as hipotecas eram os títulos matematicamente mais complexos do mercado. A complexidade resultava inteiramente da opção de o proprietário pagar antecipadamente o empréstimo; era surreal atestar que a única contribuição em termos de complexidade financeira prestada pelo homem comum ao mercado era um ponto sem nó que representava um enorme desafio para os melhores cérebros em Wall Street. Os instintos de Ranieri, que o levaram a desenvolver enorme departamento de pesquisa, estavam certos: hipotecas envolviam matemática.

Portanto, ganhava-se dinheiro com ferramentas de análise cada vez mais refinadas. O comportamento dos traders, porém, não ficou mais refinado na mesma proporção. Para cada passo adiante em termos de tecnologia de mercado, davam um passo atrás em termos de evolução humana. O grupo aumentou de seis para 25 e ficava cada vez mais barulhento, mais rude, mais gordo e menos preocupado com suas relações com o restante da empresa. Sua cultura era baseada em comida e, por mais estranho que isso pareça, era ainda mais estranho para aqueles que observavam os traders de hipotecas comerem. "Ninguém faz dieta no Natal, e ninguém faz dieta no departamento de hipotecas. Todo dia era feriado. Ganhávamos dinheiro independentemente de nossa aparência", conta um ex-trader. Eles começavam com uma rodada de cheeseburguers de cebola trazidos por um trainee da Trinity Deli, às 8 horas. "Quer dizer, a gente nem mesmo tinha vontade de comer", lembra o trader Gary Kilberg, que entrou para a mesa de negociação em 1985. "A gente estava de ressaca. Bebia café o tempo todo. Mas sentia o cheirinho dos sanduíches. Todo mundo estava comendo, então você pegava um e mandava ver."

Os traders realizavam verdadeiras proezas da gula, algo jamais visto no Salomon. Mortara devorava em duas abocanhadas enormes caixas com bolinhas de chocolate. D'Antona mandava os trainees comprarem US$ 20 em doces para ele todas as tardes. Haupt, Jesselson e Arnold engoliam mini-pizzas inteiras. Toda sexta-feira era dia do "Frenesi de Comida", em que se interrompia qualquer tipo de negociação e dava-se início a comilança. "Pedíamos US$ 400 de comida mexicana", diz um ex-trader. "*Você não pode comprar US$ 400 de comida mexicana.* Mas nós tentávamos — 'guacamole' em recipientes de 20 litros, só para começar. Um cliente ligava e nos pedia para comprar ou vender títulos, e tínhamos de responder: 'Sinto muito, mas estamos no meio do frenesi de comida. Eu ligo mais tarde.'"

E quanto mais gordos se tornavam, mais pareciam detestar pessoas magras. "Sem hipocrisia aqui! Temos orgulho de ser como somos!" Brincavam se perguntando como os magros traders de títulos da dívida pública que praticavam triatlo nos fins de semana, ainda assim, não ganhavam dinheiro algum durante a semana, o que não estava inteiramente certo. Mas era verdade que ninguém ganhava tanto dinheiro quanto os traders de obrigações hipotecárias. O mercado para a negociação de hipotecas se transformou. No final de cada mês, lembra Andy Stone, "tínhamos jantares do departamento inteiro. Acho que ganhávamos o dobro dos setores de títulos corporativos e da dívida pública combinados. Nós éramos os melhores. Que se fodam. Quando Mike Mortara não virou sócio no final de 1983, e todos os outros chefes viraram, isso realmente nos uniu. Dissemos: 'Nós não trabalhamos para o Salomon Brothers, trabalhamos para o departamento de hipotecas.'"

Ranieri preservava a cultura, apesar do crescente número de funções de grupo. Se não fosse o jantar no final de cada mês, era a viagem para Atlantic City, da qual os traders de outros departamentos eram explicitamente vetados. Os traders de hipotecas andavam de helicóptero, passavam a noite jogando e voavam de volta para o Salomon Brothers a tempo da negociação da manhã seguinte. Esse é o tipo de coisa que você deveria fazer — se você fosse um trader durão.

Algumas pegadinhas tinham genealogias. A pegadinha da mala começou em 1982, com um trader se apoderando da mochila de um colega durante o fim de semana e substituindo as roupas por calcinhas de renda cor-de-rosa. Houve pelo menos quatro pegadinhas e variações desse tipo entre 1982 e 1985. Essa onda finalmente parou quando John D'Antona chegou atrasado numa sexta-feira de manhã com a maleta em mãos. Ele tinha planejado uma viagem de fim de semana para Porto Rico. Começou a alardear sua boa sorte para os demais traders: "Puxa, que pena que vocês não vão poder me acompanhar, ha, ha, ha." Etc. etc.

Finalmente, foi demais para Peter Marro e Greg Erardi (muitas vezes, quem telefonava se confundia com a pronúncia do seu nome e achava que eram duas pessoas: Greg ou Artie). Quando D'Antona baixou a guarda, os dois traders roubaram a mala dele. Tiraram as roupas e inseriram cerca de 10 quilos de papel-toalha molhado no lugar. D'Antona só descobriu a troca quando saiu do chuveiro no hotel em Porto Rico, naquela noite. Molhado, fez sua primeira chamada ao principal suspeito: Marro. Marro confessou. Essa, disse D'Antona, não foi uma piada engraçada. Ligou para Marro mais sete vezes durante o fim de semana para lembrá-lo como a piadinha tinha sido sem graça. Tramou vingança. Marro acordou para atender uma das chamadas de D'Antona, na madrugada de domingo, que aparentemente começava assim: "Não sei como, eu não sei quando, não sei onde, mas um dia..."

A vingança veio logo depois, mas não contra Marro. Como de costume, a culpa passou para o trainee que trabalhava para o culpado. O trainee que trabalhava para Marro era Gary Kilberg, um membro da minha turma de treinamento. Kilberg levara sua mala para o trabalho um dia. Naquela noite, viajaria para Washington para se reunir com dois senadores americanos, entre outros figurões. Suspeitando que seria alvo de D'Antona, escondeu a mala em um armário na sala de Henry Kaufman. Quando estava prestes a sair para o aeroporto, o telefone tocou. Era Marro. Marro estava sentado a uns poucos metros de distância, mas quando os dois queriam falar em particular, mesmo estando próximos, usavam o telefone.

Marro alertou Kilberg: "Não diga a ninguém que eu avisei, mas é melhor você verificar sua mala." Assim, garantindo que ninguém o seguia, Kilberg foi conferir a mala. Estava tudo em ordem.

Kilberg pegou o voo. A viagem foi tranquila. No entanto, quando voltou ao pregão, dois dias depois, todos estavam rindo, D'Antona mais visivelmente. "Qual é a graça?", perguntou Kilberg.

"Fez boa viagem?", disse D'Antona.

"Sim", disse Kilberg.

"O que você quer dizer com 'sim'?", perguntou D'Antona.

Em seguida cerca de seis pessoas perceberam na hora o que tinha acontecido. No dia da viagem de Kilberg, D'Antona tinha encontrado uma mala, cheia de roupas, em algum lugar perto do pregão do Salomon. A mala tinha um grande K de ouro. K representava Kilberg, certo? Errado.

Não tinha sido a mala de Kilberg. "Então, de quem eram os ternos e as camisas da mala?", perguntou um trader, puxando alguns artigos muito caros de debaixo da mesa. "Dava pra ver todo mundo pensando", lembra Kilberg, "e eles não estavam pensando em peixe pequeno. Eles estavam pensando em peixes grandes. Eles estavam pensando em Kaufman [Henry] ou Kimmel [Lee] ou, já que entraram em pânico e não estavam sendo racionais, Coates [Craig, o chefe da negociação de títulos da dívida pública federal]. De repente, gritaram: 'Merda! O que vamos fazer?'"

Pensando bem, até que não era uma pergunta ruim. Seja quem for que não estava com suas roupas, estava com a mala cheia de papel higiênico empapado. Quem precisasse do papel higiênico para o fim de semana deveria estar possesso. Como a pegadinha tinha sido do departamento de hipotecas, e como ninguém sabia quem era o dono do K, não seria melhor se os ternos simplesmente desaparecessem? Todos concordaram. Assim, um dos traders juntou os ternos em um saco verde de lixo, como um corpo morto, e desovou no terreno da obra do outro lado da rua, em frente ao New York Health and Racquet Club. Os traders combinaram, como Tom Sawyer e Huck Finn, que nunca iriam contar a ninguém o que tinha acontecido. "Até hoje", diz Kilberg, "eles não sabem a quem pertenciam aquelas roupas."

O departamento, em suma, parecia muito mais uma irmandade do que uma divisão de uma grande empresa. O chefe era pelo menos parcialmente responsável pelo comportamento adolescente do departamento. Ele não era apenas um dos rapazes; era o líder. Simplesmente ganhar não era tão importante para Ranieri quanto ganhar com estilo: espetadas ao lado da mesa de correspondência na sala de Ranieri estavam duas calcinhas laranja de uma stripper. Era muito bom ganhar mais dinheiro do que o restante da empresa, mas era *puro deleite* ganhar mais dinheiro do que o restante da empresa e passar metade do dia pregando peças em seus colegas e empregados além de fumar charutos enormes.

Um trader se lembra de Ranieri marchando da sua sala até o pregão para falar com um de seus jovens empregados, Andrew Friedwald. "Estava com aquele sorriso enorme estampado no rosto, de pé, bem pertinho de Andy, e perguntava como estava indo a transação. Andy estava explicando como ele esperava vender alguns títulos no Japão e em Londres, e Lewie ali parado só acenando com a cabeça com aquele sorriso esquisito. Andy disse alguma outra coisa, e Lewie simplesmente sorriu. Então, Andy percebeu a piada. Lewie estava com um isqueiro Bic aceso bem embaixo do saco de Andy. Suas calças estavam prestes a pegar fogo. Andy ficou furioso."

Outro Andy, Andy Stone, lembra que Ranieri uma vez derramou Bailey's Irish Cream nos bolsos da jaqueta dele. Quando Stone reclamou que era seu terno favorito, Ranieri sacou quatro notas sujas de cem e disse. "Não reclame, compre um novo."

Ranieri era impulsivo de uma maneira que os estudos de caso nas escolas de negócios raramente retratam quando analisam a tomada de decisões gerenciais. Em seu primeiro dia no departamento de hipotecas do Salomon, em sua visita para conhecer os diferentes setores da empresa, Maria Sanchez lembra de encontrar com Ranieri em um corredor. "Eu não tinha ideia de quem era", diz, "ele vinha andando pelo corredor como um pinguim, com uma de suas longas espadas — tinha uma coleção delas em sua sala. Caminhou até o guia da turma, apontou para mim com a espada e perguntou em voz alta: 'Quem é essa?'

"Nós fomos apresentados, e ele perguntou: 'Você é italiana?' Eu respondi que era cubana. Eu estava vestindo uma blusa com uma longa gravata-borboleta. Lewie pegou uma tesoura e com um enorme sorriso no rosto cortou fora minha gravata. Ele disse que não gostava de mulheres de gravata. Tirou uma nota de cem da carteira e me disse para comprar uma blusa nova. Pensei: *Meu Deus, aonde eu vim me meter*?"

Por fim, John Gutfreund pressionou Ranieri a mudar de conduta. Embora Gutfreund também gostasse de um pouco de diversão à custa dos outros, ele administrava uma grande empresa. Seu vice-presidente estava muito mais para chefão do crime do que qualquer outra coisa. Para merecer a promoção Lewie tinha pelo menos de parecer correto. "Lembro o dia em que Lewie jogou seu cartão American Express em Liz [Abrams, sua secretária] e disse-lhe para ir a Brooks Brothers e comprar um guarda-roupa novo para ele, porque John dissera que ele tinha de mudar sua imagem", diz Andy Stone.

A preocupação de Gutfreund ia além das roupas para o homem. "Gutfreund tomava conta do peso de Lewie", diz outro trader. "Lembro uma vez quando encomendamos pizza, Gutfreund veio até a nossa sala. Lewie só começava a comer quando Gutfreund ia embora. Todo mundo sabia qual era a pizza de Lewie. Ele tinha esse olhar na cara dele: toque na pizza e você está morto."

A lembrança de Ranieri de sua metamorfose é um pouco diferente. Ele se lembra de um dia ter sido enganado pela esposa, Peg, e Liz Abrams em uma ida à Barney's. "Concordei em comprar *um* terno novo", diz. "Andávamos pela loja, e o cara que nos ajudava perguntava a minha opinião sobre os ternos. Cada vez que eu dizia que gostava de um, o cara separava o terno dos outros. Lizzie tinha dito ao cara que eu ia comprar todos os ternos de que gostasse, mas ela não me contou. Quando terminamos, eu tinha escolhido nove ternos. Agora tinha de fazer o que eu mais odeio — experimentar e ajustar todos esses malditos ternos. Enquanto estou fazendo isso, Lizzie sai com meu cartão de crédito e diz que vai pagar. Mas volta com três recibos. 'O que é isso?', pergunto a ela. Tinha comprado nove ternos, 15 gravatas e 24 camisas com monogramas e um monte de coisas como essas (ele apontou para um lenço). Eu tinha sido enganado."

Não inteiramente. Ele encontrou maneiras de enganar seus conscienciosos consultores de moda. A maioria de seus novos ternos tinha três peças que, por algum milagre da justiça, saíram de moda imediatamente após ele os comprar. De qualquer forma, nunca Ranieri realmente *usou* essas roupas novas. Um trader recorda: "Ele chegava todas as manhãs com seu colete atirado sobre um ombro e sua gravata pendurada sobre o outro." E não havia chance de Ranieri permitir que seu novo visual interferisse com a imagem de durão que ele projetava para os clientes. A roupa nova tornou-se uma forma inteligente de realçar seu antigo eu.

Jeff Kronthal se lembra de sair para jantar com Ranieri e um cliente do Salomon Brothers, quando Ranieri derramou sopa em sua gravata e camisa novas. "Ele ficou irritado e xingou. Disse que se deixassem ele usar suas gravatas largas velhas o incidente só teria manchado a gravata e não a camisa." Antes de uma viagem para ver um outro cliente, o estado do Alasca, Ranieri, que usava apenas um terno, foi alertado que, como era março, talvez fosse o caso de levar um sobretudo para lá. Ele deu o seu cartão American Express para Liz Abrams, que comprou um casaco Chesterfield de US$ 800 na Brooks Brothers. Lá se foi Ranieri para o Alasca, resplandecente não só em um terno relativamente novo, mas com um sobretudo novíssimo. No entanto, entre o 41º andar e o Alasca, ele perdeu os sapatos. Trocou de calçado, aparentemente sem qualquer ônus. Ele se encontrou com o cliente vestindo seu casaco de US$ 800 e um par de botas de cano alto de US$ 19 cor de laranja brilhante com saltos de 15 centímetros cada. Foi um número e tanto, talvez o melhor de Wall Street.

Não era possível explicar por que, quando duas pessoas aparentemente iguais ocupavam a mesma posição de negociação, um ganhava US$ 20 milhões e o outro perdia US$ 20 milhões. John Meriwether, campeão do jogo da mentira, era o gerente de negociação do Salomon que chegou mais perto da perfeição em detectar futuros talentos na negociação de títulos. No entanto, até mesmo ele errava. Certa vez, contratou um homem que entrava em pânico sempre que perdia dinheiro. Um dia, o homem, vendo-se acuado, teve um surto. "Eles estão querendo me pegar, eles estão querendo me pegar", gritava repetidas vezes, até que alguém o tirou do pregão.

Nem sempre era possível detectar perdedores, mas era fácil reconhecer um talento. Howie Rubin tinha talento. De todos os traders, Rubin era o que tinha mais instinto comercial. Lewie Ranieri chamava Rubin de "o jovem trader mais talentoso que já vi". Os outros traders diziam que ele era o mais parecido com Lewie Ranieri. Um deles lembra que "Lewie diria que achava que o mercado estava em alta e compraria US$ 100 em títulos. O mercado começava então a cair. Então Lewie ia lá e comprava mais *2 bilhões* em títulos e, é claro, o mercado subia. Depois de ter impulsionado a alta do mercado, Lewie se voltaria para mim e dizia: 'Viu, eu não disse que o mercado estava em alta?.' Howie era um pouco assim também."

Rubin entrou para o Salomon Brothers no outono de 1982, diretamente da Harvard Business School. O que interessava a todos sobre Rubin, de Ranieri para baixo, eram os anos que ele passou contando cartas (memorizando as cartas que tinham saído e calculando suas chances de ganhar) em uma mesa de vinte e um em Las Vegas. Um graduado de Harvard que contava cartas era uma raridade: uma síntese entre o novo e o velho Salomon.

Em 1977, Rubin era um engenheiro químico recém-formado do Lafayette College que trabalhava para uma refinaria da Esso em Linden, no estado de Nova Jersey. Ganhava US$ 17.500 dólares por ano, que, na época, para ele, era um bom dinheiro. "Depois de seis meses, eu estava de saco cheio", diz. "Depois de um ano e meio, estava realmente de saco cheio."

O que fazer se você é um engenheiro químico de saco cheio em Linden, Nova Jersey? Você assiste TV e bebe cerveja. Mudando de canal uma noite, Rubin e um amigo de faculdade encontraram uma matéria no programa *60 Minutes* sobre um homem que ganhava a vida contando cartas no jogo de vinte e um. "Porra, se ele consegue, não deve ser tão difícil, não é?", disse Rubin. Então ele leu três livros sobre o assunto e se mudou para Las Vegas. Em dois anos na cidade transformou US$ 3 mil em US$ 80 mil. "A parte difícil não era quebrar a banca; a parte difícil era não ser chutado dos cassinos", dizia. Quando saiu, todos os cassinos da cidade tinham uma foto dele, que passou a se disfarçar para passar pelos guardas de segurança. Quando, finalmente, cansou de contar cartas, ele se inscreveu em Harvard. Soube de seus colegas mais mundanos que existia essa função de trader. Soube imediatamente que esta era a sua vocação.

Rubin descobriu que o jogo do pagamento antecipado que jogava com os títulos hipotecários com desconto era semelhante à contagem de cartas. "O vinte e um é o único jogo de resultado não independente no cassino. O que acontece no passado afeta o que vai acontecer no futuro. Na verdade, existem momentos em que você tem uma vantagem estatística, e é aí que você faz as grandes apostas", dizia. No Salomon, tinha a vantagem de possuir mais informação sobre o comportamento passado dos proprietários de imóveis, e somente quando tinha essa vantagem, fazia as apostas. Além disso, dizia ele, o pregão no Salomon Brothers *parecia* um cassino de Las Vegas. Você faz suas apostas, lida com o risco, no meio de mil outras distrações. Para fingir indiferença diante do crupiê do vinte e um no cassino, enquanto memorizava cada carta que saía, Rubin conversava com um vizinho e bebia gim-tônica. No Salomon Brothers, negociava títulos enquanto ouvia gritos de seis corretores, comia um cheeseburger de manhã e assistia Ranieri segurar um isqueiro debaixo do saco de um colega trader.

Em seu primeiro ano depois do programa de treinamento, em 1983, Rubin ganhou US$ 25 milhões. A pergunta de centenas de milhões de dólares que nunca foi respondida pela diretoria do Salomon Brothers foi feita pela primeira vez por Howie Rubin: quem realmente ganhava esse dinheiro, Howie Rubin ou o Salomon? Na opinião de Rubin era Howie Rubin. Na visão de John Gutfreund era o Salomon Brothers. Gutfreund achava que a empresa criava a oportunidade para Rubin e, portanto, merecia a maior das recompensas. A visão de Gutfreund, é claro, prevaleceu. Nos primeiros dois anos depois do treinamento, Howie Rubin, como todos os trainees, foi colocado em uma faixa de remuneração. Em seu primeiro ano, recebeu US$ 90 mil, o mais alto salário pago a um trader em seu primeiro ano de trabalho. Em 1984, seu segundo ano, Rubin ganhou US$ 30 milhões em suas negociações. Ele recebeu, então, US$ 175 mil, o máximo permitido a um trader em seu segundo ano. Ele recorda: "A regra de ouro em Harvard era a de que se você fosse realmente bom conseguiria ganhar US$ 100 mil nos três anos seguintes." A regra de ouro já não importava. No início de 1985 ele deixou o Salomon Brothers e foi para a Merrill Lynch, com uma garantia de três anos: um mínimo de US$ 1 milhão por ano, além de uma porcentagem dos lucros das suas negociações.

Quem poderia culpá-lo? Certamente, não seus colegas do pregão. Eles entendiam. Ninguém pedia a um trader para arrancar o último centavo de um mercado para o Salomon Brothers, nem o treinava para explorar a fraqueza nos outros e depois esperava que ele abrisse mão do bônus. No final de cada ano as pessoas no pregão do Salomon Brothers largavam o que estivessem fazendo durante várias semanas e negociavam as carreiras. O que estão me pagando? O que estão me dizendo sobre minhas perspectivas aqui? *Quanto eu posso ganhar em outra empresa*? Havia até um jogo muito parecido com o da mentira — jogado por traders contra a empresa. Wolf Nadoolman o chama de "Como receber US$ 350 mil por ano e fingir estar chateado com isso". (Aliás, eu era muito bom nisso. Realmente fabuloso.) O objetivo do exercício era informar a empresa que talvez, apenas talvez, US$ 350 mil fosse suficiente para *este* ano. Mas, no ano seguinte, se você não recebesse mais, certamente daria o fora. Você poderia estar blefando. Ou não.

John Gutfreund, embora ele próprio fosse um trader por formação, não compreendia as contradições inerentes ao seu sistema de remuneração. Os lucros sem precedentes do mercado de hipotecas fragilizaram o sistema de bônus do Salomon Brothers. As atitudes de Gutfreund tomaram sua forma final nos dias em que a empresa era uma sociedade limitada. A lealdade era então dada como certa. Em uma sociedade limitada, um trader precisava manter uma porção substancial de sua riqueza na empresa. Se ele saísse da sociedade, perdia uma fortuna.

Esse sistema terminou quando Gutfreund vendeu a empresa para a Phillips Brothers, a trader de commodities, em 1981. Agora, um garoto (na perspectiva de Gutfreund) recém-saído do programa de treinamento da empresa, a quem era dada uma nova oportunidade no mercado de hipotecas, ganhava dezenas de milhões de dólares de lucro e ainda exigia parte do que tinha produzido. Gutfreund não tinha intenção alguma de pagar parte dos lucros. Entendia a noção de que X era suficiente, e esta noção estava enraizada em uma época em que pagar US$ 1 milhão a um trader com dois anos de experiência era impensável. E, de qualquer maneira, foi o Salomon Brothers, e não Howie Rubin, que fechara o negócio de US$ 25 milhões.

Gutfreund criticava abertamente o que considerava a ganância exagerada da geração mais jovem. Em 1985 disse a um repórter da *Business Week*, ao acenar magistralmente para seus empregados no pregão: "Eu não entendo o que essa geração tem na cabeça." Sua hipocrisia foi notada e lamentada pelos traders de hipotecas. Era fácil para Gutfreund dizer que dinheiro não fazia diferença. Ele pagava a si mesmo mais do que qualquer executivo de Wall Street. E ele já tinha feito sua fortuna de US$ 40 milhões com a venda da empresa para a Phillips Brothers. Sua atitude, bem como a dos outros antigos sócios da empresa, mudou assim que suas fichas foram trocadas. Ele e os outros deixaram de ver o Salomon Brothers como um instrumento de criação de riqueza e começaram a tratar a empresa como um instrumento de poder e glória, um vasto *playground* em que poderiam ser os valentões.

Gutfreund especialmente parecia deleitar-se com o crescimento do seu *playground*. Gostava de salientar que o Salomon era o banco de investimento mais poderoso do mundo, com US$ 3 bilhões em capital. Ele tinha um prazer óbvio de alardear o conceito de que era um banco de investimento "global". Escritórios abriam e se expandiam em Londres, Tóquio, Frankfurt e Zurique. A empresa, que empregava 2 mil pessoas em 1982, tinha 6 mil empregados em 1987.

Tudo isso pode ser atribuído, se supõe, a um desejo saudável de permanecer competitivo. No entanto, muitos dos traders de hipotecas argumentam que o crescimento pelo crescimento refletia a glória sobre John Gutfreund. Muitas vezes ele enfatizava que o Salomon Brothers realizava transações de US$ 80 bilhões em títulos em seus livros todas as noites. Sua próxima observação era que, em volume de ativos, o Salomon Brothers era "o maior banco comercial do mundo" e "uma das quarenta maiores nações do mundo". Como um trader de hipotecas (judeu) disse em resposta: "Qual é, John, você não está falando da Holanda; você está falando de um bando de judeus bastante importante."

O conceito de que ele presidia nada mais do que judeus com status era tão estranho para Gutfreund como a Holanda. O Salomon Brothers, onde era chefe, era maior que isso. Pela propriedade comutativa da grandeza executiva, John Gutfreund era maior que isso. Howie Rubin, por outro lado, realmente não aparecia, exceto como mais um da linha de montagem. Ele poderia ser substituído por outro trainee. Os traders consideravam o sistema de Gutfreund como um negócio ruim. O lado positivo era ficar no Salomon, e se a empresa continuasse a prosperar, o trader poderia esperar ser reembolsado pelo desempenho passado. A desvantagem era a possibilidade de a empresa deixar de ser lucrativa e o trader desperdiçar seus melhores anos.

Portanto, Howie Rubin aceitou o contrato de US$ 3 milhões da Merrill Lynch, em março de 1985, e se tornou uma lenda em seu próprio tempo. Rumores sobre o golpe de Rubin chegaram ao nosso programa de treinamento, e ele era tema de conversas de gente que não o conheceu. "Você ouviu que Howie Rubin foi para a Merrill?", as pessoas perguntavam. Retoricamente, claro, já que todos sabiam. A lenda de Howie Rubin atraía pessoas para a negociação de hipotecas que planejavam sair tão logo conseguissem seus contratos de US$ 3 milhões em outros lugares. Uma atitude totalmente nova surgiu em relação ao trabalho no Salomon Brothers: era a cultura de bater e correr.

E foi assim que o Salomon Brothers, e a mesa de negociação de hipotecas, em particular, tornaram-se um viveiro para o restante de Wall Street. Traders de títulos corporativos, da dívida pública e de hipotecas fluíam do lugar em números cada vez maiores, até o ponto em que, um dia, um corretor de títulos corporativos sênior disse que estava pensando em trabalhar na

Merrill Lynch porque conhecia mais gente lá. O departamento de hipotecas foi o mais afetado pelo fenômeno. Do ponto de vista das outras empresas, os traders de hipotecas do Salomon eram baratos a qualquer preço. Eram a porta de entrada para um enorme mercado do qual a empresa não fazia parte. Muitas vezes recebiam, portanto, muito mais do que esperavam.

O *reductio ad absurdum* do fenômeno foi Ron Dipasquale. Em 1984 Dipasquale era, como diz um colega, "um trader de hipotecas de terceira linha". Ele tinha saído do setor administrativo para a mesa de operações há pouco tempo e não tinha muita experiência, quando a Merrill Lynch ligou e lhe ofereceu US$ 1 milhão por ano, garantidos por dois anos. Ele seria o novo chefe de negociação de hipotecas (na verdade, ele precedeu Rubin). Embora seja verdade que Dipasquale depois se distinguiu como trader, na época em que foi chamado ele não sabia quase nada. A Merrill Lynch descobriu o erro cerca de uma semana depois. Dipasquale já estava com o contrato assinado. Foi para o setor administrativo da Merrill Lynch até o fim do contrato, quando voltou ovacionado para o Salomon. Viva o herói conquistador! Pouquíssimos traders eram convidados a voltar para o Salomon, depois de terem abandonado o navio, mas Dipasquale foi uma exceção. Para os superiores, Dipasquale pregou uma grande peça na Merrill Lynch.

Howie Rubin não foi uma piada. A coisa mais estranha sobre a partida dele foi a relutância. Ele afirma que quase recusou a oferta da Merrill Lynch. Mas quando decidiu aceitar, não se atreveu a aparecer no Salomon Brothers para revelar seus planos, pois sabia como seria fácil ser persuadido a ficar. Ele queria ficar. Tinha a esperança de ter uma carreira no Salomon Brothers. "Não poderia ter sido mais feliz lá", dizia. O que ele mais amava no lugar, dizia, é que: "Tudo o que você tinha de fazer era negociar." Então, em vez de aparecer lá, telefonou para Mortara, que sugeriu que se encontrassem para almoçar no South Street Seaport.

Mesmo os traders de hipotecas não podiam escolher seus momentos de intimidade. Rubin lembra de chorar enquanto falava com Mortara e Kronthal, sentados no meio-fio, nas proximidades do porto. "Foi como deixar a família", disse. Longe de tentar convencer Rubin a permanecer no Salomon, seus superiores deixaram claro que haviam compreendido. Howie Rubin simplesmente tinha sido comprado. Desse destino nenhum trader estava imune. Poderia facilmente ter acontecido com Mortara ou Kronthal (embora o preço pago teria sido mais alto). Mortara hoje diz: "Olha, eu tentei ser um bom cidadão corporativo enquanto estava lá, mas acho que as pessoas que participaram do desenvolvimento do mercado hipotecário foram vítimas do sistema de remuneração do Salomon Brothers, ou foram no mínimo severamente penalizadas por ele. Os salários estavam completamente fora de sintonia com a produção."

Era uma tragédia ímpar. Todas as partes sofreram, mas era difícil sentir pena de qualquer um deles. O departamento de hipotecas tinha feito uma fortuna em 1984, enquanto a empresa como um todo não tinha ido bem. Os traders, portanto, não eram pagos de acordo com o que produziam. Considerando seus sentimentos pelo restante da empresa (que se danem), a ideia de ter de cuidar dos outros nos anos ruins não caía bem. Depois da saída de Rubin, Tom Kendall, Steve Baum e o principal corretor, Rick Bordeo, aceitaram o milhão de dólares oferecido a cada um pelo Farmers Savings Bank, em Davis, no estado da Califórnia. Steve Roth e um novo trader de hipotecas chamado Andy Astrachan aceitaram o milhão de dólares e provavelmente muito mais, oferecido por Mike Milken, da Drexel Burnham.

De repente, três dos quatro traders de hipotecas mais rentáveis tinham ido embora (Roth, Baum e Rubin). O quarto era Andy Stone, que em 1984 tinha ganhado US$ 70 milhões negociando hipotecas de curto vencimento, de 15 anos de duração. Em meados de 1985 Stone recebeu um telefonema da Merrill Lynch, que ofereceu dobrar seu salário. Stone não aceitou. "Eu pensei que ficaria no Salomon até completar 50 anos de idade", dizia ele. Como Rubin, ele não queria abandonar a família do departamento de hipotecas. "Então, a Merrill me perguntou o que era necessário. Disseram que todo mundo tem seu preço", disse Stone. Supondo que a Merrill não concordaria, Stone disse que seu preço era quatro vezes seu salário de 1984. E a empresa concordou. E assim foi feito. Stone tinha aceitado uma garantia mais doce que a de Rubin, para se juntar ao amigo Howie como codiretor de negociação de hipotecas da Merrill Lynch. Nesse ponto, o Salomon Brothers entrou em pânico. Ranieri e Mortara pediram a Stone que reconsiderasse a decisão no fim de semana. Como eram uma família, ele reconsiderou.

O que aconteceu depois lembra o destino de qualquer funcionário rentável que hesitava antes de trocar o Salomon Brothers por um concorrente. O empregado era constrangido a conversar com um bando de figurões da empresa. Os figurões tentavam persuadi-lo, usando vários argumentos de que estava cometendo o erro de sua vida. A primeira linha de argumentação, geralmente, era que, sem o Salomon Brothers, ele terminaria seus dias na miséria. Como um trader descreveu: "Você era levado a pensar que qualquer um que trabalhasse em outra empresa era um idiota ou um imbecil, por isso, se você fosse trabalhar para outra empresa, você também seria um idiota ou um imbecil." Os membros do comitê executivo provavelmente perceberam isso, porque os traders que saíram do Salomon eram espertos. E eram colegas de Stone, por isso ele resistiria à ideia de que eram idiotas ou imbecis. Como diz o trader de hipotecas: "Um amigo vai para a Merrill Lynch, e você diz: 'Espere um minuto, ele não é idiota ou imbecil.' Em seguida, um outro amigo vai embora. Daí a ficha cai..."

Na segunda-feira de manhã Stone viu os mesmos três homens, na mesma ordem, que haviam comparecido diante da nossa turma de treinamento: Jim Massey, Dale Horowitz e John Gutfreund. Massey veio primeiro. Massey, como havia deixado claro para o nosso programa de treinamento, operava na base do medo e da intimidação. "Massey lançou uma onda de culpa em mim", disse Stone. "Ele falou: 'Você é o que é por causa do Salomon, você nos deve, não pode ir embora.'" Stone já desconfiava de qualquer pessoa fora do departamento de hipotecas. Rapidamente, ele dispensou os argumentos de Massey. Lembrou dos US$ 70 milhões que havia arrecadado para a empresa e disse: "Acho que estamos pelo menos quites." Massey passou Stone para Horowitz.

Dale Horowitz era o membro do comitê executivo que desempenhava o papel de ser humano. Tio Dale. "Ele começou dizendo: 'Tenho observado você de perto desde que entrou para a empresa. Venho acompanhando a sua carreira. Você pode não ter percebido isso, mas eu tenho um interesse especial em seu desenvolvimento.'" Era a frase habitual. Mas tomou um rumo incomum e lamentável quando Horowitz disse: "Fui responsável por sua saída do departamento de títulos de alto risco para o de títulos corporativos e dos títulos corporativos para o de hipotecas..." Espere um segundo. Stone nunca tinha trabalhado em outro departamento. Stone percebeu que Horowitz estava descrevendo Andy Astrachan, e não ele. Stone sempre trabalhou no departamento de hipotecas, desde o início. Ele deve ter pedido a pasta de Andy para a sua secretária, e ela pegou a pasta errada. "Fiquei tão envergonhado por ele que quase não lhe disse nada." Quase. Horowitz passou Stone para Gutfreund.

"John Gutfreund e eu não éramos exatamente bons amigos", contou Stone. "Entrei na sala dele, e a primeira coisa que ele falou foi: 'Acho que você está aqui para discutir problemas insignificantes. Você, provavelmente, vai querer falar de você e do seu salário, em vez das grandes questões, como os futuros rumos da empresa.'" Exatamente o que esta abordagem queria alcançar não está claro. Stone endureceu. Ele perguntou a Gutfreund se venderia o departamento de hipotecas por US$ 10 milhões, ao que Gutfreund respondeu: "Claro que não." Stone disse: "Você poderia, porque todos nós vamos pedir demissão. Cada um de nós vai sair por um aumento total de US$ 10 milhões." Gutfreund disse: "Você é tão difícil quanto a sua reputação." Mas antes de Stone sair da sala Gutfreund perguntou quanto ele queria para ficar. Stone respondeu: "Fico aqui por menos dinheiro, mas não vou deixar você me estuprar." Gutfreund concordou em pagar Stone "80% do que a Merrill tinha oferecido".

Foi a primeira e última vez que a diretoria cedeu diante de um trader de hipotecas que pretendia sair da empresa. Quando a notícia se espalhou no final de 1985, de que Andy Stone receberia US$ 900 mil, algo inédito para um trader do Salomon com quatro anos de experiência, os departamentos de títulos da dívida pública e corporativos expressaram extremo descontentamento. Os outros traders de hipotecas teriam de receber centenas de milhares de dólares a mais do que recebiam, para que ficassem no mesmo nível de Stone. Mas os títulos da dívida pública e corporativos haviam sido excluídos da bonança. A etiqueta do Salomon fora violada. Não se fazia isso. "A partir desse ponto", dizia Stone, "Eu nunca mais fui bem-tratado na empresa. Sempre que eu perdia dinheiro em alguma operação, eles diziam: 'Deveríamos tê-lo deixado ir embora.'"

A empresa decidiu de forma suficientemente rápida que foi um erro ter atendido às exigências de Stone. Um único contracheque alto tinha colocado em dúvida não só o sistema de remuneração, mas também a hierarquia de longa data dentro do Salomon Brothers. O dinheiro era a medida absoluta do valor de um setor ou funcionário para a empresa. A discrepância salarial entre os traders de diferentes departamentos causou grande desconforto. Não aconteceria de novo. Para estancar a saída de seus jovens talentos da negociação de hipotecas, Mike Mortara foi forçado a recorrer à diplomacia, que nunca funcionou tão bem quanto o dinheiro, especialmente com os traders. Ele organizou dois jantares no final de 1985, entre seus traders e John Gutfreund.

O primeiro foi realizado no restaurante favorito de Gutfreund em Manhattan, Le Périgord, onde, de acordo com um gourmand, "o homem da cozinha tem um jeito com aves". Entre os presentes estavam Mortara, Kronthal, Stone e o trader Nathan Cornfeld. "Gutfreund era impressionante, totalmente dominante", conta um dos homens presentes. "Saí de lá pensando como estava satisfeito por ele administrar a empresa." Mas, de resto, a refeição foi um desastre. Acho que ninguém provou a comida. Gutfreund assumiu o controle, da forma como só Gutfreund podia fazer. Ele envergonhou Mortara, que na época era diretor-executivo, referindo-se a quanto dinheiro Mortara tinha feito com as ações do Salomon quando a empresa passou a ser negociada em Bolsa. Sem dúvida, Gutfreund tinha pesquisado esses dados especialmente para o jantar, "Mike mudou de cor para um vermelho brilhante", relata um dos traders presentes. Então, Gutfreund tocou no assunto remuneração.

Stone, como de costume, disse o que pensava. Ele disse a Gutfreund que, como o setor hipotecário era o mais lucrativo da empresa, os traders de hipotecas deveriam receber mais do que o restante da empresa. "Foi quando Gutfreund explodiu", lembra um dos traders. "Passou a falar sobre como era uma honra trabalhar no Salomon Brothers e como a empresa, e não as pessoas, criava a riqueza." De qualquer forma, disse Gutfreund, o departamento de hipotecas exagerava sua importância; não era nem tão rentável quanto o departamento de títulos. Os traders sabiam que esta era uma mentira deslavada, mas ninguém o contradisse. "Ninguém queria ver John mais irritado", diz Stone. A noite terminou com uma nota tensa. O segundo jantar entre Gutfreund e os traders foi cancelado. Ficou claro para todos que isso só agravaria a ferida já purulenta. Jovens traders continuaram a sair do Salomon Brothers. E no final de 1986 Andy Stone foi para o Prudential-Bache como chefe da negociação de hipotecas.

CAPÍTULO 7

A dieta do Salomon

1986-1988

O mercado de títulos e o mercado de pessoas procuraram alcançar seus respectivos equilíbrios, e nos dois anos que se seguiram ao jantar no Le Périgord o departamento de hipotecas do Salomon Brothers se desintegrou. Um trader que partia de fato podia ser substituído por outros brilhantes jovens das principiais escolas de negócios do país. Com os milhões de dólares que o Salomon economizara por não atender às exigências de Howie Rubin, ele comprou uma dúzia de novos Rubins. Os substitutos pareciam muito com o original. No entanto, não ganharam tanto dinheiro para o banco. Pois, ao contrário de seu antecessor, tinham de competir com os melhores. Instituições como Shearson Lehman, Goldman Sachs, Morgan Stanley, Drexel Burnham, First Boston e Merrill Lynch empregaram os ex-traders do Salomon. Havia um clube cada vez maior de homens em Wall Street que diziam com um sorriso estampado no rosto que era ótimo ter saído do Salomon Brothers. Por permitir que dezenas de hábeis traders de hipotecas fertilizassem os departamentos de hipotecas de outras empresas, o Salomon Brothers deixou escapar por entre seus dedos o mais raro e valioso ativo que uma empresa de Wall Street pode possuir: um monopólio.

Ranieri & Cia. tinham sido um monopólio mais hermético do que o próprio pessoal do Salomon Brothers imaginava. Entre 1981 e 1985 os únicos concorrentes de peso eram o First Boston e, mesmo ele, no início, não era uma ameaça séria. Marvin Williamson, um corretor de hipotecas do Salomon, que foi para o First Boston no final de 1982, recorda que, "na época, no Salomon, achávamos que o First Boston perdia em todos os quesitos. Eles não só não estavam no mesmo nível que o Salomon, [mas] sequer sabiam o que estavam fazendo". No entanto, em meados de 1986, o First Boston já se gabava de ter a mesma participação no mercado de títulos hipotecários que o Salomon Brothers. Ranieri não gostou do que viu, e avisou Gutfreund: "Eu sempre dizia a ele: 'John, você está vendendo a tecnologia por um monte de feijões mágicos.'"

Não havia como o restante de Wall Street deixar que o Salomon Brothers mantivesse o controle sobre o mercado de hipotecas. No final das contas, as outras empresas teriam aprendido os nossos truques, porque as hipotecas eram lucrativas demais para serem ignoradas, mas o processo foi acelerado por nossas políticas. Os traders que deixaram o Salomon Brothers proporcionaram a Wall Street não só habilidades de negociação e entendimento do mercado, mas também uma lista completa de clientes do Salomon Brothers. Agora, os traders tinham um incentivo de curto prazo para educar os otários; mostre ao cliente otário quanto ele estava pagando para o Salomon Brothers e talvez ele entregue as contas a você.

A transferência de conhecimentos e informações provavelmente custou ao Salomon Brothers centenas de milhões de dólares. Nos primórdios da negociação, os títulos hipotecários eram lucrativos, porque os traders podiam comprá-los a um preço e vendê-los quase instantaneamente a preços muito mais altos. Um trader pagaria 94 por um título a uma instituição de poupança e empréstimo no Kansas e, em seguida, o venderia a outra instituição de poupança e empréstimo no Texas por 95. Um trader pagava 94,5 por um título que talvez vendesse, em um dia bom, a 94,55.

Michael Mortara afirma: "A gente via os caras [os ex-traders do Salomon] trabalhando nas telas. Ou os clientes nos contavam que tinham sido contatados por eles. Começamos a perder negócios e, finalmente, tivemos de cortar nossos spreads."

Já no final de 1985 os departamentos de negociação de hipotecas das outras empresas começaram a anunciar no *Wall Street Journal*. A Drexel Burnham fez um anúncio com dois homens em uma bicicleta de dois assentos. O da frente era extremamente gordo e havia tombado de exaustão. O de trás olhava por sobre o ombro do companheiro e pedalava furiosamente. Poderia ser? "Sim", diz Steve Joseph, que guarda uma cópia do anúncio na parede de sua sala na Drexel, "o gordo supostamente era Lewie." O anúncio da Merrill Lynch mostrava duas equipes de remo, uma obesa e a outra em forma e musculosa. A equipe em forma estava apenas alguns centímetros atrás da equipe obesa e parecia prestes a ultrapassá-la. A equipe com tudo em cima, supostamente, era a Merrill Lynch. A equipe obesa, como todos em Wall Street sabiam, era o departamento de negociação de hipotecas do Salomon Brothers. Pensando sobre esse período no Salomon, de seu escritório no Goldman Sachs, Mortara afirma: "O pico de rentabilidade foi 1985."

A deterioração de Ranieri & Cia. foi tão rápida e completa que relutamos em atribuí-la a um único fator, como a deserção dos traders. E é claro que várias forças de uma só vez erodiram sua supremacia. Uma dessas forças foi o próprio mercado; o mercado começou a corrigir o desequilíbrio existente entre Ranieri & Cia. e o restante do mundo da negociação de títulos. A bela ineficiência das obrigações hipotecárias foi arruinada para o Salomon por uma das suas próprias criações, chamada obrigação hipotecária colateralizada (CMO, *collaterized mortgage obligation*). Foi inventada em junho de 1983, mas só passou a dominar o mercado de hipotecas em 1986. A ironia é que ela alcançou exatamente o que Ranieri esperava: fez as hipotecas residenciais se parecerem mais com outros títulos. Mas, no final das contas, isso teve como efeito torná-las apenas tão rentáveis quanto outros tipos de títulos.

Larry Fink, o chefe de operações de hipotecas do First Boston, que ajudou a criar a primeira CMO, considera esse tipo de obrigação juntamente com os títulos de alto risco como a mais importante inovação financeira da década de 1980. Trata-se de um pequeno exagero. A CMO rompeu a barreira entre vários trilhões de dólares de investimentos que procuram um destino e os quase US$ 2 trilhões de hipotecas residenciais que procuram um investidor. A CMO atendia a principal objeção à compra de títulos hipotecários, ainda alardeada por todos, menos as instituições de poupança e empréstimo e um bando de aventureiros gestores de recursos. Quem quer emprestar dinheiro sem saber quando vai recebê-lo de volta?

Para criar uma CMO era preciso reunir centenas de milhões de dólares de obrigações hipotecárias ordinárias — Ginnie Maes, Fannie Maes e Freddie Macs. Esses títulos eram colocados em um fundo. O fundo pagava uma taxa de juros aos titulares. Os proprietários tinham certificados para provar sua titularidade. Esses certificados eram as CMOs. Os certificados, no entanto, não eram todos iguais. Vejamos um exemplo típico de uma CMO de US$ 300 milhões. Seria dividida em três partes ou *tranches* de US$ 100 milhões cada. Investidores em cada tranche recebiam pagamentos de juros. Mas os titulares da primeira tranche recebiam o pagamento do montante principal do total de US$ 300 milhões em obrigações hipotecárias mantidas no fundo. Só quando os titulares da primeira tranche recebiam o que lhes era devido os investidores da segunda recebiam seus pagamentos antecipados. Só quando os investidores da primeira e da segunda tranches tinham recebido todos os pagamentos devidos o titular de um certificado da terceira tranche recebia pagamentos antecipados.

O efeito foi o de reduzir a vida útil da primeira tranche e prolongar a vida da terceira tranche em relação aos títulos hipotecários anteriores. Pode-se dizer com algum grau de certeza que o vencimento da primeira tranche não seria superior a cinco anos, que o vencimento da segunda tranche ficaria em algum lugar entre sete e 15 anos e que o vencimento da terceira tranche seria entre 15 e 30 anos.

Agora, finalmente, os investidores tinham um grau de certeza sobre a duração de seus empréstimos. Como resultado das CMOs, houve um aumento dramático no número de investidores e no volume de negociação no mercado. Pois, embora não houvesse nenhuma chance de persuadir um gestor de fundo de pensão a analisar a hipótese de fazer um empréstimo de longo prazo para comprar um título Freddie Mac, que poderia evaporar no dia seguinte, era possível facilmente vender a terceira tranche de uma CMO. Era mais fácil dormir à noite sabendo que antes de receber um único pagamento antecipado do principal, US$ 200 milhões em empréstimos de hipotecas residenciais teriam de ser pagos aos investidores da primeira e segunda tranches. O efeito foi surpreendente. Os fundos de pensão norte-americanos controlavam cerca de US$ 600 bilhões em ativos em junho de 1983, quando a primeira CMO foi emitida pelo Freddie Mac. Nenhuma parte do dinheiro foi investida em hipotecas residenciais. Em meados de 1986 detinham cerca de US$ 30 bilhões de CMOs, e esse número estava crescendo rapidamente.

As CMOs também abriram caminho para investidores internacionais que pensavam que os proprietários de imóveis residenciais norte-americanos eram uma boa aposta. Em 1987 o escritório de Londres do Salomon Brothers vendeu US$ 2 bilhões da primeira tranche de CMOs a bancos internacionais à procura de maior rendimento para seus investimentos de curto prazo. O dinheiro que fluiu para as CMOs vinha de novos investidores em títulos hipotecários, que normalmente teriam adquirido títulos corporativos ou da dívida pública em vez disso. Foram vendidos pelos bancos de investimento de Wall Street, entre junho de 1983 e janeiro de 1988, US$ 60 bilhões de CMO. Isso significa que US$ 60 bilhões de dinheiro novo foi canalizado para o setor imobiliário norte-americano entre junho de 1983 e janeiro de 1988.

Como acontece com qualquer inovação, a CMO gerou grandes lucros para seus criadores, o Salomon Brothers e o First Boston. Mas, ao mesmo tempo, as CMOs corrigiram o desequilíbrio existente entre a oferta e a demanda em hipotecas que havia criado tantas oportunidades para os traders de títulos. Um trader não podia mais apostar que as hipotecas seriam baratas por causa da escassez de compradores. Em 1986, graças a CMOs, havia uma abundância de compradores. Os novos compradores fizeram com que os retornos pagos ao investidor por títulos hipotecários caíssem. As hipotecas tornaram-se caras pela primeira vez.

O mercado aceitou um valor justo para as CMOs, comparando-as a títulos corporativos e da dívida pública. Embora não fosse precisamente racional, pois ainda não havia uma base teórica para a precificação da opção de o proprietário do imóvel pagar sua hipoteca antecipadamente, o mercado estava crescendo o suficiente para impor seu próprio senso de justiça. Os preços de obrigações hipotecárias ordinárias já não podiam flutuar de forma ineficiente, pois agora estavam vinculados ao mercado de CMOs, em grande parte da mesma maneira que a farinha está vinculada ao mercado do pão. Um valor justo para CMOs (o produto acabado) implicava um valor justo para os títulos hipotecários convencionais (a matéria-prima). Os investidores, agora, tinham uma ideia nova e certa de qual deveria ser o preço de um título hipotecário. Isto reduzia a quantidade de dinheiro a ser ganho com a exploração da sua ignorância. O mundo tinha mudado. Os traders do Salomon Brothers já não compravam títulos a 12 e faziam o mercado acreditar que valiam 20. O mercado ditava o preço, e os traders do Salomon Brothers aprenderam a lidar com isso.

Após a primeira CMO, os Jovens Turcos da pesquisa e negociação de hipotecas encontraram um número aparentemente ilimitado de maneiras de decompor e analisar hipotecas residenciais. Eles criaram CMOs com cinco tranches e CMOs com dez tranches. Dividiram um pool de hipotecas residenciais em um pool de pagamentos de juros e um pool de pagamento do principal, em seguida venderam os direitos aos fluxos de caixa de cada pool (conhecidos como IOs e POs, relativos a só juros — *Interest Only* — e só principal — *Principal Only*) como investimentos separados. O proprietário não sabia, mas seus pagamentos de juros poderiam ser destinados a um especulador francês, e a amortização do principal poderia ir para uma companhia de seguros em Milwaukee. Talvez na alquimia mais estranha, Wall Street embaralhava os IOs e POs e os reagrupavava para criar hipotecas residenciais que nunca poderiam existir no mundo real. Assim, o pagamento de juros de 11% dos moradores de condomínios na Califórnia poderia ser agrupado com a amortização do principal dos proprietários de imóveis em um gueto de Louisiana, e, *voilà*, assim nascia um novo tipo de título, New Age Creole.

A mesa de negociação de hipotecas evoluiu de uma lojinha de conveniência para um supermercado. Ao aumentar o número de produtos, aumentou o número de compradores. Os maiores compradores, as instituições de poupança e empréstimo, muitas vezes tinham uma necessidade muito particular. Queriam crescer para além dos limites impostos pelo Conselho

Federal de Bancos de Crédito Imobiliário, em Washington. Era uma luta constante ficar um passo à frente dos reguladores das instituições de poupança e empréstimo em Washington. Muitos "novos produtos" inventados pelo Salomon Brothers estavam fora das regras do jogo regulatório; não eram obrigados a ser listados nos balanços dessas instituições e, portanto, ofereciam um caminho para que crescessem. Em alguns casos, a única virtude de um novo produto era a sua classificação como "fora do balanço".

Para atrair novos investidores e se esquivar de novas regulamentações, o mercado tornou-se cada vez mais misterioso e complexo. Havia sempre algo novo para conhecer e, inevitavelmente, Ranieri perdeu contato com a realidade. O restante da camada de ozônio da administração do Salomon Brothers nunca tinha estado em contato com a realidade. Portanto, os riscos das negociações eram geridos por meros novatos, com poucos meses de experiência, recém-saídos de um programa de treinamento, que por acaso sabiam mais sobre os IOs da Ginnie Mae a 8% do que qualquer outra pessoa na empresa. Que um recém-chegado a Wall Street de repente vire especialista não é particularmente surpreendente, já que os títulos em questão talvez tivessem sido inventados apenas no mês anterior. Em um período de permanente inovação financeira, as pessoas mais jovens assumiram o poder (e parte da razão pela qual os jovens ficaram ricos era de que a década de 1980 foi um período de mudança constante). Um cérebro jovem agarrava a oportunidade de saber algo que seus superiores não sabiam. Os mais velhos estavam ocupados demais limpando suas mesas de trabalho para ficar nas fronteiras da inovação.

Em 1986 Ranieri não estava nem sentado na mesa de negociação. Estava ocupado administrando os negócios da empresa. Além disso, sua ausência deixava os traders felizes. Não é que não gostassem de Lewie, mas quando os gestores — Lewie e Michael Mortara — apareciam, invariavelmente se envolviam nos assuntos dos traders. Diziam o que deviam ou não fazer; queriam saber exatamente por que os traders haviam comprado este ou aquele título. Como um deles relata agora: "Você não necessariamente tinha uma boa razão para cada posição. Às vezes, comprava títulos apenas para descobrir o que estava acontecendo na rua. Você não queria ninguém atrás perguntando por que fez isso ou aquilo."

Não é de surpreender que os traders tenham encontrado maneiras de desencorajar seus gestores. Em uma semana de abril de 1986, quando Ranieri decidiu que ia passar algum tempo na mesa de negociação, os traders puseram em ação seu primeiro plano. Ranieri chegava cedo todas as manhãs, mas os traders conseguiam chegar antes dele em sua mesa. No primeiro dia, empilharam a maior quantidade de papel que conseguiram encontrar sobre a mesa. Ranieri chegou às 7 horas, viu a bagunça e explodiu de raiva. "Quem fez isso?", perguntou, sem se dirigir a ninguém em particular. Os traders deram de ombros e riram.

No segundo dia, eles tiraram os pinos de apoio da cadeira giratória na mesa de Ranieri. Quando ele sentou logo pela manhã levou um baita tombo e quase quebrou a coluna. Demorou alguns minutos para o colocarem de pé, enquanto ele amaldiçoava e gritava. Dessa vez perguntou a D'Antona quem era o responsável pela brincadeira. D'Antona jurou que não sabia de nada.

No terceiro dia os traders aumentaram a altura da cadeira giratória de Ranieri, de modo que, embora tenha se sentado com segurança, ao puxar a cadeira para se acomodar na mesa ele bateu com a rótula na gaveta central. Ficou furioso: "Que merda, Johnny, eu quero saber quem fez isso", disse ele. "Bem, Lewie", diz D'Antona, "eu acho que Mike [Mortara] simplesmente não gosta de você aqui na mesa" (uma mentira que Ranieri deveria ter percebido, já que Mortara nunca chegava antes das 8 horas e, logo, não poderia ter sido culpado).

"Quem diabos ele pensa que é?", resmungou Ranieri. Ele, então, pegou todas as latas de lixo do departamento e as despejou na mesa de Mortara — impressos, restos de lanches e de cheeseburgers de cebola e outros dejetos típicos dos traders.

Os demais traders se juntaram a ele, em uma demonstração de apoio, reunindo as latas de lixo de todo o pregão. Quando terminaram, a mesa de Mortara estava enterrada sob um depósito de lixo. "Não poderia ter sido mais bem-cronometrado no teatro", diz um dos traders. "Bem na hora que Lewie saiu por um lado do pregão, Michael entrou pelo outro."

Quando Mortara viu sua mesa, reagiu da mesma forma que Ranieri. Seu primeiro e único pensamento foi vingança. Ele, também, se virou para

D'Antona, e perguntou: "Leroy [o apelido de D'Antona], estou falando sério, quem fez isso com minha mesa?"

"Michael, juro por Deus", disse D'Antona, "foi Lewie."

Mortara ficou chocado. Ranieri era o único cara que ele não poderia arrebentar. Explodiu em frustração, marchou até sua sala no 42º andar e de lá não saiu durante o resto do dia.

"Finalmente, temos um pouco de paz por aqui", disse um dos traders. E, apesar de Mortara finalmente voltar (depois de o trader de hipotecas Mason Haupt ter limpado a bagunça), Ranieri não voltou. O que para os traders era muito bom. Naquele mês, abril de 1986, a mesa de operações hipotecárias perdeu mais dinheiro do que nunca, com um prejuízo estimado por diversos traders entre US$ 35 e 65 milhões. Os traders de hipotecas compensaram as perdas com os lucros que tinham armazenado para um dia chuvoso. Haviam feito isso artificialmente, subestimando o valor dos títulos em seus livros. A alta administração do Salomon Brothers nunca soube disso.

A maré ruim por que passava o departamento de hipotecas era característica dos negócios da empresa como um todo. O ano de 1986 foi ruim para o Salomon Brothers, e 1987 foi pior ainda, à medida que as receitas pararam de entrar e os custos fugiram ao controle. Em um esforço para retomar o controle da gestão, Gutfreund criou uma panaceia de novos cargos. Nascia o conselho de administração do Salomon Brothers, constituído principalmente por ex-traders. Acima do conselho de administração estava outro novo nível de gestão, chamado de gabinete do presidente. Para o gabinete, Gutfreund nomeou dois ex-traders e um ex-corretor: Lewie Ranieri, Bill Voute e Tom Strauss. Cada um foi convidado a se desligar um pouco das disputas territoriais locais que já haviam enfrentado e se preocupar mais com o bem-estar geral da empresa. Era uma ideia legal.

"Eu tenho essa teoria", diz Andy Stone, sentado em sua sala na Prudential-Bache Securities. "Wall Street transforma os que mais produzem em gestores. A recompensa por ser um bom produtor é virar gerente. Os melhores produtores são durões, competitivos e, muitas vezes, neuróticos e paranoicos. Você transforma essas pessoas em gerentes, e eles se devoram entre si. Eles não têm mais a válvula de escape para seus instintos que a produção proporcionava. Em geral, não estão preparados para serem gestores. Metade deles é dispensada, porque é incompetente. Outros tantos são forçados a sair por conta de questões políticas. Os que ficam são os mais cruéis de todos. É por isso que existem ciclos em Wall Street — é por isso que o Salomon Brothers está sob pressão agora —, porque os mais cruéis são ruins para o negócio, mas só podem ser dispensados por falhas comprovadas."

Não era segredo no Salomon Brothers que o gabinete do presidente era um divisor de águas. Era simplesmente um prolongamento da batalha entre os três pilares da dívida, com Strauss representando o departamento de títulos da dívida pública, Voute representando o departamento de títulos corporativos e Ranieri representando o departamento de hipotecas. Como descreve um membro do departamento de títulos da dívida pública: "Por aqui a gente era da família Strauss, da família Ranieri ou da família Voute. Poucos participaram de mais de uma."

O problema não era tão simples quanto a existência de um espírito de equipe conflitante. O gabinete do presidente era conhecido por sua animosidade traiçoeira. Ranieri chamava Tom Strauss de "babaca ardiloso. O sujeito nunca teve uma ideia original na vida". Ele considerava Bill Voute "o sujeito mais político que já conhecera. Ele nunca dizia nada sem motivação política. Era maquiavélico". Mas as queixas de Ranieri em relação a seus dois novos colegas eram aparentemente leves em comparação às queixas deles a seu respeito. Ele estava disposto a trabalhar com eles; e no final das contas acabou sendo despedido. Por outro lado, como todos os três viviam sob a lei da selva, talvez tenham conseguido pegá-lo primeiro, antes que ele reagisse. Qualquer que fosse o caso, o gabinete do presidente passou a simbolizar a força dentro do Salomon Brothers, que trabalhava para desmantelar o departamento de hipotecas.

A mesa de negociação de títulos era uma contrapartida à ganância e à etnicidade visíveis do departamento de hipotecas. Pelos padrões do Salomon, ele era quase refinado, o que significa dizer que preferiam filés malpassados em vez de crus. Os traders de títulos da dívida pública poderiam ser confundidos com os brancos protestantes da Costa Leste com consciência social, se tivessem sido um pouco mais reprimidos. Tom Strauss, seu líder, era alto, magro e perpetuamente bronzeado. Jogava tênis.

Os traders de hipotecas se ressentiam disso. Não gostavam do que interpretavam ser o desprezo de Strauss pela cultura judaica do Salomon. Quando falavam de Strauss, raramente deixavam de mencionar o seu jogo de tênis; imaginavam ele vestido de branco nas quadras do clube exclusivo. Os dois vícios dos quais o departamento de hipotecas estava livre, a hipocrisia e a pretensão, eram os vícios que menos toleravam nos outros. "A diferença entre Strauss e Ranieri?", pergunta um trader ainda no Salomon. "Isso é fácil. Strauss não se rebaixaria a ponto de usar o mictório do pregão. Ele ia lá em cima. Lewie podia mijar na sua mesa."

"Tom Strauss", diz Ranieri, "desejava mais do que qualquer outra coisa que ele não fosse judeu. Desde que entrou na empresa, rola nos bastidores uma piada de que um casal judeu malvado havia roubado Tommy do berço." (E, assim, perversamente coube a um católico apostólico romano — Ranieri — guardar a herança judaica do Salomon Brothers.)

"O que Strauss odiava em Lewie era ser gordo, mal-educado e deselegante", diz um dos traders seniores de Lewie. "Strauss não se preocupava com os negócios de Lewie. Strauss não ligava para os lucros de Lewie. Ele nem mesmo ligava para a visão de Lewie. Strauss não gostava da falta de classe de Lewie. Esse tipo de objeção você sente em relação ao cara que senta ao seu lado, mas Lewie *era* o cara sentado ao lado de Strauss. Strauss chegou ao topo, olhou à sua direita e disse: 'Espere um minuto, pensei que tinha subido na vida.'"

A família Strauss (da qual eu me tornaria membro) tinha fortes objeções profissionais ao departamento de hipotecas. Eles desaprovavam o que consideravam os excessos do grupo das hipotecas. O frenesi de comida e toda aquela gordura apontavam para um problema mais fundamental. O descontrole sobre os custos era maior no departamento de hipotecas.

Quem se importava? As receitas eram sempre o que importava. "Você agora vai querer mudar as regras?", era a resposta de alguns traders. As receitas no departamento de hipotecas, entre 1981 e 1986, haviam sido tão altas que os custos eram uma questão trivial. Porém, como as receitas diminuíram, os custos de repente também passaram a ser importantes. Um diretor-executivo de vendas para o governo foi transferido para o departamento de hipotecas no final de 1985 e, simultaneamente, ficou encarregado do comitê de despesas do Salomon. Isso não foi simplesmente uma coincidência. Alguém tinha de controlar essas pessoas!

Muitos traders de hipotecas achavam que, como eram malpagos, para início de conversa, e seu chefe estava de acordo com os maus recebimentos, a conta de despesas do Salomon Brothers poderia ser usada como um sistema de compensação de comissões. Eles desenvolveram maus hábitos. "Costumávamos mandar limusines da empresa pegar os amigos no aeroporto. Emprestávamos nossos cartões de telefone para nossos amigos. Pelo amor de Deus, as pessoas usavam limusines do Salomon para levar as esposas ao shopping nos fins de semana", afirma um dos traders. "Eu tenho a história definitiva sobre despesas", conta uma mulher do departamento de financiamento hipotecário. "Uma das pessoas do departamento emitiu tantos relatórios de despesas falsas de viagens fictícias para visitar clientes que comprou um Saab com os rendimentos." Isso irritava a família Strauss.

Os sentimentos de Voute em relação a Ranieri eram mais misteriosos do que os de Strauss. Mas, na verdade, o próprio Voute era mais misterioso. Embora os outros diretores-executivos vivessem circulando pelo 41º andar, Voute era um elo invisível na alta hierarquia. Ele tinha uma sala no 40º andar, aparecia ocasionalmente nos jornais, mas nunca ninguém o via. A única vez que coloquei os olhos nele, estava de pé ao lado de sua limusine em uma foto de um artigo de 1987 publicado na revista *BusinessWeek*. O pequeno artigo embaixo da foto explicava como Bill Voute, com certeza, gostaria de ser presidente do Salomon Brothers. A despeito de sua reclusão, o movimento inicial para desmantelar o departamento de hipotecas veio de sua família de títulos corporativos.

Por insistência de Voute e de Strauss, um dos diretores-executivos de títulos corporativos chamado Mark Smith entrou para o departamento de hipotecas no final de 1985. "Ele podia ser chamado de espião", diz um trader de hipotecas. "Podia ser chamado de cavalo de Troia", diz outro. "Ele não era um cavalo de Troia", diz um terceiro, "porque todos nós sabíamos o que estava acontecendo, mas Michael não ouvia." Na verdade, Mortara não tinha muita escolha a não ser deixar o cavalo passar pelos portões. Ele mal podia resistir às exigências de Voute e Strauss. Apenas Ranieri poderia ter feito isso. A pergunta que estava na ponta da língua do pessoal de hipotecas foi expressa pela primeira vez: *Onde estava Lewie?*

Mark Smith foi o primeiro Fodão a ser destacado para o departamento de hipotecas de alguma outra parte da empresa (excluindo Ranieri). O departamento sempre fora uma família caracterizada pela solidariedade interna. Seis meses depois de Smith entrar para o grupo começaram a ocorrer as primeiras brigas internas. Smith convenceu Mortara a tirar Jeff Kronthal da negociação de hipotecas (tirar um protegido de Ranieri da negociação de hipotecas!) e transferi-lo para o departamento de títulos corporativos. Smith, em seguida, insistiu em trazer Larry Stein, um corretor de títulos da dívida pública, para a unidade de negociação de arbitragem de hipotecas, composta por Nathan Cornfeld, Nadoolman Wolf e Greg Hawkins. Stein concordou em mudar desde que Nadoolman fosse demitido. Nadoolman era um trader rentável, e o mais importante, ele era um membro leal da família Ranieri. Stein pertencia à família Strauss. No entanto, no final de 1986, Mortara despediu Nadoolman. O ar estava envenenado.

Prejuízo de US$ 250 milhões da Merrill com negociações não autorizadas, dizia uma manchete do *Wall Street Journal* em 29 de abril de 1987. Em seguida, em letras miúdas: "Os executivos da Merrill Lynch identificaram o trader como Howard A. Rubin, de 36 anos, que era o principal trader de hipotecas da empresa. Os executivos afirmaram que ele havia excedido em muito seus limites na aquisição de hipotecas que faziam parte de pacotes em uma forma particularmente arriscada de títulos. O pacote envolvia separar os pagamentos de juros ou as hipotecas do principal e vendê-los separadamente. São conhecidos como 'títulos só de juros/títulos só de principal, ou IOPOs.'"

Os repórteres de Wall Street estavam freneticamente tentando descobrir quem era esse homem, Howie Rubin, e o que significavam IOPOs. E, embora finalmente tenham conseguido chegar a uma resposta, como Howie Rubin perdeu mais dinheiro do que qualquer outro corretor ou trader em uma única transação na história de Wall Street continua sendo um dos mistérios mais intrigantes de Wall Street. Rubin não só parecia ser muito safo, mas tinha sido um talento nato. Nas palavras de Lewie Ranieri: "Howie Rubin era o trader mais talentoso que eu já vi." A história que a Merrill Lynch divulgou para a imprensa foi que Rubin tinha enganado todo mundo lá. Um executivo da Merrill disse ao *Wall Street Journal* que Rubin "apenas guardava [os títulos, os IOPOs] na gaveta. Nós não sabíamos que ele era proprietário desses títulos". Ele os guardava na gaveta? Será que a alta diretoria de uma empresa líder como a Merrill Lynch poderia ser pega tão completamente desprevenida?

Algumas semanas antes do anúncio do prejuízo Rubin tinha almoçado com um grande comprador de obrigações hipotecárias, Ernie Fleischer, da Franklin Savings & Loan, em Ottawa, no estado de Kansas. A gestão das instituições de poupança e empréstimo, em geral, foi melhorando lentamente, e Fleischer estava na vanguarda da mudança. Orgulhava-se de ganhar de Wall Street em seu próprio jogo. Rubin explicou como funcionavam os IOs e os POs para Fleischer (lembre-se que são um título hipotecário dividido em dois. Os juros vão para um investidor; o principal, para outro). Fleischer gostou do que ouviu. E, ainda na mesa do almoço, Fleischer pediu a Rubin para vender-lhe US$ 500 milhões de IOs.

Ao concordar, Rubin especulou com títulos de alto risco. Vendeu a Fleischer os pagamentos de juros sobre US$ 500 milhões em títulos. Isso o deixou com a parte principal dos mesmos títulos. O negócio foi consumado durante a sobremesa. Fleischer voltou para Ottawa, e mais tarde se gabou da forma como ganhou US$ 10 milhões, assumindo a outra ponta de uma negociação que custara uma fortuna aos almofadinhas de Wall Street.

O problema para Howie Rubin foi como se livrar dos seus US$ 500 milhões de POs. Nenhum título despenca mais rápido quando as taxas de juros sobem mais do que um PO (por razões que realmente não valem a pena detalhar, acredite em mim). O risco de Rubin era, portanto, que o mercado de títulos cairia antes que ele tivesse chance de vender os POs. O mercado de títulos, quando ele voltou do almoço, estava tenso. E ele tentou passar adiante seus POs através da força de vendas da Merrill Lynch. No entanto, Rubin não conseguiu vendê-los. O mercado entrou em colapso. Depois de alguns dias, Rubin viu-se diante de um prejuízo enorme. Alguns dizem que ele comprou mais POs e dobrou sua aposta. Embora certamente possa ter sido possível, não há prova de que ele fez algo desse tipo. Ninguém parece saber por que as coisas saem do controle. No entanto, todos têm uma opinião. E o que todos os antigos colegas de equipe de Rubin do Salomon juram, de Lewie Ranieri para baixo, é que Howie Rubin não escondeu os títulos na gaveta. A única versão da história que eles aceitam é que a diretoria da Merrill Lynch não tinha ideia do que era um PO, não tinha estabelecido as regras para seu uso, tinha permitido que Rubin assumisse um risco enorme e depois usou-o como bode expiatório para sua ignorância. Nas notícias publicadas no jornal que se seguiram ao incidente traders anônimos do Salomon Brothers foram citados várias vezes defendendo Howie Rubin. Era como se ele ainda fizesse parte da família Ranieri.

Para dividir um título hipotecário em componentes de juros e principal, o título deve, primeiro, ser registrado junto à SEC. O registro na SEC é um evento público. O restante de Wall Street, portanto, viu Howie Rubin da Merrill Lynch fazer o registro para a emissão de US$ 500 milhões de IOPOs. Mark Smith, o homem de Voute e Strauss no departamento de hipotecas, ficou sabendo. Ele argumentou que o Salomon Brothers deveria seguir o exemplo.

Naquela situação, sua sugestão fazia sentido. O pacote de IOs e POs da Merrill Lynch estava superfaturado. Smith percebeu que, se a Merrill podia vender fragmentos dos títulos hipotecários a preços tão altos, então o Salomon, com sua força de vendas mais forte, não teria nenhum problema com uma transação semelhante e mais barata. O que ele não sabia, é claro, era se Howie Rubin tinha realmente vendido o seu negócio inteiro. Mas os bancos de investimento adoram minar uns aos outros. Então, o Salomon fez o negócio. O Salomon emitiu US$ 250 milhões em IOPOs.

Ao destacar que os POs do Salomon eram mais baratos do que os POs da Merrill Lynch, a força de vendas do Salomon conseguiu empurrar esse terror para os investidores antes que o mercado entrasse em colapso. Claro, isso minou completamente os esforços de Howie Rubin para escapar do desastre. O lance deixou o Salomon Brothers em uma posição semelhante à de Ernie Fleischer; o banco possuía IOs que *subiram* de preço quando o mercado de títulos caiu. Tudo certo; todo mundo no Salomon esperava que o mercado ruísse. E em vez de oferecer os IOs para o público a empresa os manteve como uma aposta. O grupo de arbitragem de hipotecas — formado por Greg Hawkins, Nathan Comfeld e Nathan Low — comprou

US$ 125 milhões desses títulos. E o grupo de traders administrado pelo campeão do jogo da mentira, John Meriwether, comprou o restante. Apenas um trader do 41º andar do Salomon Brothers parecia ter uma visão diferente do resto: Mark Smith. Em sua conta de negociação ele, como Howie Rubin, possuía centenas de milhões de dólares de POs (comprados algumas semanas antes).

Smith era conhecido no Salomon como um hábil especulador. Seu faro lhe dizia que o mercado de títulos estava prestes a estourar. Sentia-se tão seguro de sua aposta que disse a Hawkins, Cornfeld e Low como eram estúpidos por apostarem contra ele. Ele passava de vez em quando pela turma de John Meriwether para lhes dizer que havia feito a aposta certa. O mercado de títulos parecia bom; estava em alta.

Quando o mercado caiu pela primeira vez, a queda foi lenta. Mas foi suficiente para causar estrago na Merrill Lynch e virar manchete do *Wall Street Journal*. Poucos dias antes da história um rumor no mercado alertou o Salomon Brothers que a Merrill Lynch estava sentada em centenas de milhões de dólares de POs que precisava vender. Depois de alguns dias de queda, Smith, que havia perdido uma pequena fortuna, mas ainda estava no mercado, fez alguns cálculos e decidiu que era hora de comprar mais alguns POs. Afinal de contas, a Merrill Lynch estava em pânico, e isso, como todos nós sabemos, reapresenta uma oportunidade de comprar mais barato. Então, ele comprou mais POs e, embora não fossem precisamente aqueles que Howie Rubin possuía, sua posição era praticamente idêntica à de Rubin. Durante os dias seguintes o mercado permaneceu calmo.

Quando o mercado retomou sua queda, caiu vertiginosamente, como a maçã da árvore. Tanto o pessoal de Meriwether quanto o departamento de arbitragem de hipotecas muito rapidamente faturou dezenas de milhões de dólares. Smith, no entanto, começou a perder ainda mais milhões. As estimativas de suas perdas feitas por quatro pessoas que acompanhavam a situação de perto chegam a variar entre US$ 35 milhões e US$ 75 milhões. Mas isso não importava. Enquanto isso, os traders de arbitragem de hipotecas mantiveram seus IOs, e seus lucros estavam crescendo. Isso deu a Smith, um veterano conspirador, uma ideia de como conseguir seu dinheiro de volta.

Ele começou a espalhar para o pessoal em altos postos que seus títulos tinham sido concebidos para serem empacotados junto com os títulos detidos pelo grupo de arbitragem de hipotecas — Hawkins, Cornfeld e Low. Ele fez questão de repetir isso muitas vezes, e seu cargo de diretor-executivo fazia com que as pessoas certas aparentemente escolhessem acreditar nele. Afinal, ele efetivamente era chefe de negociação de hipotecas. Ele, então, informou aos traders de arbitragem de hipotecas que seus lucrativos IOs realmente pertenciam à sua conta de negociação. Ele disse que tinha planejado empacotar os POs ao preço de compra que ele próprio definiu junto aos IOs dos outros traders ao seu preço de compra, para então vendê-los aos investidores. Assim, os lucros da arbitragem de hipotecas foram absorvidos pelas perdas de Smith!

Smith estava roubando os lucros de outros traders. O pior, na opinião dos traders de hipotecas, era que Smith era um trader de títulos corporativos. Era um sinal claro para todos de que algo estava muito podre no Salomon Brothers. Um membro do grupo de arbitragem recorda que "o negócio estava tão sério que chegou ao ponto em que dizíamos 'Ah, ganhamos mais US$ 2 milhões com os IOs. Acho que Smith vai passar a mão nisso também'". Depois, muito depois, Smith seria severamente repreendido na sala de Gutfreund pelo que tinha feito, mas teria pouco efeito e seria tarde demais. Cornfeld pediu demissão e foi para o Shearson Lehman. Low saiu e foi trabalhar para o Bear Stearns. Até mesmo Larry Stein, que Smith havia levado para o departamento de hipotecas, pediu demissão enojado com a situação. Por um breve período houve um clamor na empresa pela cabeça de Smith, mas isso acabou quando o restante do departamento de negociação de hipotecas foi demitido. *Onde estava Lewie?*

Embora não tenha sido amplamente conhecido, enquanto Smith furtivamente embolsava os lucros dos livros de arbitragem de hipotecas, Ranieri não era mais, pelo menos na sua cabeça, oficialmente encarregado da negociação de hipotecas. "Em dezembro de 1986 John me procurou e disse: 'Eu quero desmantelar o departamento de hipotecas. Quero que você me ajude a administrar esta empresa como um todo'", diz Ranieri. "O departamento não existia como uma entidade separada. Era parte da negociação de renda fixa", afirmava ele.

Em maio de 1987 John Gutfreund disse aos 112 diretores-executivos do Salomon no fim de semana anual dos diretores em Nova York: "Nós criamos um gabinete do presidente, porque administrar o Salomon Brothers está além do escopo de um único homem. Como acontece com qualquer equipe, o desafio é compartilhar as tarefas, trazer uma diversidade de opiniões e ideias e, ainda assim, trabalhar com uma singularidade de propósito: *Estou muito satisfeito com o desenvolvimento do grupo.* Ao longo do tempo, os outros três membros gravitarão em torno de menos responsabilidades de linha direta, a fim de ter mais tempo para a gestão da empresa."

Dois meses depois, em 16 de julho de 1987, ele despediu Ranieri. Ranieri estava viajando a negócios na Costa Oeste, quando ouviu da secretária de Gutfreund que o presidente queria vê-lo. Foi informado que deveria encontrar Gutfreund no escritório central da importante firma de direito financeiro Wachtell, Lipton. "Nós nos encontrávamos lá em cima no escritório de Marty [o sócio Martin Lipton] quando não queríamos criar confusão e, além do mais, havia alguma emergência", disse Ranieri. "Eu pensei que os sul-africanos, ou seja, a Minorco, queriam vender suas ações. Eu não tinha a menor ideia do que ia acontecer."

O encontro durou cerca de dez minutos e deixou Ranieri atordoado. Quando perguntam por que ele foi demitido, Ranieri disse: "Eu ainda não sei." Gutfreund deu a Ranieri três razões, na época, todas elas consideradas absurdas pelo trader (e outros). Ele começou dizendo a Ranieri: "Ninguém gosta mais de você." Então ele disse que Ranieri era "uma força de ruptura" e que ele tinha se tornado "grande demais para o Salomon Brothers". Quando Ranieri deu por encerrada a reunião e dirigiu-se à sede da empresa para pegar seus pertences, Gutfreund disse que ele não seria autorizado a entrar no prédio. Claramente, a ideia de um golpe ou greve geral havia passado pela cabeça de Gutfreund, já que um grande número de empregados do Salomon eram leais a Ranieri. A secretária de Ranieri poderia juntar os pertences do chefe na presença de um segurança do Salomon.

"Quando a notícia da demissão de Lewie chegou à mesa de hipotecas, D'Antona ficou visivelmente abalado", afirma um trader de hipotecas que ainda trabalha no Salomon. Ficou claro para todo mundo — a Lewie; a Wolf Nadoolman, agora na Dillon Reed; a Nate Cornfeld, agora no Shearson Lehman; a Andy Stone, agora no Prudential-Bache; a todos os que restaram no departamento de hipotecas — qual seria o próximo passo. A família Ranieri seria eliminada. Em um período de poucos meses a empresa dispensou os funcionários da velha-guarda que ainda permaneciam na mesa de negociação de hipotecas, começando no dia seguinte pelo chefe do treinamento: Michael Mortara. Em seguida foram John D'Antona, Ron Dipasquale, Peter Marro e Tom Gonella. O trader solitário de origem italiana que sobrou no departamento foi Paul Longenotti, que apareceu um dia para trabalhar com um button que dizia "Me demita, sou italiano".

O único traço das origens de um dos negócios mais incomuns e lucrativos da história de Wall Street é uma foto. Está pendurada na sala de Jim Massey, e mostra Gutfreund, Ranieri e Bob Dall, de mãos unidas, representando a fundação de sua *joint venture* em 1978. Jeff Kronthal e Mason Haupt foram autorizados a ficar, como chefes da negociação de hipotecas, supostamente porque mais ninguém no Salomon Brothers sabia o suficiente para realizar o trabalho. No ano seguinte, no entanto, Kronthal pediu demissão, para se tornar vice-presidente do L. F. Rothschild, um banco de investimento de Nova York recentemente comprado por, quem diria, o gerente da instituição de poupança Ernie Fleischer. Isso deixou Mason Haupt como o único especialista no Salomon Brothers em títulos hipotecários. A ignorância sobre esse tipo de título por parte da diretoria da firma era realmente excepcional. Depois do expurgo, Gutfreund, Voute e Strauss resolveram organizar um seminário particular realizado pelo chefe de pesquisa de títulos do Salomon, Marty Leibowitz. Tema: introdução aos títulos hipotecários. Voute foi nomeado chefe da negociação de hipotecas.

Ranieri alcançou seu objetivo: colocar o departamento de hipotecas em pé de igualdade com os de títulos corporativos e títulos da dívida pública. O mercado hipotecário norte-americano hoje é o maior mercado de crédito do mundo e um dia pode ser o maior mercado de títulos do mundo. A criação de Ranieri assinalou uma mudança de foco em Wall Street. Wall Street, historicamente, sempre lidara com apenas um lado do balanço: passivos. As hipotecas são ativos. Se as hipotecas residenciais podiam ser agrupadas em pacotes e vendidas, o mesmo poderia se aplicar a recebíveis de cartões de crédito, empréstimos para aquisição de veículos e qualquer outro tipo de empréstimo imaginável.

A especialidade do Salomon Brothers fertilizou o restante de Wall Street. Michael Mortara tornou-se chefe de negociação de hipotecas no Goldman Sachs — o banco líder na negociação de títulos hipotecários na primeira metade de 1988. Peter Marro é chefe da negociação de hipotecas no Morgan Guaranty. Andy Stone é chefe da negociação de hipotecas no Prudential-Bache. Steve Baum é chefe da negociação de hipotecas no Kidder Peabody. Tom Kendall é chefe da negociação de hipotecas no Greenwich Capital Markets. Steve Joseph é chefe da negociação de hipotecas no Drexel Burnham Lambert. Jeff Kronthal é chefe de negociação de hipotecas do L.F. Rothschild. Wolf Nadoolman, Nathan Cornfeld, Nathan Low, Bill Esposito, Eric Bibler e Ravi Joseph são traders de hipotecas seniores, respectivamente, no Security Pacific, Shearson Lehman, Bear Stearns, Greenwich Capital Markets, Merrill Lynch e Morgan Stanley. Esses são apenas alguns dos mais visíveis traders de hipotecas do Salomon em Wall Street. Abaixo deles, em suas respectivas empresas, estão milhares de pessoas que hoje ganham a vida com títulos hipotecários.

O caso mais curioso dos ex-traders de hipotecas do Salomon Brothers é o de Howie Rubin. Logo depois que foi despedido da Merrill Lynch, Rubin foi contratado pelo Bear Stearns. Os boatos davam conta de que o Bear Stearns havia ligado para ele na manhã em que a notícia do prejuízo de US$ 250 milhões foi publicada no *Wall Street Journal*. Fora da Merrill Lynch, o prejuízo de Rubin foi bem-recebido, até mesmo com humor. Alguns dos traders de hipotecas do Bear Stearns, literalmente, pregaram as gavetas de sua nova mesa de trabalho para que ele não pudesse "esconder os títulos na gaveta" novamente. Um trader de hipotecas do Salomon ligou para sugerir que Rubin se voluntariasse para fazer um anúncio do cartão de crédito da American Express. "Oi, você não me conhece, mas eu perdi mais dinheiro no pregão do que qualquer outra pessoa na história de Wall Street. Então, eu sei o que significa ter crédito. Quando estou com problemas... pego este cartãozinho aqui..."

Lewie Ranieri abriu sua própria empresa bem pertinho da sede do Salomon Brothers. (Esta realmente se chamava Ranieri & Cia.) Logo depois da sua demissão um Ranieri atordoado almoçou com o homem que o havia arrastado à força para o setor de hipotecas, Bob Dall. Dall afirmava: "Tenho duas teorias sobre o motivo pelo qual John despediu Lewie logo depois de promovê-lo. Uma delas é que John de repente percebeu que tinha cometido um erro terrível — que Lewie era paroquiano demais e colocaria sempre o seu departamento em primeiro lugar, mesmo sendo vice-presidente da empresa. A segunda teoria é que o gabinete do presidente cansou de ouvir a opinião de Lewie. Lewie domina qualquer reunião. Ele não é o tipo de sujeito que gosta de se ouvir falar, mas ele tem as suas convicções. É uma pena que Strauss, Voute e Gutfreund não conseguiram aguentar, porque todos se beneficiariam por ouvir o que Lewie tinha a dizer."

O próprio Ranieri se recusa a acreditar que tenha sido traído pelo homem que o protegera nos momentos ruins, o homem que ele chamava de "meu rabino". Ele acredita que Tom Strauss conseguiu um jeito de assumir o controle e que Voute estava disposto a esperar a hora certa, dando corda suficiente a Strauss para ele se enforcar (no final das contas, aconteceu justamente o contrário. Voute pediu demissão do Salomon em dezembro de 1988, deixando Tom Strauss como único pilar sob o cambaleante Gutfreund). Ranieri nunca abandonou o conceito que tinha da empresa, formado quando o anônimo sócio pagou as despesas hospitalares de sua esposa sem qualquer outro motivo a não ser o fato de ser a coisa certa a fazer; uma época em que a empresa era administrada por homens que diziam "É mais importante ser um bom homem do que um bom gerente", e realmente eram sinceros. Ranieri prefere pensar no Salomon Brothers como estando temporariamente nas mãos de estranhos à sua cultura. "A única forma de entender o que aconteceu", afirmava Ranieri, "é que John Gutfreund não estava mais no controle. Strauss detinha o controle. Tommy queria poder absoluto. Eles conseguiram destruir um colosso em um ano. John nunca teria feito isso se estivesse tomando as decisões sozinho. Não consigo imaginar o que eles [Strauss e Voute] disseram ao John para fazer com que ele fizesse o que fez. Eles nunca entenderam que a grandeza da empresa era a sua cultura. Eles destruíram a cultura. Ou, como se diz: *eles quebraram o acordo. Ficaram marcados para sempre.*" E, assim, terminava uma jornada de 19 anos de uma sala de correspondência até uma sala de diretoria em Wall Street.

CAPÍTULO 8

De *geek* a homem

Os homens, em geral, julgam mais com os olhos do que com as mãos, mais pelas aparências, porque se veem todos e se conhecem poucos. Todos veem aquilo que tu pareces ser, poucos conhecem o que tu és; e aqueles poucos não se atrevem a opor-se à opinião dos muitos que têm o poder

Nicolau Maquiavel, *O Príncipe*

Agora estou convencido de que a pior coisa que um homem pode fazer com um telefone sem violar a lei é ligar para alguém que ele não conhece e tentar vender a essa pessoa algo que ela não quer. No meu colo, quando comecei minha curta carreira em vendas em Londres, estava um livro cheio de nomes franceses esquisitos que eu não sabia pronunciar. Meu chefe, meu guia da selva, natural de Bald Knob, no estado norte-americano de Arkansas, chamado Stu Willicker, tinha me dito para colar a orelha no telefone e começar a ganhar a vida. "Liga pra todo mundo em Paris", disse ele.

"E sorria."

Ele certamente não quis dizer *todo mundo* em Paris. Isso foi apenas para impressionar. Era para eu ligar só para gestores de recursos franceses com US$ 50 milhões ou mais. O que reduzia em muito o campo de busca nas páginas brancas da lista telefônica parisiense. Eu tinha encontrado um outro livro para o mesmo efeito, chamado *Euromoney Guide*. Para ter seu nome incluído na lista do *Euromoney* imaginei que era preciso ter algum dinheiro. O primeiro nome da lista era F. Diderognon. O que era isso? Homem ou mulher? Perguntei ao meu guia da selva americano como pronunciar o nome.

"Como é que vou saber? Eu pensei que você falasse francês", disse ele.

"Não, só está no meu currículo", respondi.

"Ah!", ele disse e coçou a cabeça por um minuto, pensativo. "Tudo bem, todos eles falam inglês mesmo."

Fiquei assustado. Não tinha escolha a não ser ligar. Esse não era o problema. F. Diderognon. Será que rimava com *mignon*? Será que a primeira parte do nome era parecida com o nome do filósofo francês? Decidi tentar "*Diderot mignon*", de um só fôlego. Meu guia da selva estava me encarando, como se eu fosse alguma espécie de erro. Eu disquei.

"*Oui*", responderam do outro lado da linha.

"*Uh, puis-je parle à F. Diderognon*", eu perguntei em francês.

"*Quoi? Qui?*", perguntaram.

"*F. Diderognon. Di-der-ot-mignon*", repeti.

O homem do outro lado cobriu o telefone com a mão. Ouvi apenas conversa de fundo, meio abafada, mas suspeitei que fosse algo do tipo: "Frank, tem um corretor americano na linha que não consegue pronunciar o seu nome. Você quer falar com ele?"

Em seguida, outra voz: "Descubra quem é."

"Quem está falando?", perguntou o homem.

"Meu nome é Michael Lewis e sou do Salomon Brothers, de Londres", respondi.

Sons abafados. Sons abafados. "Frank, um cara novo no Salomon."

Frank Diderognon: "Eu não falo com o Salomon. Cretinos. Diga para ele me esquecer."

"Frank diz que ligará de volta."

Merda. Por que aceitei este trabalho?

Um *geek* é um artista de carnaval que arranca cabeças de galinhas e cobras vivas. Ou, pelo menos, essa é uma das definições que consta do dicionário *American Heritage*, edição vermelha. No Salomon Brothers de Londres um *geek* era qualquer coisa que os traders dissessem que significava, e eles tinham duas definições para o termo, nenhuma das quais tinha qualquer semelhança com a do dicionário. Após minha chegada, um trader me disse que um *geek* era tanto (a) "qualquer pessoa que sugue peidos de cisnes" quanto (b) "uma pessoa recém-saída do programa de treinamento, em um estado grotesco entre larva e homem". Eu era um *geek*, ele me disse.

Em dezembro de 1985, tendo atuado como garçom e saco de pancadas para os traders de Nova York, eu estava feliz em deixar de ser um trainee, mesmo que isso significasse virar um *geek*. Eu planejava me afastar do 41º andar, de Ranieri, Gutfreund, Strauss e Voute e de sua opressiva guerra por território. Não me interprete mal. Eu gostava da ação como todo mundo, mas em Nova York, quando você está começando, a ação vem ao preço da liberdade. Eu não podia suportar a ideia de ser humilhado pelos obesos traders de hipotecas até aprender a fazer o meu trabalho. Isso poderia levar uma vida inteira.

Se você quisesse se afastar da alma do Salomon Brothers, Londres era o lugar. Em qualquer outra cidade, os padrões eram definidos pelo 41º andar do Salomon de Nova York — tanto nas filiais americanas quanto em Tóquio. Mas os europeus mais velhos que administravam o escritório do Salomon em Londres eram defensores da liberdade. Os seis principais cargos de gerência do escritório eram ocupados por americanos que haviam trabalhado no 41º andar. Os europeus, no entanto, davam o tom. Bastava comparar a reação no nosso escritório a uma visita de Gutfreund com a dos outros escritórios para ver a diferença entre nós e eles.

Quando Gutfreund aparecia em qualquer filial norte-americana da empresa, os funcionários armavam um show. Fingiam uma confiança casual. Embora seus estômagos revirassem e as calças umedecessem, os jovens americanos brincavam com o Gutfreund viajante. Eles não diziam nada muito ousado, sabe como é. Piadinhas sobre a mais recente emissão de títulos estavam em alta. Qualquer história sobre a mulher de Gutfreund estava fora. Desde que as regras do jogo fossem devidamente observadas, Gutfreund dava o troco à altura.

Quando Gutfreund visitava o escritório de Tóquio, os funcionários japoneses inclinavam-se em suas mesas e atendiam furiosamente os telefonemas recebidos, como se tivessem sido incumbidos de passar a mensagem "Homens trabalhando". Apesar dos sonolentos japoneses do nosso programa de treinamento, o conceito de bancar o calmo aparentemente não existe no Japão. Nenhum jovem japonês olhava para o céu para conversar com o querubínico Gutfreund-san. Um amigo americano por acaso estava no escritório de Tóquio em uma das visitas de Gutfreund e foi chamado pelo chefe para uma pequena conversa. Quando esse amigo voltou para o pregão, ele recorda: "Todos os japoneses estavam me encarando como se eu tivesse acabado de ter uma conversa pessoal com Deus e virado santo."

Em Londres, Gutfreund era tratado, pura e simplesmente, como um turista americano esquisito. Se ele tivesse aparecido vestindo uma bermuda e camiseta psicodélicas com uma câmera no pescoço, teria confirmado a opinião de muita gente a seu respeito. As pessoas riam nas costas dele, especialmente quando a empresa entrou em declínio.

"Por que ele está aqui?", um europeu perguntaria ao outro.

"Deve estar a caminho de Paris para fazer algumas compras", seria a inevitável resposta. E muitas vezes era verdade.

A pergunta seguinte era então: "Susan está com ele?" (Na verdade, a esposa Susan estava sempre com ele, todas as vezes que Paris era o seu destino final.)

Em suma, não há dúvida de que os europeus levavam a autoridade menos a sério do que os americanos ou os japoneses no Salomon. Esses espíritos livres tinham, em média, de dez a 15 anos mais do que eu e muita experiência em altas finanças. Eles estavam menos interessados no mais recente *gadget* financeiro lançado na América do que no estabelecimento de bons relacionamentos com clientes. Existe um gênero de europeus, da espécie inglesa, para quem práticas financeiras escorregadias são naturais. O termo que os define nos euromercados é "parasitas". Estranhamente, não tínhamos parasitas. Nossos europeus, especialmente os nossos ingleses, tendiam a ser produtos refinados das escolas certas. Para eles, o trabalho não era uma obsessão, ou mesmo, ao que parece, uma preocupação. E a noção de que uma pessoa deveria se subordinar a uma empresa, especialmente a uma empresa norte-americana, era, para eles, risível.

Os europeus tinham uma reputação, provavelmente exagerada, de dormir até tarde, demorar muito no almoço e se arrastar durante as tardes. A fonte dessa reputação era, como sempre, o 41º andar em Nova York. Um trader de Nova York se referia a eles como "Bancários de Investimento do Monty Python". O exuberante e barulhento confronto entre a sua cultura e a cultura da importada gestão norte-americana era uma nuvem de poeira atrás da qual um *geek* podia se esconder e manter alguma liberdade pessoal.

Entre o dia em que cheguei ao Salomon Brothers de Londres, em dezembro de 1985, e o dia em que saí, em fevereiro de 1988, muita coisa mudou. A equipe cresceu de 150 para 900 empregados. Mudamos de imagem e de escritório, para instalações mais claras e novas. Dezenas de milhões de dólares foram injetados em nossa operação pelos homens do 41º andar em Nova York, que tinham a intenção de transformar o Salomon Brothers em um banco de investimento "global".

John Gutfreund e Tom Strauss (Tom supervisionava as operações internacionais) compartilhavam a sabedoria convencional de Wall Street de que um dia haveria apenas alguns bancos de investimento verdadeiramente globais e que os perdedores, presumivelmente, ficariam em casa. Aqueles poucos bancos globais formariam um oligopólio que poderia aumentar o preço dos seus serviços de captação de recursos e prosperar. As empresas regularmente citadas como prováveis candidatas para fazer parte do clube eram o banco de investimento japonês Nomura, o banco comercial americano Citicorp e os bancos de investimento First Boston, Goldman Sachs e Salomon Brothers. E os bancos europeus? Acho que nem sequer sabíamos quais eram.

Tóquio era o local óbvio para a nossa expansão rápida porque o superávit comercial do Japão deixava o país lotado de dólares, que tinham que ser vendidos ou investidos. Os japoneses eram os árabes da década de 1980. Mas, como as empresas americanas sentiam que não eram benquistas por parte das instituições financeiras do Japão, e como a regulamentação financeira japonesa era labiríntica, os escritórios de firmas de Wall Street tendiam a ser pequenos e provisórios no Japão.

Enquanto isso, não havia nenhuma barreira óbvia à entrada na Europa. Havia pouca regulação financeira. E as fronteiras culturais do Atlântico pareciam menos assustadoras do que as do Pacífico aos nova-iorquinos. Quando um cara do Brooklyn desembarcava no Aeroporto de Heathrow, ele não precisava de um intérprete para alugar uma limusine. Quando se sentava para jantar em seu hotel caríssimo (Claridge e Berkeley eram os favoritos), o prato principal não era peixe cru (havia no Salomon uma história que contavam de um diretor-executivo americano no Japão que tascou seu sushi em uma fogueirinha que ele fez na própria mesa de jantar), mas alguma iguaria muito semelhante às servidas nos EUA. Era fácil para esse homem se enganar e achar que a Europa era muito parecida com Nova York, porque, gastando US$ 2 mil por dia, realmente era. Então, Londres tornou-se o principal elo nessa busca pelo domínio mundial; o fuso horário, a história, o idioma, a relativa estabilidade política, os grandes blocos de capital ávidos por dólares e a Harrods (não subestime a importância das oportunidades de compras ali) faziam de Londres um centro essencial aos planos dos banqueiros de investimento americanos. E as aspirações globais do Salomon Brothers se instalaram em Londres.

Eu era um corretor inexperiente, um dos 12 da minha turma de treinamento que havia sido despachado de classe executiva para Londres. Quando comecei, o escritório ocupava dois andares pequenos em formato circular, em um prédio de propriedade do Morgan Guaranty na cidade. O pregão, supostamente, deveria ter um hangar espaçoso em que todo mundo pudesse ver e gritar com todo mundo. Nosso prédio tinha sido inteiramente remodelado, com a colocação de um número excessivo de elevadores e escadas na parte central. O pregão se estendia ao redor do centro. Se não fosse assim, talvez tivesse ocupado uns 50 metros, mas ali onde eu estava não dava para ver muita coisa. Ainda assim, nos sentíamos confinados no lugar. Sentávamos muito próximos uns dos outros. Todo mundo sabia o que o outro estava fazendo. Era barulhento e, com exceção da maravilhosa vista do rio Tâmisa e do domo da catedral de St. Paul, desagradável.

As 12 unidades de vendas do escritório de Londres eram simplesmente extensões das operações principais realizadas em Nova York. Uma unidade vendia títulos corporativos, outra, vendia títulos hipotecários, uma terceira, vendia títulos da dívida pública, a quarta, vendia ações norte-americanas e assim por diante. O que eu iria vender havia sido decidido para mim enquanto eu estava no programa de treinamento. O homem com o qual eu estava comprometido, na saúde e na doença, na riqueza e na pobreza, chamava-se Dick Leahy. Ele administrava o departamento de vendas de opções de títulos e futuros do Salomon Brothers, um canalha saído do departamento de títulos da dívida pública. Isso me tornava, por direito, um membro da família Strauss.

Leahy e seu braço direito, Leslie Christian, formalmente assumiram responsabilidade por mim nos últimos dias do programa de treinamento, durante um almoço informal. Tive sorte, principalmente porque ninguém me queria, a não ser o departamento de ações, e também porque gostei deles. Ser o *geek* deles era uma atribuição incomum. Diferentemente da maioria dos gerentes que tinham uma preocupação obsessiva por se livrar dos seus produtos, os rabinos Christian e Leahy me disseram para encontrar uma forma de ganhar dinheiro sem me preocupar muito em empurrar opções e futuros. Eles, com razão, alinharam seu próprio interesse com os interesses da empresa como um todo. Isso os tornava muito incomuns. E fez de mim, dentro de uma empresa de especialistas que tentam agradar seus chefes, um generalista não oficial com licença para voar pela empresa toda.

No meu primeiro dia em Londres me apresentei ao gerente de Leahy, Stu Willicker. Antes da minha chegada, a unidade era composta por outros três corretores. Willicker também foi um golpe de sorte. Ele não tinha pego a doença do Salomon. Já estava em Londres há quatro anos, mas se recusava a esquecer que nascera em Bald Knob; isso era um alento. Mais especificamente, analisara as maciças regras escritas e não escritas que ditavam o comportamento da maioria dos funcionários do Salomon e optou por não segui-las. Ele valorizava sua liberdade. Praticamente, não dava ouvidos ao que lhe pediam para fazer e incitava os subordinados à intransigência.

Paradoxalmente, ele sofria de surtos de tirania. De vez em quando ele dava ordens, do tipo "Ligue para todo mundo em Paris". Mas esses momentos eram raros e valiam o que ele dava em troca. Ele deixava a gente cortar horas de reunião no escritório e trabalhar no nosso próprio horário. Liderava pelo exemplo, chegando no trabalho todos os dias uma hora depois de o restante da força de vendas ter feito seus primeiros telefonemas. Isso, penso eu, era um gesto inspirado. A unidade dele era a mais rentável no escritório, ano após ano, e tenho certeza que era porque seus membros tinham liberdade para pensar por si mesmos.

Pensar, por enquanto, era algo fora do meu alcance. Eu não tinha base, nem experiência. Minha única esperança era observar os corretores ao meu redor e reunir todos os conselhos possíveis. Aprender o que fazer significava aprender uma atitude, como soar ao telefone, como lidar com os traders e, mais importante, como identificar a diferença entre uma oportunidade financeira e um roubo.

Dois dias depois de eu ter encontrado um lugar no pregão de Londres, os telefones enlouquecidos com franceses e ingleses querendo apostar no enorme mercado americano em alta, recebi o meu primeiro conselho. O jovem bem à minha frente, um membro da minha unidade que seria foco da minha admiração nos dois anos seguintes, inclinou-se e sussurrou: "Quer uma boa dica? Venda as ações do Salomon Brothers a descoberto." Diga-se de passagem, a "boa dica" nada mais era do que outra maneira de chamar uma aposta com certeza de sucesso. Vender a descoberto significa vender um título que você não possui, na esperança de que o preço vai cair e que você poderá comprá-lo de volta mais tarde a um preço menor. Vender suas próprias ações a descoberto seria apostar em sua queda vertiginosa.

Eu deveria ter engasgado e tido calafrios de horror. Primeiro, vender a descoberto as ações de sua própria empresa era ilegal. Segundo, não parecia uma ideia muito boa, embora talvez não fosse um hedge ruim apostar contra o Salomon Brothers. A empresa estava no segundo ano mais lucrativo da sua história e da história de Wall Street. O meu amigo, que será tratado aqui pelo pseudônimo que ele escolheu, Dash Riprock, não esperava que eu efetivamente fizesse a transação. Ele estava simplesmente manifestando uma opinião, descrevendo um fato, em seu estilo inimitavelmente sucinto. Ele tinha me analisado, mais tarde explicou, e decidira cuidar de mim. Isso queria dizer que, de vez em quando, ele lançaria em minha direção as pérolas que havia acumulado ao longo de nove meses de experiência na função.

Ele era americano e tinha apenas 23 anos de idade, dois anos a menos do que eu. Ainda assim, estava anos à minha frente quando se tratava das coisas da vida. Dash Riprock, sem dúvida alguma, sabia ganhar dinheiro.

Eu logo me acostumei com ele. Dash frequentemente fazia comentários que eu não entendia, como, por exemplo: "Compre notas de dois anos e venda a descoberto as de dez antigas" ou "Venda a descoberto as ações do Salomon" ou "Salve um cliente, mate um *geek*", e esperava que eu descobrisse o motivo por conta própria. Frequentemente, eu não tinha a menor ideia do que significava. Mas Dash, apesar de toda a sua energia, tinha bom coração. E, no final das contas, depois de vender a quatro gestores de recursos diferentes em três países diferentes qualquer que fosse o novo esquema que ele estivesse promovendo, parava para pensar. Dessa forma, aprendi sobre a negociação, as vendas e a vida em geral.

O ponto defendido por Dash nessa época era que o Salomon Brothers era um investimento ruim apesar de todos os sinais vitais da empresa estarem saudáveis. Esse, eu aprenderia depois, era o melhor momento para vender a descoberto: o momento antes de o negócio azedar. Mas como ele sabia que tinha chegado a hora do Salomon?

Veja bem, como um *geek*, eu era como um presidente recém-eleito. Não deveria saber de nada, exceto que eu não sabia de nada e que não era minha culpa. Então, eu perguntei: "Por quê?"

Claro, eu não esperava que ele explicasse tudo. Isso teria sido muito fácil. Dash respondeu em fragmentos de frases enigmáticas. Ele apenas balançou a mão na direção do restante do pregão e disse: "É uma grande empresa."

Estritamente falando, isso era um truísmo. O Salomon Brothers era uma sociedade anônima: Phibro Salomon Incorporated. Mas eu sabia o que ele queria dizer. Gostávamos de pensar que estávamos livres de boa parte do que esse terrível mundo implica: reuniões supérfluas, memorandos vazios e hierarquia ineficiente. Dash resolveu olhar em volta um dia, viu uma burocracia crescente, e isso o perturbou. Para defender o seu ponto Dash levantou o dedo indicador, como um orador romano, e disse: "Considere o livro e a tigela."

Dito isso, ele se virou em sua cadeira giratória e atendeu o telefone. Logo, estava entoando um rap de vendas... "O FED está fazendo o inverso, não sei, o mercado pode se acalmar de um dia para o outro, vemos a oferta, você pode investir dois a dez..." Nada disso fazia sentido para mim. Tomei nota para perguntar para ele mais tarde.

O livro e a tigela. Na época, o Salomon estava comemorando seu 75º aniversário. Para celebrar o grande dia todos os funcionários receberam dois presentes: uma tigela grande banhada em prata, com o nome da empresa inscrito em sua lateral, e um livro. A tigela era boa para colocar Doritos. O livro, chamado *Salomon Brothers: Advance to Leadership*, contava a história da empresa e tinha como único propósito a glorificação do pessoal da diretoria. Cumpriu a missão de maneira bastante satisfatória. Gutfreund, Ranieri, Horowitz, Voute, Strauss e Massey foram retratados como se seguissem um roteiro. Eram modestos sobre suas qualidades e preocupados com as questões mundiais. O autor, então, preencheu as lacunas sobre como esses homens eram sábios, bonitões, corajosos e dotados de espírito de equipe. O livro era um belo exemplar de desastrosa propaganda fascista. Todos os futuros participantes de programas de treinamento eram obrigados a decorar seu conteúdo.

Mesmo a um trainee, o livro parecia ridiculamente falso. A empresa alcançara a liderança, mas não como uma grande família feliz. Naquele momento, havia mais esqueletos na empresa do que espaço no armário para guardá-los. O filho do fundador, William Salomon, de uma forma reservada e digna, marchava pela empresa chamando Gutfreund de desgraça, para qualquer repórter que estivesse disposto a ouvir. As flores ainda estavam frescas na sepultura do ex-presidente David Tendler, com quem Gutfreund tinha brigado para ascender à presidência da Phibro Salomon Inc. A batalha entre Ranieri, Strauss e Voute estava se aproximando de seu sangrento clímax. Os traders de títulos estavam partindo em busca de ofertas melhores em outras empresas. É claro que muito pouco do lado sombrio do passado e do presente da empresa apareceu na história oficial higienizada.

Ao explicar o nascimento do departamento de hipotecas, por exemplo, o autor desencavou velhas citações nos jornais de Bob Dall, dizendo: "O que o Salomon tem que nenhuma outra grande empresa tem é uma enorme flexibilidade para permitir que suas habilidades sejam empregadas nas posições em que são mais produtivas." O mais interessante sobre essa declaração é o que estava acontecendo nos bastidores, sem que Dall soubesse de nada. A declaração foi feita seis meses antes de Gutfreund chutar Dall e trocá-lo por Ranieri.

Gutfreund é o herói do livro. É retratado como uma espécie de Isaías, um humilde e sofredor servo de Salomão. Descreve a transição de trader a gerente, por exemplo, com esta passagem: "Embora aprecie o papel de gerente", dizia, "assumo a função por causa do desafio, e não porque acho que é o trabalho mais gratificante do mundo. O mundo das finanças pode, por vezes, nos colocar à prova. De tempos em tempos, tivemos a oportunidade de influenciar a sociedade de uma forma favorável."

"Ele parecia um estadista mais velho", ressalta o texto que acompanha sua declaração.

Mas a desinformação não foi o que incomodou Dash sobre o livro e a tigela. Assim que você soubesse a verdade sobre a empresa, percebia que era muito melhor desinformar do que informar. E se nossos líderes estavam dispostos a mentir sobre seus métodos, eles, quase que por necessidade, contariam uma mentira deslavada. O que incomodou Dash foi que o Salomon Brothers tinha efetivamente gastado dinheiro para fazer essas coisas. Um livro e uma tigela? Quem dava a mínima, disse Dash, para um livro e uma tigela? Ele preferia ficar com o dinheiro. Além do mais, acrescentou, as pessoas que trabalhavam no Salomon nos velhos tempos nunca teriam feito tal coisa, pois elas, também, prefeririam ficar com o dinheiro. O livro e a tigela violaram o que Dash considerava ser a ética do Salomon. E é por isso que ele me disse para vender as ações da empresa a descoberto.*

Tomei nota dessas sugestões no fino volume onde eu guardava tudo o que se assemelhasse a sabedoria. Já no início, minhas notas indicam, eu estava ciente da possibilidade de o meu aparentemente robusto empregador estar de fato em franca decadência. Se não fossem as notas, eu não poderia descrever meus primeiros meses no cargo, uma vez que as

* Vender as ações do Salomon a descoberto teria sido uma jogada de mestre. O preço das ações caiu quase em linha reta de US$ 59 para US$ 32 antes do colapso de outubro de 1987, apesar das previsões de outras corretoras, nomeadamente First Boston e Drexel Burnham, de que as ações do Salomon eram um grande investimento. Após o colapso, o preço caiu para US$ 16.

lembranças de como cheguei lá foram muito rapidamente obscurecidas pelo que eu me tornei.

Para uma avaliação honesta da minha condição na época, devo confiar, até certo ponto, em relatos alheios. Muita gente no Salomon Brothers transformava em *hobby* fazer análises de caráter brutalmente francas. Por exemplo, mais tarde, Dash muitas vezes se divertia entre um telefonema e outro, refletindo sobre a minha carreira iniciante, normalmente com uma caneta no canto da boca. Ele gostava de dizer que, como um *geek*, eu tinha carimbado na testa a pessoa com a qual eu conversara por último. Quando eu cheguei, segundo ele, era incomumente persuadido com muita facilidade. Se eu tivesse falado por último com um trader de títulos hipotecários, eu diria a todos no telefone como os títulos hipotecários eram um bom negócio. Se eu tivesse falado por último com um trader de títulos corporativos, eu acharia que a última emissão de títulos da IBM era uma mina de ouro.

Infelizmente, Dash não fazia observações em tempo real sobre o meu caráter. Ele me contava os meus problemas só depois de já terem causado bastante dano. Para ser justo, ele não tinha escolha. Como todos nós, ele vivia pela lei da selva e a lei da selva dizia que corretores *geeks* são carne vermelha para os traders. Sem exceções. Se o trader de títulos corporativos me convencesse de que os títulos da IBM eram quentes, esse era um problema meu. Se Dash tivesse me alertado a tempo, o trader corporativo teria feito tudo ao seu alcance para atrapalhar o próximo bônus de Dash. Dash gostava de mim, mas não tanto assim.

Ainda assim, eu dependia muito de Dash e dos outros membros da nossa unidade, uma mulher e dois homens. Sentávamos em uma mesa única, dividida artificialmente para acomodar cinco. Recebíamos centenas de chamadas; cada linha era um canal através do qual dinheiro, piadinhas de mau gosto e boatos fluíam. Se você se desse o trabalho de pesquisar como as piores piadas do mundo eram disseminadas, bastava passar um dia em uma mesa de negociação de títulos. Quando o ônibus espacial Challenger se desintegrou, seis pessoas me ligaram de seis pontos do globo diferentes para explicar que NASA significa "Need Another Seven Astronauts" [precisam-se de sete novos astronautas].

Boatos eram muito mais relevantes do que piadas sem graça porque boatos movem mercados. Acreditava-se piamente que um baixinho careca em uma sala suja de Moscou deflagrava todos os boatos para causar estrago em nossa economia de mercado ocidental. Os boatos tinham uma estranha semelhança com o que as pessoas mais temiam. Muitas vezes, o mais improvável dos boatos causava pânico nos mercados. Em dois anos, por exemplo, Paul Volcker pediu demissão do cargo como presidente do FED sete vezes e morreu duas vezes.

Tínhamos em nossas mesas três receptores de telefone cada. Dois eram telefones comuns; o terceiro permitia que você gritasse diretamente com qualquer pessoa em qualquer filial do império do Salomon. Várias luzes de telefone piscavam continuamente em nossos painéis. Investidores europeus (vou chamá-los coletivamente de "investidores" ou "clientes", embora a maioria fosse puros especuladores e o restante não tão puros assim) queriam fazer suas apostas no mercado de títulos norte-americano das 8 horas às 20 horas.

Havia bons motivos para essa ansiedade. O mercado de títulos dos EUA estava dando retornos altíssimos. Imagine um cassino lotado de gente no qual todas as jogadas geravam grandes retornos; a nossa unidade era assim naquela época. A atração das opções e futuros, a especialidade da casa, era que ofereciam liquidez e alavancagem excepcional. Eram um mecanismo para jogar nos mercados de títulos, como superfichas em um cassino que representam US$ 1 mil cada, mas custam só três. Na verdade, não havia superfichas nos cassinos; as opções e futuros não têm equivalente no mundo das apostas profissionais, porque os cassinos de verdade considerariam imprudente a alavancagem oferecida. Para obter um parco pagamento antecipado, determinado comprador de um contrato futuro assume o mesmo risco existente em ser proprietário de um grande número de títulos; em um instante ele pode dobrar ou perder o dinheiro apostado.

Quando se tratava de especulação, os investidores europeus não precisavam de grandes estímulos ou instruções. Vinham fazendo maluquices com o dinheiro há séculos. Os franceses e os ingleses, particularmente, compartilhavam um ponto fraco por esquemas de enriquecimento rápido. E, como um jogador que tem uma mocinha bonita ao seu lado para assoprar os dados, os especuladores em ambos os países tinham uma incrível gama de sistemas irracionais para ajudá-los a ganhar dinheiro. Só precisavam adivinhar para que lado o mercado de títulos americano seguiria: para cima ou para baixo. Os sistemas, em geral, envolviam analisar durante horas gráficos que mostravam o histórico dos preços dos títulos. Como nos testes psicológicos de Rorschach, uma improvável formação, como uma cabeça e ombros humanos, se tornava visível para o analista. O analista de gráficos — era assim que se chamavam — usaria então lápis e régua para traçar o futuro dos preços dos títulos com base na hipótese de que o padrão histórico poderia ser projetado no futuro. Milagrosamente, em um mercado em alta, a previsão resultante em geral era que o mercado subiria.

Na verdade, havia um bom motivo para utilizar os gráficos: todo mundo usava. Se você acreditasse que grandes volumes de recursos estavam prestes a ser investidos com base em determinado gráfico, então, por mais tolo que parecesse, fazia sentido analisar o gráfico; talvez ele permitisse que você fizesse sua aposta primeiro e ficasse na frente da próxima onda. Muitos dos nossos especuladores franceses e ingleses, entretanto, sinceramente acreditavam que os gráficos continham os segredos do mercado. Eram analistas aborígenes. Provavelmente teriam utilizado os gráficos, mesmo se mais ninguém o fizesse. Tamanha era a comunhão entre os analistas e seus gráficos, que pareciam verdadeiros tabuleiros Ouija. Os gráficos falavam com eles.

Admito que, até mesmo para um *geek*, era um tanto embaraçoso deixar os investidores acreditarem em sua magia branca. Mas, desde que os analistas de gráficos fizessem suas apostas comigo, explicou meu guia da selva, não havia motivo para eu questionar a justificativa dos nossos clientes. Era exatamente o oposto. Somente alguns dias depois de começar a trabalhar me vi elogiando declarações de investidores do tipo "Estive observando a média móvel de dez dias ontem à noite, e está em um padrão de alta. Vamos apostar o rancho." Nesse momento, minha função era apenas demonstrar entusiasmo: Sim, sim! Claro!

Na falta de um eufemismo para o que fazíamos com o dinheiro alheio, nós o chamávamos de arbitragem, o que era simplesmente mistificação. Arbitragem significa "negociar sem risco e lucrar". Nossos investidores sempre assumiam o risco; chamar a operação de número de equilibrista seria mais preciso do que arbitragem. Apesar da responsabilidade envolvida no cargo, eu era ignorante e facilmente influenciável quando assessorei meus primeiros clientes. Era um farmacêutico amador, prescrevendo medicamentos sem licença. Quem sofria as consequências eram, obviamente, os meus clientes.

Não pude deixar de observar diferenças entre os clientes dos corretores estabelecidos. Os meus eram pequenos investidores institucionais, assim chamados porque possuíam menos de US$ 100 milhões cada e que só investiriam alguns milhões em cada transação. Os outros três corretores da minha unidade estavam em contato quase que exclusivamente com companhias de seguros, gestores de fundos e Bancos Centrais europeus (incluindo os russos. De fato, existem baixinhos carecas sentados em seus escritórios em Moscou que deflagram boatos, não para minar o capitalismo, mas para que as suas apostas vinguem) que poderiam, se gostassem de determinada ideia, investir de US$ 50 milhões a US$ 100 milhões em questão de segundos. Os maiores desses bancos controlavam cerca de US$ 20 bilhões em fundos de investimento.

Havia um excelente motivo pelo qual o meu guia da selva-gerente não me deixava chegar perto dos grandes investidores. Ele sabia que eu era perigoso. Seu plano era que eu aprendesse com os clientes pequenos para que, caso houvesse um desastre, o estrago no restante dos negócios do Salomon Brothers fosse negligenciável. O fato de eu poder levar um ou dois clientes à falência era sabido. Isso fazia parte de ser um *geek*. Havia uma expressão singular quando algum cliente afundava. Diziam que ele tinha sido "detonado". Quando eu tivesse aprendido a fazer o meu trabalho, quando tivesse parado de detonar os clientes, eu teria autorização para assessorar os grandes investidores.

Poucos dias depois da minha chegada meu guia da selva disse que eu deveria começar a sorrir e a discar. Fazer chamadas de vendas, como já comentei, não era minha ideia de diversão. Descobri imediatamente que meu temperamento era totalmente avesso aos telefonemas; eu me sentia muito mal e não conseguia me sair bem na função. E quando ele viu que eu não estava conseguindo nada, meu guia da selva finalmente desistiu e me disse para ligar para um homem chamado Herman na filial londrina de um banco austríaco. Isso era conveniente para todos. Herman queria que o Salomon Brothers vendesse para ele. Como ele tinha só alguns milhões de dólares para investir, ninguém no Salomon Brothers queria vender para o Herman. E para comer eu precisava de clientes.

O pobre Herman nunca soube o que o atingiu. Eu propus um almoço, e ele aceitou. Ele era um alemão alto e mal-humorado com uma voz incrivelmente profunda, forte sotaque e a clara impressão de que nascera para negociar. Ele achava que era muito, muito esperto. Minha função era encorajar essa visão, já que, quanto mais esperto ele se sentisse, mais ele negociaria, e quanto mais ele negociasse, mais negócios eu teria. O seu banco lhe dera autoridade para arriscar US$ 20 milhões.

Apesar da esperteza toda, Herman não sabia reconhecer um *geek* quando o via. Eu expliquei a ele como nós dois poderíamos ganhar uma fortuna com esses US$ 20 milhões. O Salomon Brothers era conhecido pela sagacidade e esperteza de seus especialistas e nós poderíamos aproveitar seu repertório de ideias. Eu cheguei a dizer que eu mesmo tinha uma ou duas ideias interessantes. E que minha assessoria era enormemente apreciada por alguns grandes investidores europeus. No final do almoço, durante o qual examinamos vários gráficos científicos do Salomon sobre títulos diversos, conversamos um pouco sobre padrões de reversão nos preços (gráficos com padrão em "Head and Shoulders") e tomamos uma garrafa de vinho, ele decidiu que poderia fechar o negócio comigo: "Mas, Michael, lembre-se", disse várias vezes, "precisamos de *poas ideas.*"

Um grande trader de títulos corporativos estava esperando por mim, como um bichinho de estimação faminto, quando voltei para o escritório. Ele ficou satisfeito em saber que o almoço tinha corrido bem. E, no final das contas, tinha uma ótima ideia para mim e meu novo cliente. Estava acompanhando o mercado de eurobonds o dia todo e percebeu que os títulos de 30 anos da AT&T tinham realmente ficado baratos, quando comparados com os títulos de 30 anos da dívida pública dos EUA. É importante lembrar que o mercado de eurobonds de US$ 650 bilhões é um dos principais motivos da presença do Salomon Brothers no mercado internacional. Um eurobond é um título emitido na Europa e comprado principalmente por europeus. Muitas grandes empresas norte-americanas emitiam eurobonds, em geral porque poderiam tomar empréstimos dos europeus de forma mais barata do que dos americanos, e aproveitar para divulgar seus nomes em outros países. O Salomon, com sua rede de contatos na América corporativa, era líder do mercado.

De qualquer modo, o trader disse que Wall Street e Londres estavam subestimando os títulos da AT&T. Ele sabia onde poderia conseguir alguns títulos da AT&T. Eu deveria aconselhar o meu novo cliente a comprar títulos da AT&T e ao mesmo tempo vender a descoberto títulos de trinta anos da dívida pública dos EUA. O truque, explicou, era evitar operar comprado ou vendido no mercado de títulos. Em vez disso, poderíamos fazer a aposta esotérica de que os títulos da AT&T superariam os títulos da dívida pública americana. Parecia complicado. Eu queria ser criterioso. Perguntei se a estratégia era arriscada.

"Não se preocupe", disse, "seu cliente vai ganhar dinheiro."

"Eu nunca fiz nada *dessse* tipo antes, mas *paressse* uma *poaa* ideia", disse o ainda ligeiramente embriagado Herman quando contei a ele. "Vamos apostar US$ 3 milhões."

Minha primeira ordem. Eu me sentia eletrizado e imediatamente liguei para o trader de títulos da dívida pública em Nova York e vendi a ele US$ 3 milhões de títulos do tesouro. Em seguida, gritei para o trader de títulos corporativos de Londres: "Venda US$ 3 milhões dos AT&Ts", tentando, evidentemente, soar como se realmente não fosse algo extraordinário, mas outro negócio qualquer, como dar um passeio no parque.

Em todas as filiais do Salomon havia um alto-falante onipresente. Além do dinheiro, ter sucesso no Salomon significava ter seu nome anunciado no alto-falante. A voz do trader da AT&T anunciou em alto e bom som: "Mike Lewis acaba de vender US$ 3 milhões de nossos AT e Ts, uma ótima negociação para nós, obrigado, Mike."

Enrubesci de tanto orgulho. Mas algo estava errado. O que ele quis dizer como "nossos AT e Ts"? Eu não tinha me dado conta de que os títulos da AT&T estavam nos livros de negociação do Salomon. Pensei que meu amigo trader tinha conseguido esses títulos de operadores idiotas de outras firmas. Se os títulos já eram nossos desde o início...

Dash estava me encarando, sem acreditar. "Você vendeu esses títulos? Por quê?", ele perguntou.

"Porque o trader disse que era um ótimo negócio", respondi.

"Nããããão", Dash colocou as mãos na cabeça, como se estivesse sentindo muita dor. Eu via que ele estava sorrindo. Não, rindo. "O que mais um trader vai dizer?", ele perguntou. "Ele está nessa posição há meses. É furada. Ele estava doido para se livrar deles. Não conte a ele que eu falei isso, mas você está fodido."

"Como?", disse eu, "O trader me prometeu."

"Você está fodido", repetiu Dash. "Tudo bem, porque você é só um *geek*. Os *geeks* nasceram para isso." A intenção dele ao dizer isso era boa, ele queria me absolver, por assim dizer. Ele, então, colocou novamente a caneta no canto da boca, assumiu um ar pensativo e começou a trabalhar os telefones como um jóquei.

"Qual é o *prreço* dos títulos ATT?", uma voz familiar gritava comigo na manhã seguinte. Ele já não estava mais calmo e autoconfiante. Herman, aparentemente, tinha sido iluminado por algum outro trader em Londres. Todo mundo em Londres, menos Herman e eu, ao que parece, sabia que o Salomon Brothers era proprietário dos títulos da AT&T e que estava desesperado para se livrar deles. Herman estava começando a sentir que ele tinha se ferrado, mas eu ainda tinha esperança. Não muita. Eu realmente pensei que se procurasse o traders, dissesse a ele como meu novo cliente tinha ficado aborrecido, como isso não seria bom para o nosso novo relacionamento, demonstrasse como eu me sentia mal, ele poderia comprar de volta os títulos da AT&T do meu cliente ao mesmo preço pelo qual ele os havia vendido no dia anterior.

"Eles não estão indo muito bem", disse o trader quando lhe perguntei o preço. "Mas vão subir."

"Qual é o preço?", perguntei novamente.

"Não tenho essa informação agora", disse.

"Corta essa", eu disse. "Eu tenho um alemão furioso na linha. Preciso saber."

O trader fingiu consultar algumas planilhas de aspecto complicado e digitar alguns números em sua máquina Quotron. Essa, eu aprendi, era a prática comum quando um cliente estava prestes a ser sacrificado pelo bem maior do Salomon. O trader tentou jogar a culpa em alguma força impessoal e científica. São os números, você não vê? Eu não posso fazer nada por você. Estava dolorosamente aparente que o trader da AT&T estava enrolando. Alguma coisa estava muito errada.

"Eu posso oferecer 95 por eles", disse finalmente.

"Você não pode fazer isso", eu disse. "Você me vendeu os títulos a 97 ontem, e o mercado não se moveu. Os títulos de dívida não mudaram de preço. Eu não posso dizer ao meu cliente que os seus AT e Ts caíram dois pontos de um dia para outro. São US$ 60 mil de diferença."

"Eu disse que eles não estavam indo muito bem", disse ele.

"O que você quer dizer? Você mentiu para mim!", eu comecei a gritar.

"Olhe", disse ele, perdendo a paciência, "para quem você trabalha, para esse cara ou para o Salomon Brothers?"

Para quem você trabalha? Esta pergunta assombrava os corretores. Sempre que um trader ferrava um cliente e o corretor ficava aborrecido, o trader fazia a mesma pergunta ao corretor: "Para quem você trabalha?" A mensagem era clara: você trabalha para o Salomon Brothers. Você trabalha para mim. Eu pago o seu bônus no final do ano. Então cale a boca, seu *geek*. Tudo isso era verdade, no que me dizia respeito. Mas se você parasse para pensar e analisasse o nosso negócio, essa era uma atitude ridícula. Uma política que arruinasse investidores poderia levar à ruína. Se eles se recuperassem, nós não teríamos mais investidores. Sem investidores, não teríamos dinheiro para negociar.

A única justificativa — se é que podemos chamá-la assim — que eu já ouvi para a nossa política veio sem querer do nosso presidente, Tom Strauss, ele próprio um ex-corretor de títulos da dívida pública. Em um almoço com um dos meus clientes, do nada, deu esta opinião: "Os clientes têm memória muito curta." Se esse era o princípio norteador do Salomon Brothers no departamento de relações com os clientes, então tudo de repente fazia sentido. Acabem com eles, porque eles esquecem mesmo! Certo.

No entanto, a franqueza de Strauss era admirável. Uma coisa era ferrar com um cliente. Outra coisa era dizer de antemão que ia ferrar. A diferença de estilo entre o trader da AT&T e Strauss era a mesma que entre um soco inesperado e um duelo. Ainda assim, nenhuma das opções era boa para o negócio. Uma coisa que o meu cliente nunca esqueceu foi que o Salomon Brothers achou que ele tinha memória curta. Eu tinha cometido o erro de confiar em um trader do Salomon Brothers. Ele se aproveitou da minha ignorância e da ingenuidade do meu cliente para se livrar de um de seus erros. Ele tinha economizado para si e para a nossa empresa US$ 60 mil. Fiquei ao mesmo tempo furioso e desiludido. Mas isso não resolvia o problema. Reclamar com o trader não me levaria a lugar algum. Isso estava bem claro. Ele acabaria por reduzir meu bônus no final do ano. Reclamações também me fariam parecer um idiota, como se eu realmente tivesse pensado que o cliente ganharia dinheiro com títulos da AT&T. Como alguém poderia ser tão estúpido a ponto de confiar em um trader? A melhor coisa que eu podia fazer era fingir para os outros no Salomon que eu tinha intenção de ferrar com o cliente. As pessoas respeitariam essa atitude. O jargão para isso era *jamming*. Eu tinha simplesmente feito um *jamming* dos títulos, ainda que inconscientemente, pela primeira vez. Eu tinha perdido a inocência.

Mas o que eu disse para o alemão Herman? "Não deixe esse prejuízo de US$ 60 mil incomodá-lo muito, você tem memória curta e logo vai esquecer? Desculpe, eu sou novo nisso, e adivinhe, ha, ha, você acabou de se ferrar!"

"Oi, desculpe pela demora em responder, as coisas estão meio agitadas por aqui", eu disse. Procurando a gama de tons que eu poderia adotar, fui incapaz de encontrar algo que pudesse ser apropriado para a ocasião e me contentei em parecer alegre. Devo ter conseguido manter uma expressão a meio do caminho entre um sorriso corajoso e o riso forçado de um idiota. Dash estava assistindo o desenrolar da história e ria. Agora que era desnecessário, mostrei o dedo do meio para ele. Eu estava mais envergonhado por mim do que preocupado com Herman.

"Acabei de falar com o trader", eu disse ao meu novo cliente, "e ele disse que os AT e Ts não tiveram bom desempenho no mercado overnight, mas, definitivamente, vão melhorar em breve."

"Qual é o *prrrreço*?", ele perguntou novamente.

"Ah... deixe-me ver... cerca de... bem... cerca de... 95", eu disse, e senti meu rosto se contrair.

"Aaaaaaaaahhhhhhhhhhhhhhhh", ele gritou, como se tivesse sido esfaqueado. Ele tinha perdido toda a capacidade de expressar seus sentimentos. Seu grito teutônico primitivo capturava de uma só vez a dor coletiva sentida pelos apreciados clientes do Salomon Brothers. O que eu não sabia, mas logo descobri, era que ele nunca imaginou em toda a sua vida perder US$ 60 mil. O seu banco tinha dado US$ 20 milhões para ele negociar, mas não o deixaria perder US$ 60 mil. Se o banco soubesse que ele perdera tanto dinheiro, iria demiti-lo. Na verdade, a história dele era bem mais tenebrosa. Ele tinha um bebê, uma esposa grávida e uma casa nova em Londres, com uma hipoteca alta. Mas eu só fiquei sabendo disso mais tarde. No momento do impacto, tudo o que ele podia fazer era gritar. A agonia. O horror.

"Uuuuuhhhhhhhhh", continuou ele, em um tom ligeiramente diferente. Ele começou a hiperventilar ao telefone.

Você quer saber o que eu senti? Eu deveria ter me sentido culpado, é claro, mas a culpa não era a primeira sensação identificável que emergiu na minha cabeça prestes a explodir. Era mais um alívio. Eu tinha lhe dado a notícia. Ele estava gritando e gemendo. E foi isso. Isso era tudo que ele podia fazer. Gritar e gemer. Essa era a beleza de ser um intermediário, que eu não havia percebido até aquele momento. O cliente sofria. Eu, não. Ele não ia me matar. Ele não ia sequer me processar. Eu não ia perder meu emprego. Pelo contrário, eu era um herói secundário no Salomon por ter empurrado um prejuízo de US$ 60 mil para o bolso de outra pessoa.

Havia uma maneira conveniente de analisar aquela situação. Meu cliente não gostou do prejuízo, mas a culpa era tanto dele quanto minha. A lei do mercado de títulos era: *caveat emptor*. Isso é "cuidado, comprador" em latim. (Os mercados de títulos mudavam para latim depois de alguns tragos. *Meum pactum dictum* era outra frase em latim que eu costumava ouvir, mas era apenas uma piada. Significa "minha palavra é minha garantia".) Quero dizer, ele não precisava ter acreditado em mim quando eu lhe disse que os títulos da AT&T eram uma boa ideia.

De qualquer forma, quem mais se ferrou além do meu alemão? Esta é uma pergunta importante, porque representa o desprendimento com que as catástrofes eram vistas no Salomon. O banco do alemão tinha perdido US$ 60 mil. Os acionistas do banco, o governo austríaco, portanto, eram os perdedores. Dando um passo mais adiante, o contribuinte austríaco era o perdedor. Mas, em comparação com os ativos da nação como um todo, US$ 60 mil era uma quantia ridiculamente pequena. Em outras palavras, era difícil sentir simpatia por alguém, a não ser pelo sujeito que tinha feito a negociação. E ele era parcialmente responsável.

Ele não devia colocar toda a culpa em mim, eu poderia ter pensado, caso minha capacidade de racionalização tivesse sido a de um homem em vez de um *geek*. Mas ele me culpou. Pois esse é o privilégio do cliente e o ônus do corretor de títulos. E ele não me culpou apenas uma vez. Ele me culpou centenas de vezes. Pois, tendo cometido o primeiro erro de realizar a negociação, nós cometemos imediatamente o segundo, mantendo a posição. Todas as manhãs e todas as tardes, nas semanas seguintes, eu aguardava seus telefonemas amargamente sarcásticos em um estado congelado de medo. A voz grossa do alemão do outro lado da linha dizia: "Esse título é *rrrealmente* uma ótima *idea*, Michael. *Focê* tem *maiss* alguma *idea* genial no *zeu* manga?" Por falar nisso... Herman desistiu de acreditar que ele sobreviveria intacto, perdeu a esperança de que o Salomon iria restituir seu prejuízo, sua única razão para ligar era me ofender.

Até que a morte os separasse, o meu cliente e seus títulos. Os títulos da AT&T só faziam cair de preço. Finalmente, cerca de um mês após o início do calvário, o chefe do meu cliente perguntou sobre suas atividades. Um prejuízo de cerca de US$ 140.000 o tirou do sério, e meu alemão foi despedido. Cabum! Ele conseguiu outro emprego, e, pelo que sei, os seus filhos estão bem-atendidos.

Não foi um início auspicioso para minha carreira. Em apenas um mês eu tinha detonado meu primeiro e único cliente. Felizmente, havia muitos outros de onde ele veio. Todos atendiam aos dois requisitos para falar com um *geek*: primeiro, eram pequenos investidores, e, segundo, estavam tão impressionados com o Salomon Brothers que acreditavam que tudo que ouviam era um bom conselho. Passei alguns meses ao telefone com dezenas dos clientes menos desejáveis na Europa. Entre eles havia um trader de algodão em Beirute ("Você pode pensar que a vida está dura por aqui, mas não é assim, não"), uma companhia de seguros irlandesa com um gosto por especular em opções de moeda e um magnata de pizzas norte-americano que morava em Monte Carlo. Eu levei a companhia de seguros à falência, desta vez em um ato de estupidez sem qualquer ajuda dos traders. O comitê de crédito do Salomon Brothers me proibiu de negociar com o homem de Beirute, com medo que ele explodisse a gente, antes que eu acabasse com o seu negócio. E eu perdi o magnata das pizzas de Monte Carlo quando ele decidiu desistir dos títulos e voltar para as pizzas, mas não sem antes deixar para a posteridade a memorável frase: "Os cassinos aqui são fichinha em comparação à merda que fazemos." Isso era verdade.

Talvez meu encontro favorito durante esses primeiros meses, no entanto, tenha sido com o chefe de uma corretora inglesa. Esse homem de pouca distinção em Londres, de alguma forma conseguiu o meu nome e ligou para mim no Salomon. Ele disse que estava interessado em opções e futuros e por isso eu devia visitá-lo em seu escritório. A empresa que ele administrava era uma das centenas de pequenas instituições financeiras europeias, que estavam competindo com o Salomon, mas ao mesmo tempo tinham dinheiro para apostar. Muitas vezes fingiam ser potenciais clientes, a fim de obter informação. Pensavam que o Salomon Brothers tinha informações que as outras empresas não tinham. Eu podia muito bem recusar o seu convite com a justificativa de que ele poderia utilizar as informações que obtivesse comigo para expandir o seu negócio à custa do meu. Mas ele tinha recursos para investir, e eu tinha curiosidade em conhecer ricaços ingleses. E, de qualquer maneira, naquela época, o que eu sabia sobre opções e futuros tinha maior probabilidade de o levar à falência do que ajudá-lo.

Ele era um homem corpulento, de meia-idade, em um terno mal-ajambrado, sapatos pretos escovados e o tipo de meias pretas finas e frouxas que passei a reconhecer como símbolo da longa decadência econômica britânica. Havia outras características incongruentes com a sua posição na vida. Os redemoinhos no topo da sua cabeça tinham vida própria; suas roupas eram tão amassadas que parecia que tinha dormido com elas. Era o chefe de uma operação de várias centenas de pessoas, e parecia um mendigo, ou alguém que tivesse acabado de acordar de uma longa soneca.

Sentamos em seu escritório mal-iluminado, cercados por mais trabalhos inacabados do que eu jamais vira em um só lugar, e conversamos por uma hora. Mais precisamente, ele falou durante uma hora sobre os acontecimentos mundiais. Eu escutei. Finalmente, cansou e pediu um carro para nos levar para almoçar. Mas antes de sair de sua sala ele folheou o *Times* com um lápis afiado na mão e disse: "Eu preciso fazer uma aposta." Discou para alguém que deveria ser seu agente de apostas e fez duas apostas de £ 5 cada em cavalos de corrida daquele dia. Ao desligar, disse: "Eu vejo o mercado de títulos como uma extensão das corridas de cavalos, você sabe." Eu não sabia, é claro. Tive a sensação de que deveria ficar impressionado. Não tive coragem de dizer que a rapaziada do meu pregão teria rido na cara dele e o expulsado do cassino com a sugestão de uma aposta tão baixa quanto £ 5. E acabei lembrando de uma observação sarcástica feita por um trader experiente para um dos meus colegas trainees enquanto estávamos na sala de aula. O trainee tinha tentado impressionar o trader e falhou. O trader então disse: "Você é prova de que algumas pessoas nascem para ser clientes." A fileira de trás achou que aquilo era a coisa mais engraçada que tinham ouvido o dia todo.

De qualquer forma, então partimos para um daqueles almoços de duas horas pelo qual o escritório de Londres era bastante conhecido em Nova York. Mais uma vez ele falou. Mais uma vez ouvi: sobre como a recuperação do mercado de títulos era exagerada, sobre como ele achava que os banqueiros americanos eram absurdamente diligentes e sobre como sua pequena empresa iria lidar com gigantes como o Salomon, que estavam invadindo o mercado londrino. Ele desaprovava turnos de trabalho com mais de oito horas por dia, porque, segundo ele, "você chega ao escritório de manhã com os mesmos pensamentos com os quais partiu no fim da noite anterior".

Após algumas bebidas, isso soava sábio o suficiente para anotar em um guardanapo. Pedimos uma segunda garrafa de vinho branco para acompanhar o peixe. No final do almoço, já com a fala arrastada e o sangue fluindo do cérebro para o estômago, ele lembrou o motivo do convite para o almoço. Ele disse: "Nós não tivemos oportunidade de discutir opções e futuros. Vamos ter que repetir o programa." Pouco tempo depois, no entanto, a empresa dele, assim como muitas pequenas empresas financeiras inglesas, foi comprada por um banco americano, por um montante invejavelmente alto. Ele pulou fora na hora certa e planou em segurança até a terra em um paraquedas dourado. Nunca mais ouvi falar dele.

Tudo era novo, tudo fresquinho. Logo no início fiz minha primeira viagem de negócios a Paris. Quando escapava do pregão, eu não era mais um *geek*, ou pelo menos ninguém precisava saber que eu era um *geek*. Eu era um bancário, com uma conta de despesas de um bancário. Por US$ 400 à noite, eu ficava no melhor hotel de Paris, o Bristol. Essa não era uma extravagância incomum da minha parte. Todos os corretores que viajavam do Salomon ficavam no Bristol. Eu teria que implorar por hospedagem mais barata com as secretárias do Salomon para evitar a despesa. E quando passei pelas portas douradas do Bristol, atravessei o longo piso de mármore e vislumbrei cenas pastorais divinas e as tapeçarias Gobelin; quando vi a farmácia de produtos de higiene no meu banheiro e o luxo dourado da minha suíte, fiquei feliz em ter aceitado a missão. Se Willy Loman tivesse tido a mesma oportunidade, seus filhos talvez tivessem tido mais sucesso.

Nenhuma das minhas atividades nos primeiros dois meses fez alguma diferença nos lucros do Salomon Brothers, mas todas eram bem divertidas. Mais importante do que os resultados imediatos, eu imaginei, era a minha formação. A sensação de ser um charlatão me incomodou durante os primeiros meses. Eu vivia detonando a vida das pessoas. Eu não sabia nada. Nunca tinha administrado dinheiro. Nunca tinha ganhado dinheiro de verdade. Eu sequer conhecia alguém que tinha ganhado dinheiro de verdade, apenas alguns herdeiros. No entanto, estava me passando por um grande especialista em questões de finanças; eu dava palpite sobre o que as pessoas deveriam fazer com milhões de dólares, quando a maior complicação financeira que eu já havia enfrentado fora um saque a descoberto de US$ 325 na minha conta no Chase Manhattan Bank. A única coisa que me salvou em todas as reuniões de que participei nos primeiros dias de Salomon foi que as pessoas com quem eu lidava sabiam ainda menos do que eu. Londres é, ou era, um refúgio ideal para amadores.

Era apenas uma questão de tempo antes que eu passasse por uma vergonha terrível. Eu me esforcei para aprender mais e consegui me manter a meio passo da humilhação. Era impressionável, como Dash Riprock adorava ressaltar, e esta era uma grande fraqueza nas mãos dos evasivos traders do Salomon. Mas durante o período da minha formação isso provou ser uma grande força. Eu tinha capacidade de imitar. Isso me permitiu entrar no cérebro da outra pessoa. Para aprender a fazer ruídos inteligentes sobre dinheiro, estudei os dois melhores corretores do Salomon que eu conhecia: o próprio Dash Riprock e um homem no 41º andar do Salomon de Nova York a quem chamarei de, a seu pedido, Alexander. Meu treinamento se resumia a absorver e sintetizar as suas atitudes e habilidades. Sorte minha, pois eles acabaram sendo os dois melhores homens de títulos do mercado.

Dash e Alexander eram tão opostos como indivíduos quanto sugere sua respectiva escolha de pseudônimos, e suas respectivas habilidades também eram diferentes. Dash fazia o que a maioria dos corretores fazia, só que melhor. Ele mantinha o nariz colado nas telas verdes do mercado em que os títulos da dívida pública federal eram negociados e procurava pequenas discrepâncias de preço. Para todos, exceto para um corretor de títulos nato (eles existem), sua rotina diária era dolorosamente monótona. Existem várias centenas de títulos da dívida pública diferentes, que variam em termos de vencimento de alguns meses a trinta anos. Dash sabia quais deveriam ser os preços, que grandes investidores possuíam títulos e quem era o lado fraco do mercado. Se o preço estivesse fora por um oitavo de 1%, ele reunia meia dúzia de investidores institucionais em uma negociação para compor esse oitavo de 1%. Ele chamava essa sua técnica de *nips for blips*, "blips" sendo pequenos números verdes que representam os preços dos títulos nas telas. Eu nunca soube o que significava "nips", mas a expressão tornou-se um trocadilho, uma vez que um número cada vez maior de clientes de Dash era japonês. Dezenas de bilhões de dólares em títulos de dívida pública americana passavam pelo seu telefone em um ano, saindo do governo dos EUA diretamente para o Japão. Dash estava sendo patriota ao financiar o déficit comercial dos Estados Unidos. O Salomon tirava uma pequena fatia de cada negociação. Dash esperava no final de cada ano receber uma pequena fatia do bolo do Salomon.

Alexander era único, a figura mais próxima que encontrei de um mestre dos mercados, que, hoje estou convencido, não existe. Ele tinha 27 anos de idade, dois anos a mais do que eu, e já trabalhava no Salomon Brothers há dois anos quando cheguei. Cresceu negociando uma carteira de valores mobiliários. Ele se lembra de arrasar no mercado de ações, quando ainda estava na sétima série. Aos 19 anos, perdeu US$ 97 mil em futuros do Tesouro dos EUA. Em outras palavras, não era um garoto normal. Assim que aprendeu a aproveitar os ganhos e diminuir suas perdas, nunca mais hesitou. Os valores que perdera nos títulos de dívida pública de curto prazo, ele mais do que recuperou em futuros do ouro.

Alexander sabia como explorar o mercado financeiro mundial. Além do mais, como corretor, sabia soar como se soubesse explorar os mercados financeiros mundiais e agia da mesma forma sobre os outros homens em nosso mundinho como as sirenes agiam sobre os marinheiros. Poucos meses depois de se mudar de Londres para o pregão do 41º andar em Nova York ele havia sido descoberto por um punhado de diretores-executivos que queriam saber o que fazer com seu próprio dinheiro. A gente imagina que estariam à vontade para tomar suas próprias decisões de investimento, mas não estavam. Eles pediam conselho a Alexander todos os dias. Para obtê-lo, no entanto, tinham que entrar na fila atrás dos clientes de Alexander e de mim. Alexander era um corretor, mas, como todos os melhores corretores, tinha o instinto de um trader. Para todos os efeitos, era um trader. Seus clientes — e chefes — simplesmente faziam o que ele dizia.

Alexander tinha um dom para interpretar os acontecimentos à sua volta. O aspecto mais impressionante dessa sua característica era a velocidade. Quando a notícia vazava, parecia já ter planejado sua resposta. Ele confiava plenamente em seus instintos. Se é que tinha algum defeito, era pelo fato de não ter capacidade de questionar suas próprias reações imediatas. Ele via os mercados como uma teia bem-tecida. Puxe um fiozinho da teia e os demais teriam que mudar também. Portanto, negociava em todos os mercados. Títulos, moedas e ações da França,* Alemanha, Estados Unidos, Japão, Canadá e Grã-Bretanha; mercados de petróleo, metais preciosos e commodities, tudo interessava a Alexander.

---

* Um dos feitos financeiros heroicos de Alexander encontrou seu caminho distorcido até o centro da *Fogueira das vaidades* de Tom Wolfe. Wolfe descreve seu protagonista, Sherman McCoy, entrando em apuros com os títulos lastreados em ouro do governo francês, os chamados títulos Giscard. Foi Alexander que descobriu que os títulos Giscard estavam mal-avaliados e, longe de se meter em encrenca, ele ganhou muitos milhões de dólares explorando o erro nos preços.

Minha maior sorte durante o período que passei no Salomon Brothers foi ter conquistado a confiança de Alexander. Eu o conheci quando tive de substituí-lo em Londres. Dois anos antes da minha chegada, ele tinha trabalhado para Stu Willicker e ao lado de Dash Riprock. Quando nos encontramos, estava retornando a Nova York, para ser um corretor de títulos no pregão do 41º. Não havia razão para ele cuidar de mim. Exceto pelo chá de manga que Alexander me pediu para trazer em grandes quantidades de Paris, não havia vantagem alguma para ele em fazer isso. Era uma ação genuinamente altruísta, que eu conto agora só porque na época parecia incrível. Era como se ele tivesse comprado ações do meu futuro e estivesse determinado a fazer o negócio vingar. Falávamos pelo menos três vezes por dia e, às vezes, até vinte vezes. Durante os primeiros meses, ele falava e eu fazia as perguntas.

Meu trabalho era uma questão de aprender a pensar e soar como um conhecedor do mercado. Pensar e agir como Alexander era quase sinônimo de ser genuinamente talentoso, o que eu não era. Então, eu ouvia o mestre e repetia o que ouvia, como no kung fu. Era como aprender uma língua estrangeira. Tudo parecia estranho à primeira vista. Então, um dia, você se pega pensando naquele idioma. De repente, palavras que você nunca percebeu que sabia estão disponíveis no seu repertório. Finalmente, você sonha naquela língua. Parece estranho hoje pensar em sonhar com esquemas para ganhar dinheiro. Mas não pareceu terrivelmente fora do comum quando acordei uma manhã pensando que havia uma arbitragem disponível em títulos futuros japoneses. Naquela manhã, analisei o mercado japonês, vi que era realmente o caso e me perguntei por que eu tinha sonhado com aquilo, pois eu não conseguia lembrar de ter sequer falado no assunto. *Nonsense* para você, talvez. Uma segunda língua para mim.

Muitas das negociações que Alexander sugeria seguiam um de dois padrões. Primeiro, quando todos os investidores estavam fazendo a mesma coisa, ele procurava ativamente fazer o oposto. A palavra que os corretores de títulos usam para descrever esse enfoque é "contrarianista". Todo mundo quer ser um, mas ninguém é, pela triste razão de que a maioria dos investidores tem medo de parecer imprudente. Os investidores têm tanto medo de perder dinheiro quanto da solidão; com isso quero dizer correr riscos que outros evitam. Quando são pegos perdendo dinheiro sozinhos, não têm desculpa para seu erro, e a maioria dos investidores, como a maioria das pessoas, precisa de desculpas. Curiosamente, ficam contentes de estar à beira de um precipício, se estiverem acompanhados por alguns milhares de outros na mesma situação. Mas quando se considera que algum mercado está seguindo um mau caminho, mesmo que os problemas sejam ilusórios, muitos investidores caem fora.

Um bom exemplo disso foi a crise na U.S. Farm Credit Corporation. Por um curto período parecia que a Farm Credit poderia ir à falência. Os investidores abriram mão dos títulos da Farm Credit porque, tendo sido avisados da possibilidade de acidente, não podiam ser vistos próximos a eles sem comprometer suas reputações. Em uma época em que o fracasso não era permitido, quando o governo dos EUA resgatou empresas tão distantes do interesse nacional quanto a Chrysler e o Continental Illinois Bank, não havia possibilidade de o governo norte-americano deixar o banco Farm Credit falir. A ideia de não socorrer uma instituição de US$ 80 bilhões que emprestava dinheiro aos agricultores em dificuldades na América era absurda. Os investidores institucionais sabiam disso. Esse é o ponto. As pessoas que vendiam os títulos da Farm Credit por menos do que valiam não eram necessariamente estúpidas. Elas simplesmente não podiam ser vistas com esses títulos na mão. Como Alexander não ficava constrangido pelas aparências, ele procurava explorar as pessoas que ficavam. (O risco ocupacional da sua função era um elitismo terrível; você começa a pensar que todo mundo é idiota.)

O segundo padrão de pensamento de Alexander era que, no caso de um transtorno maior, como a queda da Bolsa de Valores, um desastre natural, a violação dos acordos de produção de petróleo da OPEP, ele ficaria longe do foco inicial de interesse do investidor e procuraria efeitos secundários e terciários. Lembra de Chernobyl? Quando veio a notícia de que o reator nuclear soviético tinha explodido, Alexander ligou. Apenas alguns minutos antes a confirmação do desastre tinha aparecido em nossas máquinas Quotron, mas Alexander já tinha comprado o equivalente a dois superpetroleiros de petróleo bruto. O foco de atenção dos investidores estava na Bolsa de Valores de Nova York, disse ele. Em particular, o foco estava em qualquer empresa envolvida com energia nuclear. As ações dessas empresas estavam despencando. Esqueça isso, disse. Ele acabara de comprar, em nome de seus clientes, futuros de petróleo. Instantaneamente em sua mente ele percebeu que menos oferta de energia nuclear significava mais demanda por petróleo, e ele estava certo. Seus investidores ganharam muito dinheiro. Os meus, ganharam menos. Minutos após eu ter convencido alguns clientes a comprar um pouco de petróleo, Alexander ligou de volta.

"Compre batatas", disse. "Tenho que ir." Então desligou.

É claro, uma nuvem de partículas radioativas ameaçaria a oferta europeia de alimentos e água, incluindo a safra da batata, aumentando, assim, o preço dos produtos substitutos americanos não contaminados. Talvez algumas outras pessoas além dos plantadores de batata tenham pensado no preço da batata nos EUA minutos após a explosão de um reator nuclear russo, mas eu nunca as conheci. Mas Chernobyl e o petróleo são um exemplo relativamente simples. Havia um jogo chamado "E se?". Todos os tipos de complicações podem ser introduzidos no "E se?". Imagine, por exemplo, que você é um investidor institucional gerenciando vários bilhões de dólares. E se acontecer um grande terremoto em Tóquio? Tóquio ficará em escombros. Os investidores entram em pânico no Japão. Estão vendendo ienes e tentando tirar seu dinheiro do mercado de ações japonês. O que fazer?

Bem, seguindo o raciocínio defendido pelo enfoque número 1, o que Alexander faria era investir recursos no Japão com base na suposição de que, uma vez que todos estavam tentando sair, deveria haver algumas pechinchas. Ele compraria justamente os títulos no Japão que pareciam menos desejáveis para os outros. Primeiro, as ações das companhias de seguros japonesas. O mundo provavelmente compreenderia que as companhias de seguros comuns sofreriam uma grande exposição, quando, na verdade, o risco reside principalmente nas seguradoras ocidentais e em uma companhia japonesa de seguros contra terremotos que vem acumulando prêmios ao longo de décadas. As ações das seguradoras comuns estariam baratas.

Então Alexander compraria algumas centenas de milhões de dólares de títulos do governo japonês. Com a economia em mau estado temporário, o governo baixaria as taxas de juros para incentivar a reconstrução e simplesmente determinaria que os bancos emprestassem dinheiro nessas taxas. Os bancos japoneses cumpririam a determinação, como de costume, a pedido do governo. Menores taxas de juros significariam preços mais altos dos títulos.

Além disso, o pânico de curto prazo poderia muito bem ser ofuscado pela repatriação de longo prazo do capital japonês. As empresas japonesas têm investido enormes somas na Europa e na América. Por fim, elas retirariam seus investimentos, concentrando-se nos problemas internos, reparando suas fábricas e reforçando suas ações. O que isso significaria?

Bem, para Alexander, sugeriria a compra de ienes. Os japoneses comprariam ienes, vendendo seus dólares, francos, marcos e libras para fazê-lo. O iene se valorizaria, não só porque os japoneses estavam comprando, mas porque os especuladores estrangeiros acabariam sabendo desse movimento de compra e correriam para se juntar a eles. Se, imediatamente após o terremoto, o iene caísse, seria apenas mais um incentivo para Alexander, que procurava sempre fazer o inesperado, considerando sua ideia boa. Por outro lado, se o iene subisse, ele poderia vendê-lo.

Todo dia Alexander ligava e explicava algo novo. Após vários meses de luta, comecei a entender. Quando Alexander desligava, eu ligava para três ou quatro investidores e simplesmente repetia tudo que ele tinha acabado de dizer. Eles me considerariam, se não um gênio, pelo menos astuto. Com base no que eu dizia, os investidores faziam ou não suas aplicações. Obtinham grandes lucros, assim como os investidores a quem Alexander prestava assessoria. Logo eles estavam me ligando. Em pouco tempo, só falavam comigo e mais ninguém. Eles fariam qualquer coisa que eu, ou seja, Alexander, dissesse para fazer. Isso logo provaria ser muito valioso.

Enquanto Alexander me ensinava uma atitude em relação aos mercados, Dash me mostrava estilo. Boa parte do nosso tempo era gasto ao telefone. Por estilo quero dizer técnica para usar o telefone. Dash tinha muita técnica telefônica. Ele fazia suas chamadas sociais aos clientes sentado na posição vertical. Fazia suas chamadas de vendas agachado, com a cabeça debaixo da mesa. Ele usava o espaço debaixo da mesa como uma espécie de cabine acústica. Seu gosto pela privacidade tinha sido adquirido quando era *geek*, quando não queria que os corretores experientes ouvissem as besteiras que ele dizia aos clientes.

Agora era hábito. Eu poderia dizer quando Dash estava prestes a vender algumas centenas de milhões de dólares de títulos da dívida pública, porque o seu peito estaria quase nas coxas e a cabeça dentro da cabine de som. Logo antes de fechar o negócio, tapava um dos ouvidos com um dos dedos da mão livre e sussurrava rapidamente. (Um dos seus clientes o apelidou de Dash Sussurrante.) Então, de repente, aparecia, apertaria o botão "mudo" em seu telefone e gritaria no alto-falante: "Ei, Nova York... Nova York... fechamos em outubro 92 a setembro 93, 100 por 110, isso aí, 100 por 110 milhões." Sempre que ele surgia de debaixo da mesa sem ter vendido títulos, eu sabia que tinha falado com mãe. Não era legal falar com a mãe no pregão.

Eu tinha tanta consciência de imitar os movimentos de Dash ao telefone no pregão quanto uma criança que adquire os maneirismos de seus pais. Eu não tinha outro ponto de referência. Também logo me vi afundado na minha cadeira, girando o lápis no canto da boca, tapando meu ouvido com os dedos, falando muito rápido e baixinho para os meus clientes entenderem e, em geral, parecendo muito com Dash. Um fenômeno, na verdade, varria o pregão à medida que um número cada vez maior de *geeks* era contratado: pequenos grupos de pessoas inexperientes adotavam os gestos e hábitos de seus membros mais bem-sucedidos. Como nossa unidade cresceu de cinco para dez, começou a ficar cada vez mais parecida com Dash Riprock.

Dash era Dash. Alexander era Alexander. Eu era uma fraude, uma combinação de características que eu sentia que pertencia por direito a esses dois. Em minha defesa só posso dizer que eu era uma fraude muito boa. Além disso, eu tinha uma qualidade útil que meus professores não tinham: um distanciamento do negócio e da empresa. Era resultado, suponho, do fato de eu ter conseguido o emprego em um evento de angariação de fundos no Palácio de St. James, ou talvez de ter outra fonte de renda (enquanto estive no Salomon Brothers, trabalhava como jornalista à noite e nos fins de semana). De qualquer forma, esse distanciamento era extremamente útil em uma jovem carreira, porque deixa você sem medo. Eu tinha a mesma vantagem da imprudência que um motorista de um carro alugado em um engarrafamento. A pior coisa que alguém podia fazer contra mim era acabar com minha carreira de aluguel e, embora eu não almejasse esse destino, a ideia de perder meu emprego não me preocupava tanto quanto aos condenados à prisão perpétua como, por exemplo, Dash Riprock. Isso não quer dizer que eu não me importasse; eu me importava muito. Adorava elogios mais do que a maioria e, portanto, procurava agradar. Mas estava disposto a assumir riscos maiores do que se tivesse realmente me apropriado da minha carreira. Estava disposto a desobedecer meus superiores, por exemplo, e isso fez com que prestassem mais atenção aos meus atos e de forma muito mais imediata do que se eu tivesse sido um bom soldado.

Guiado por Alexander e Dash, eu estava equipado com sistemas sólidos de fazer dinheiro, uma voz de vendas persuasiva e a astúcia necessária para atuar no pregão; os negócios surgiam rapidamente, mesmo que ao acaso. Alguns poucos investidores pequenos me procuravam, como meu alemão infeliz. Consegui persuadi-los a tomar emprestado grandes somas de dinheiro e especular.

Com todo o barulho que é feito quanto ao perigo dos títulos de alto risco e a alavancagem da indústria norte-americana, é incrível como não é dada mais atenção à alavancagem diária que ocorre nas carteiras dos investidores. Digamos, se eu quisesse que meu cliente comprasse US$ 30 milhões de títulos da AT&T. Mesmo que não tivesse dinheiro à disposição, poderia dar em garantia os títulos da AT&T e tomar emprestado recursos do Salomon Brothers para comprar os títulos. Éramos realmente um cassino que oferecia serviço completo — o cliente nem sequer precisava de dinheiro para jogar. Isto significava que mesmo os clientes com pequenas somas de dinheiro poderiam fazer grandes negociações. Como eu não tinha grandes investidores, mas queria fazer grandes transações, ouvir meu nome elogiado no alto-falante e comemorar, me tornei adepto da alavancagem.

Sucesso gera sucesso. Logo a diretoria do Salomon me apresentou clientes de outros corretores, na esperança de que, com clientes maiores, eu pudesse abocanhar enormes fatias do negócio. Em junho de 1986, após seis meses no cargo, estava ligado a vários dos maiores grupos de dinheiro da Europa. Na outra ponta do meu telefone, no auge (quando saí do Salomon), os investidores controlavam, em conjunto, cerca de US$ 50 bilhões. Eram espertos, conscientes, flexíveis e ricos. Eu tinha meu próprio cassino de serviços completos em operação, e ele geraria, no seu auge, cerca de US$ 10 milhões por ano em receita livre de risco para o Salomon Brothers. Disseram-nos que cada assento no pregão custava US$ 600 mil. Se isso fosse verdade, meu negócio sozinho estava gerando mais de US$ 9 milhões em lucros por ano. Eu gradualmente deixei de me preocupar com a quantidade de negócios que eu gerava, porque meu desempenho estava muito acima de qualquer valor que receberia em troca.

Logo, logo eu tinha clientes em Londres, Paris, Genebra, Zurique, Monte Carlo, Madri, Sydney, Mineápolis e Palm Beach. No Salomon Brothers consideravam que eu estava em contato com o dinheiro mais quente do mercado, com exceção de alguns gestores de fundos de Nova York. Com uma boa ideia para fazer o dinheiro girar, eu conseguiria movimentar meio bilhão de dólares ou mais, por exemplo, tirando-o do mercado de ações americano e investindo no mercado de títulos alemão. Os mercados a longo prazo são, sem dúvida, impulsionados por leis econômicas fundamentais — se os Estados Unidos tiver um déficit comercial persistente, o dólar acabará caindo —, mas no curto prazo o dinheiro flui de forma menos racional. O medo e, em menor escala, a ganância são o que movimentam o dinheiro. Ao observar esses movimentos comecei a antecipar qual seria o próximo lance e a movimentar parte dos meus US$ 50 bilhões à frente da onda seguinte.

Em suma, eu estava me dando muito bem. Parei de me sentir um *geek* quando os traders do Salomon começaram a pedir o meu conselho. E, em algum momento, em meados de 1986, mais por sorte do que por habilidade, deixei de ser um *geek*. Tornei-me um corretor normal e estabelecido do Salomon. Não houve um evento que tenha marcado a mudança. Eu sabia que não era mais um *geek* somente porque as pessoas pararam de me chamar de *geek* e começaram a me chamar de Michael, o que eu preferia. Existe uma diferença entre isso, no entanto, e ser chamado de Fodão. Eu não era um Fodão. A jornada que me transformou de *geek* inútil em Michael levou cerca de seis meses. A jornada que transformou Michael em um Fodão aconteceu quase imediatamente depois e foi ocasionada por uma única venda.

Havia um fenômeno conhecido no Salomon como prioridade. Uma prioridade era um enorme número de títulos ou ações que precisavam ser vendidos, porque vendê-los nos tornaria ricos ou porque não vendê-los nos tornaria pobres. Quando a Texaco estava à beira da falência, por exemplo, o Salomon Brothers detinha cerca de US$ 100 milhões em títulos da empresa. Havia um perigo real desses títulos perderem seu valor. A menos que fossem vendidos aos clientes, poderiam custar ao Salomon muito dinheiro. Vendidos aos clientes, é claro, custariam muito dinheiro aos clientes. Isso, ficou decidido, era a melhor coisa a fazer. Os títulos da Texaco, portanto, tornaram-se uma prioridade para a força de vendas do Salomon.

Uma das maiores prioridades durante a minha temporada no Salomon foi US$ 86 milhões em títulos da corretora e incorporadora chamada Olympia & York. Entre meados de maio e meados de agosto de 1986, os maiores Fodões no sistema do Salomon Brothers fizeram o possível e o impossível para vender esses títulos, e falharam. Nossa falha era uma vergonha para todos, desde o presidente Tom Strauss ao mais subalterno dos *geeks* em Londres.

Um dia, Alexander e eu estávamos falando ao telefone. Ele havia tentado vender os títulos da O&Y e fracassou. Mas realmente acreditava que tinham mérito. Os títulos da O&Y eram uma prioridade incomum porque não eram de propriedade de um trader do Salomon Brothers, mas de um único grande investidor árabe que ignorava a lista negra e negociava com a gente. O árabe estava desesperado para vender os Olympia & York, mas não estava particularmente bem-informado sobre eles e, provavelmente, os venderia barato.

Em segundo lugar, as atitudes em relação aos títulos estão sujeitas a alterações por motivos não muito mais substanciais do que as atitudes em relação ao comprimento das saias das mulheres. Simplesmente porque ninguém queria os títulos O&Y, agora, não queria dizer que ninguém iria mudar de ideia dali a três meses. Os títulos O&Y eram um caso especial, porque eram garantidos por um arranha-céu de Manhattan de propriedade da Olympia & York, em vez do reconhecimento da validade e do crédito da empresa. Muitos investidores institucionais não tinham a experiência necessária para avaliar valores de imóveis. Mas, à medida que mais títulos passaram a ser garantidos por bens imobiliários, os investidores institucionais começaram a aprender.

Claro, o Salomon Brothers poderia simplesmente ter comprado os títulos da Olympia & York para si. Mas o Salomon não era um investidor de longo prazo, e a ideia de ter US$ 86 milhões nos livros de negociação durante meses, até mesmo anos, se o pior caso acontecesse, e ninguém comprasse os títulos da gente, não agradava a diretoria. Então, nós corretores estávamos procurando outro comprador, e as apostas eram altas. O investidor árabe se ofereceu para comprar um outro grande bloco de títulos, se e quando nos livrássemos dos Olympia & York. A combinação disso e da transferência dos títulos da Olympia & York do árabe para o proprietário seguinte poderia gerar recursos líquidos para a empresa de até US$ 2 milhões.

Agora, não havia ninguém em quem eu confiava tanto quanto Alexander, por isso decidi compartilhar meu segredo com ele. Meu segredo era que eu conhecia um sujeito que compraria os títulos da Olympia & York. Eu sabia como vender esses títulos há um mês, mas, lembrando da minha experiência com os AT&T, mantive a informação em segredo. O investidor que eu tinha em mente, um francês, não iria mantê-los por muito tempo, apenas o suficiente para que outros investidores esquecessem que um dia já os tinham desprezado. Então, ele os venderia.

Alexander ajudou a me convencer que, se eu vendesse os títulos da forma certa, se eu arrancasse promessas da alta diretoria de que o meu cliente não seria escalpelado, então todo mundo sairia ganhando. O Salomon ganharia rios de dinheiro. Meu cliente ganharia um pouco de dinheiro (o que, para um cliente, era ótimo). E eu seria um herói. Se eu tivesse de citar uma única lição aprendida com o Salomon Brothers, é que raramente todas as partes saem ganhando. A natureza do jogo é de soma zero. Um dólar fora do bolso do meu cliente era US$ 1 no nosso, e vice-versa. Mas esse era um caso incomum. (Eu tinha de me lembrar disso, na hora em que vendia os títulos. Pois parte do trabalho de vender títulos no Salomon envolvia convencer-se que uma má ideia para o Salomon era uma boa ideia para o cliente.) Se a gerência prometesse tornar os títulos da Olympia & York uma prioridade de vendas durante vários meses e tirá-los da carteira do meu cliente com lucro (ou seja, mandá-los para a carteira de outro cliente), então talvez uns poucos bravos poderiam ganhar. Alexander fazia o impossível todos os dias e minhas conversas com ele me fizeram achar que eu também poderia fazer o impossível: vender uma prioridade e manter meu cliente feliz.

Atravessei o pregão de Londres e falei com o trader responsável pelos títulos da Olympia & York. Ele sentava ao lado do homem responsável pelos AT&T. Ele disse, é claro, que prometia manter meu cliente feliz. "Mas você realmente consegue vendê-los?", perguntou. "Sério? Sério mesmo?" Em seus olhos evasivos havia uma mistura de descrença de que os títulos poderiam ser vendidos e ganância com a ideia do lucro que obteria se fossem. Ele estava fazendo promessas, mas estava pensando nos lucros. Eu não confiava nele. Mudei de ideia. Decidi não vender os títulos.

Mas já era tarde demais. Uma simples consulta sobre os títulos foi suficiente para fazer o império do Salomon entrar em ação. Os traders rondavam minha mesa instintivamente, como cães tentando pegar uma cadela no cio. Nas 24 horas seguintes recebi telefonemas de meia dúzia de corretores em Nova York, Chicago e Tóquio. Todos disseram a mesma coisa que os traders: *Vamos lá, por favoooor... Venda os títulos e você será um herói.* O Salomon Brothers falava a uma só voz, e era alta. Nenhuma dessas pessoas, no entanto, estava em posição de me dar a garantia que eu sentia que precisava. Então, o telefone tocou na minha mesa, eu atendi. A voz do outro lado da linha era vagamente familiar. Disse: "E aí, pegador, como vão as coisas? Você acha que tem alguma chance com esses títulos de merda?" Era o grande mestre da boca suja, o Piranha Humana.

Era a primeira vez que conversávamos e, no final das contas, ficou claro que a responsabilidade dele de se livrar dos títulos da Olympia & York seria em última instância. Ele prometeu que iria garantir que meu cliente não se machucaria e, por mais sem sentido que essa declaração soasse vinda de outros executivos, com ele era diferente. Eu o conhecia por tê-lo visto atuar e por sua reputação. Ele era, tanto quanto possível num mundo onde a grana era tudo, um homem de palavra. Ele conhecia os mercados de títulos melhor do que qualquer outro homem no Salomon Brothers. Eu confiava nele. Liguei para Alexander e disse que estava prestes a vender os títulos. Ele rapidamente apostou com os diretores-executivos no 41º andar que eu venderia os títulos. A probabilidade era de 10:1. Este era um exemplo mais respeitável de uso indevido de informação confidencial.

Eu liguei, então, para o meu cliente francês e disse-lhe como um árabe em pânico (apelidado de "jóquei de camelo" pelo Piranha Humana) queria despejar barato títulos no valor de US$ 86 milhões; como os títulos estavam fora de moda e desvalorizados em comparação com outros títulos semelhantes no mercado e como se ele os comprasse e mantivesse durante alguns meses surgiria algum comprador nos EUA interessado neles. Não havia nada de espetacular no meu discurso de vendas, exceto a linguagem em que foi elaborada. Eu usei a linguagem do especulador. A maioria dos corretores de títulos utilizava a linguagem de investimentos, analisando a empresa e suas perspectivas. Eu tinha uma vaga ideia de que a Olympia & York estava no ramo imobiliário. Estava consciente de que o mundo inteiro estava se alinhando contra os seus títulos. Eles estavam tão fora de moda, eu argumentei, que devem ser baratos.

Era uma linguagem que o meu francês compreendia. Eu sabia que ele, diferentemente da maioria dos investidores, consideraria US$ 86 milhões em títulos como uma transação rápida. Eu o considerava meu melhor cliente; era de longe o meu favorito. Ele confiava em mim, eu acho, embora só nos conhecêssemos há quatro meses. E lá estava eu, vendendo-lhe algo que provavelmente nem sequer consideraria, se não houvesse tanta glória a meu favor na jogada. Eu sabia que era horrível. Mas eu me sinto muito pior sobre isso agora do que na época. Depois de refletir sobre a transação durante talvez um minuto, ele comprou US$ 86 milhões em títulos da Olympia & York.

Durante dois dias recebi mensagens de parabéns de pontos distantes do sistema do Salomon Brothers. A maioria dos figurões da empresa ligou para dizer como estavam satisfeitos porque o meu francês havia comprado US$ 86 milhões de títulos da O&Y, e como o meu futuro seria brilhante no Salomon Brothers. Strauss, Massey, Ranieri, Meriwether e Voute ligaram separadamente, um atrás do outro. Por acaso, eu estava longe da minha mesa. Dash Riprock recebeu as chamadas e reclamou, de uma forma bem-humorada, de que não eram para ele.

Mas havia um traço de seriedade em sua resposta. Eu estava sendo abençoado pelos deuses. Dash tinha feito um bom trabalho, mas ele nunca tinha sido abençoado pelos deuses. Vi esse ritual ser seguido várias vezes durante o tempo que passei no Salomon Brothers, mas nunca levado a tal extremo como quando eu vendi os títulos que ninguém mais queria. Como regra, quanto maior o elogio dispensado a um corretor dentro de Salomon, maior sofrimento do pobre cliente. Fiquei encantado com os recadinhos na minha mesa que diziam: "Tom Strauss ligou para dizer ótimo trabalho", mas, no fundo, no fundo, eu temia pelo meu francês.

Finalmente, a doçura do momento aliviou a dor de saber que eu acabara de colocar meu cliente mais querido em perigo. Recebi finalmente a ligação mais importante para mim. Era do Piranha Humana. "Eu ouvi que você vendeu alguns títulos", disse. Tentei parecer calmo sobre a coisa toda. Ele, não. Ele gritou ao telefone: "Isso foi *foda*. Quero dizer *foda*. Quero dizer realmente muito *foda*. Você, definitivamente, é um Fodão, e nunca deixe ninguém dizer o contrário." Fiquei com os olhos cheios de lágrimas ao ser chamado de Fodão pelo homem que, anos atrás, tinha dado origem a esta distinção e, na minha opinião, tinha todo o direito de conferi-la a mim.

CAPÍTULO 9

A arte da guerra

A suprema arte da guerra é subjugar o inimigo sem lutar.
Sun-tzu

Estou gritando a plenos pulmões com o mensageiro no meu quarto no Hotel Bristol em Paris: "Como assim não tem roupão de banho na minha suíte?" Ele está caminhando em direção à porta dando de ombros, como se não pudesse fazer nada a respeito, o merdinha. Então, percebo. Está faltando a fruteira. Onde está a travessa de maçãs e bananas que supostamente estão incluídas no pacote? Espere um minuto. Eles se esqueceram de dobrar a primeira folha no rolo de papel higiênico em um pequeno triângulo. Quero dizer, dá pra acreditar nessa porcaria? *Merda!*, eu grito, *chame o gerente! Agora! Você por acaso sabe quanto estou pagando para ficar aqui? Sabe?*

Então, acordo. "Está tudo bem", minha esposa está dizendo: "você estava tendo outro pesadelo de hotel." Mas não é apenas um pesadelo de hotel, e não está tudo bem. Às vezes, sonho que fui rebaixado pela British Airways da classe executiva para a econômica, outras vezes é ainda pior. O restaurante Tante Claire de Londres permitiu que outra pessoa ocupasse a minha mesa favorita. Ou o motorista está atrasado pela manhã. As coisas que eu passo. Pesadelos com bancos de investimento têm me assombrado desde que vendi os títulos da Olympia & York: piorados por uma combinação de excesso de luxo e o impressionante tamanho do Reino dos Fodões. Imagine! Ficar sem fruteira. De qualquer forma, acabou. Já são 6 horas. Hora de trabalhar.

Será mesmo? Este dia em agosto de 1986 é especial. Estou prestes a ter meu primeiro contato com o tipo de traição e intriga pelas quais os bancários de investimento são justificadamente famosos. Existem dois tipos de atrito dentro do Salomon Brothers. O primeiro é gerado por pessoas que lutam para jogar a culpa umas sobre as outras quando há algum prejuízo. O segundo é gerado por pessoas que lutam para assumir o crédito quando há lucro. Minha primeira batalha no pregão será causada por lucros em vez de perdas, o que é bom. Eu vou vencer, o que também é bom.

Não há leis de direitos autorais para bancários de investimento e não existe maneira de patentear uma boa ideia. O orgulho da autoria é substituído pelo orgulho com os lucros. Se o Salomon Brothers cria um novo tipo de título ou ação, dentro de 24 horas o Morgan Stanley, o Goldman Sachs e o restante do mercado vão ter descoberto como ele funciona e estarão tentando criar um igualzinho. Entendo isso como parte do jogo. Lembro que um dos primeiros bancários de investimento que conheci me ensinou uma rima:

"Nada se cria, tudo se copia."

Uma rima muito útil quando estamos competindo com outras empresas. O que eu estava prestes a aprender, no entanto, é que era igualmente útil quando a competição era dentro do próprio Salomon Brothers.

Às 10 horas da manhã daquele dia em Londres, Alexander ligou. Ele, é claro, estava em Nova York, onde eram 5 horas. Estava dormindo no escritório, ao lado de sua máquina Reuters e acordando de hora em hora para conferir os preços. Ele queria saber por que o dólar estava caindo. Quando o dólar caía ou subia, geralmente era porque algum banqueiro central ou outro político qualquer em algum lugar tinha feito uma declaração. (Os mercados seriam muito mais pacíficos se os políticos mantivessem para si mesmos seus pontos de vista sobre a tendência futura do dólar. Tendo em vista o grande número de vezes em que acabavam se desculpando por seus comentários, ou modificando-os, é incrível como não tentassem reprimi-los.) Mas não havia notícia alguma. Eu disse a Alexander que vários árabes tinham vendido uma quantidade maciça de holdings em ouro, pelos quais receberam dólares. Eles estavam vendendo esses dólares por marcos e, assim, diminuíam o valor do dólar.

Eu passava grande parte da minha vida profissional inventando mentiras lógicas como esta. Na maioria das vezes, quando os mercados se movem, ninguém tem a menor ideia do motivo. Quem consegue contar uma boa história consegue levar uma boa vida como corretor. Pessoas como eu tinham por função inventar razões, para criar uma história plausível. E é incrível no que as pessoas acreditam. Altas vendas do Oriente Médio era uma resposta que guardávamos na manga. Uma vez que ninguém tinha ideia do que os árabes faziam com seu dinheiro ou o porquê, nenhuma história envolvendo os árabes jamais poderia ser refutada. Então, se você não sabia por que o dólar estava caindo, você inventava alguma coisa sobre os árabes. Alexander, claro, tinha um senso apurado do valor do meu comentário. Ele apenas riu.

Havia uma questão mais urgente para discutir. Um de meus clientes estava certo de que o mercado de títulos alemão estava prestes a subir. Ele queria fazer uma grande aposta nele. Alexander achou isso mais interessante. Se um investidor tivesse um pressentimento sobre títulos alemães, talvez outros tivessem também, e levassem a um aumento ainda maior desse mercado. Há muitas maneiras de fazer a mesma aposta. Até aquele momento, meu cliente simplesmente havia comprado centenas de milhões de marcos alemães em títulos da dívida pública alemã. Eu me perguntei se não haveria uma aposta mais ousada a ser feita no mercado; este é um pensamento típico de uma pessoa que estava se tornando excessivamente acostumada a apostar dinheiro alheio. Alexander e eu tentamos destrinchar minhas ideias desordenadas. E, nesse processo, deparamos com uma ótima ideia, um título totalmente novo.

Meu cliente adorava risco. Risco, eu tinha aprendido, era uma mercadoria em si. O risco poderia ser enlatado e vendido como tomate. Diferentes investidores dão preços diferentes ao risco. Se você conseguir, por assim dizer, comprar barato o risco de um investidor e vendê-lo caro para outro investidor, poderá ganhar dinheiro sem correr risco algum. E foi isso que fizemos.

Meu cliente queria assumir um grande risco apostando uma enorme quantia de dinheiro em títulos da dívida alemã em alta. Ele era, portanto, o "comprador" de risco. Alexander e eu criamos uma garantia, chamada de opção de compra ("*warrant*" ou "*call option*"), que era um meio de transferir o risco de uma parte para outra. Ao adquirir nossa opção de compra, investidores avessos ao risco de toda parte (ou seja, a maioria dos investidores) estariam, na verdade, vendendo-nos risco. Muitos desses investidores não sabiam que queriam vender risco no mercado de títulos alemão até sugerirmos essa possibilidade com a nossa nova opção de compra, assim como a maioria das pessoas não sabia que queria abafar os ouvidos para ouvir Pink Floyd o dia inteiro até a Sony produzir o Walkman. Parte do nosso trabalho era atender às necessidades que os investidores não sabiam que tinham. Nós confiávamos na força de vendas do Salomon para gerar demanda para o nosso novo produto, que, por ser único, era certeza de sucesso. A diferença entre o preço que pagávamos a investidores cautelosos pelo risco e o preço a que ele era vendido para o meu cliente constituiria nossos lucros. Estimamos que fossem na faixa de US$ 700 mil.

A ideia era um sonho. O Salomon Brothers, que estava no meio dessa transferência de risco, não assumiria risco algum. Setecentos mil dólares livres de risco era uma visão refrescante para a gerência do Salomon. Mas, mais importante ainda, no que dizia respeito ao Salomon, era a novidade do nosso negócio. Uma garantia nas taxas de juros alemãs era algo novo. A publicidade de ser o primeiro banco de investimento a emiti-las era o tipo de coisa que deixa os bancos de investimento loucos de desejo.

À medida que bolávamos o negócio, as pessoas no pregão começaram a ficar curiosas. Um vice-presidente de outra área do pregão, um corretor geralmente responsável por conversar com as grandes empresas, começou a sondar para ver se descobria alguma coisa. Vou chamar esse homem de "o oportunista". Ele decidiu que era a sua missão desempenhar um papel no nosso negócio. Eu não criei objeção. Ele trabalhava no Salomon há seis anos, o dobro do tempo de Alexander e eu combinados, e poderíamos aproveitar sua experiência. O oportunista, por sua vez, não tinha mais nada a oferecer. A época do bônus já estava chegando. Ele queria desesperadamente se distinguir dos demais e considerou nosso negócio como sua grande chance.

Para ser justo, o oportunista não foi totalmente inútil. Tínhamos negligenciado a necessidade de obter a aprovação do governo alemão, e o oportunista nos salvou do constrangimento. O governo alemão não tinha voz nos mercados europeus. A beleza do Euromercado era que ele não estava sob a jurisdição de nenhum governo. Poderíamos, em tese, ter ignorado os alemães. Mas tínhamos de ser educados. O Salomon Brothers esperava abrir um escritório em Frankfurt, e a última coisa que a empresa precisava era de políticos alemães irritados.

Assim, o oportunista se tornou nosso emissário ao Ministério das Finanças alemão. Ele convenceu as autoridades de que nosso negócio não minaria a capacidade deles de controlar sua oferta de dinheiro (verdade) nem encorajaria a especulação nas taxas de juros alemãs (mentira; o principal objetivo era justamente facilitar a especulação). É preciso reconhecer que ele entendia perfeitamente a sensibilidade de seu público. Ele sabiamente usava camuflagem em suas viagens para Frankfurt: o marrom dos investidores de longo prazo. Ternos, sapatos e gravatas marrons. Nada de suspensórios vermelhos com cifrões dourados. Nenhuma abotoadura de ouro. Desempenhando seu papel de burguês comedido, ele conquistou a confiança de altos funcionários do Ministério, até, creio eu, do próprio ministro das Finanças.

Em várias semanas de negociações, houve apenas pequenos contratempos. Em uma das reuniões, foi relatado, os alemães ficaram irritados com a atenção da mídia que o acordo poderia atrair. Sem compreender plenamente todas as implicações de nossa opção de compra, eles temiam que uma associação muito estreita com ela pudesse afetar sua boa reputação. Dissemos que manteríamos a publicidade ao mínimo. Eles perguntaram sobre o anúncio público que iria aparecer na imprensa financeira no final da transação. Dissemos que queríamos um anúncio (como um *souvenir*), mas que não iríamos divulgá-lo na imprensa. Eles concordaram com nosso anúncio sob a condição de que não seria impresso sobre ele o símbolo da República Federal da Alemanha, a águia. Brincando, sugerimos uma suástica como substituto. Aparentemente, eles não acharam isso tão engraçado quanto eu. Essa foi a única vez que quebramos o protocolo.

Quando o negócio finalmente fechou, foi um sucesso estrondoso. O Salomon Brothers e o meu cliente se deram muito bem. Ficou claro que Alexander e eu ficaríamos famosos na empresa. O oportunista também merecia elogios. Então, começaram os problemas. Na tarde em que o negócio foi lançado, um memorando foi distribuído em Londres e Nova York, descrevendo como o negócio tinha sido feito (a estrutura inovadora foi considerada engenhosa e, portanto, merecedora de destaque). Nenhuma menção foi feita a Alexander, ao meu cliente ou a mim no memorando. Quem assinou o documento foi: o oportunista.

Foi um golpe sutil, mas eficaz. Por incrível que possa parecer para aqueles não familiarizados com o negócio, nenhum dos chefes em Nova York ou Londres compreendia muito bem o que tínhamos feito. Qualquer um que já tenha trabalhado com isso sabe que essa é a norma. E, ao explicar o negócio para a alta diretoria, o oportunista fez parecer que ele era o único responsável por tudo.

Era tão claramente injusto, tão covardemente enganador, que eu deveria ter rido (será que ele achava que ia escapar impune? — ainda me pergunto). Na época, no entanto, não pareceu engraçado. Fui em direção à sua mesa para agredi-lo. Valia jogar telefones. Valia gritar palavrão. Não valia arrebentar a cara de um colega. Eu esperava não bater nele, mas, se eu batesse, queria que ele me batesse de volta. Então, nós dois seríamos demitidos.

O oportunista, no final das contas, estava um passo à minha frente. Ele havia corrido para pegar o primeiro Concorde para Nova York no momento em que seu memorando chegou na máquina de xerox. Não que ele quisesse me evitar. Eu acho que nem passou pela cabeça dele se preocupar comigo. Para ele, eu não conhecia ninguém na empresa importante o suficiente para interferir com sua diversão. Afinal, se ele estivesse tentando simplesmente desaparecer, uma passagem de primeira classe em um voo comercial regular teria resolvido.

No exato momento em que eu estava diante da sua cadeira vazia no pregão de Londres, o oportunista estava dando o que Alexander apropriadamente descreveu como a "volta da vitória" no 41º andar em Nova York. Em sua voltinha pelo 41º, ele parava e contava a Strauss e Gutfreund como o negócio tinha ido bem. Claro que ele não disse "Eu fiz o negócio, e realmente mereço o polpudo bônus quando chegar a hora", embora tenha sido esta sua intenção. Ele não tinha necessidade de ser tão direto. Seu memorando o tinha precedido. Que ele fechara o negócio estava implícito com seu retorno a Nova York para contar a todos sobre o feito, e ele não mencionou nenhum outro nome, além do dele mesmo.

Provavelmente, todo mundo sabe como é irritante ser roubado. Mas você só sabe o que é amargura de verdade quando é detonado por um sistema inteiro. E era o que estava acontecendo. Nenhum executivo sênior parecia saber a verdade. O presidente do Salomon Brothers International passou por minha mesa com o maldito memorando nas mãos. "Eu só queria agradecer por sua ajuda", disse ele. "O oportunista não poderia ter fechado a transação dele se não fosse a relação que você estabeleceu com o cliente."

Transação *dele*? "*Seu idiota*", eu queria gritar, "*você foi enganado.*" Eu sorri e agradeci.

As pessoas em Nova York, Alexander me contou, comentavam como o oportunista era inteligente. Alexander tinha todo o direito de estar pelo menos tão irritado quanto eu. Ele foi filosófico. "Não se preocupe", disse, "Ele já fez isso antes. Acontece." Pelo menos eu tinha recebido crédito por prestar alguma assistência menos importante. Alexander não teve sequer essa sorte. Sua contribuição para a história financeira do Salomon tinha sido completamente ignorada. Tínhamos uma escolha, Alexander e eu. Poderíamos ficar furiosos ou nos vingarmos dele. Eu lancei a questão para Alexander. Nós dois estávamos em posição de gritar assassino sangrento. Qual era o objetivo de ser um Fodão se você nada podia fazer ao ser insultado por vice-presidentes inescrupulosos? Mas gritar em uma grande empresa, mesmo em uma empresa tão neandertal como o Salomon, era contraproducente. Poderíamos conseguir a cabeça do oportunista, mas a um custo. Ele era membro da família Voute. Nós éramos membros da família Strauss. Se fizéssemos uma caca, o fedor se espalharia até os píncaros, ou pelo menos até a sala do presidente. A questão seria obscurecida por lealdades familiares. As guerras da máfia eram desastrosas. Então, como pegar o oportunista sem recorrer à guerra de alto nível? Como extirpar o câncer sem matar as células saudáveis?

Alexander ouviu a minha denúncia e decidiu, em vez de buscar vingança, dar uma de adulto e ignorar a coisa toda. Ele acreditava que não era possível progredir no mundo corporativo passando por cima dos outros; se o oportunista tinha pisado na gente, nós devíamos sacudir a poeira e esquecer o assunto. Ele estava certo, sem dúvida. Mas eu discordei dele. Decidi ser uma criança e ir à forra. Eu estava na selva agora e desenvolvendo um gosto pela atitude guerrilheira.

Meu diploma em história da arte finalmente serviu para alguma coisa. Eu sabia tudo sobre fraudes. Pergunte-se: o que um pintor faria se um rival roubasse seu trabalho e colocasse o nome dele na obra? Ele pintaria uma réplica da pintura e lançaria um desafio para o rival fazer o mesmo. E foi isso que eu fiz. A analogia não é perfeita, obviamente, porque para a maioria das pessoas uma opção de compra é mais fácil de falsificar do que um Rembrandt, ou até mesmo um Jackson Pollock. Mas eu não tinha necessidade de provar que ele era uma fraude completa; eu só tinha de lançar dúvidas sobre suas afirmações. O oportunista tinha representado a si mesmo como a única fonte de sabedoria sobre a opção de compra, e se essa estratégia pudesse ser invalidada, ele ficaria desmoralizado. Nós (pois eu contava com o apoio maldoso de Alexander, se não com a sua aprovação) concebemos um outro negócio, semelhante o suficiente ao primeiro para ser inequivocamente creditado ao mesmo autor. Envolvia títulos do governo do Japão, em vez da Alemanha, e tinha uma estrutura subjacente um pouco distinta, cujos detalhes, para os meus propósitos agora, são irrelevantes.

Com o negócio estruturado, eu não procurei o oportunista nem pedi para ele bancar o emissário para o governo em questão. O oportunista foi informado apenas do que merecia saber: nada. Então, antes que o negócio saísse, dei minha própria voltinha no 41º andar de Nova York. Pode chamá-la de volta de aquecimento. Uma volta de aquecimento, ao contrário de uma volta após a vitória, poderia ser feita por telefone.

Fiz várias chamadas. O oportunista, embora gostasse de afirmar que se reportava diretamente a John Gutfreund, tinha um chefe. Seu chefe trabalhava no 41º andar e ainda estava se deleitando com a glória refletida de seu assecla. De repente, o chefe se viu em uma posição complicada. Vários executivos do seu escalão deram a dica sobre o novo negócio japonês, dizendo: "Talvez o cérebro dessa operação não seja o seu empregado." O chefe do oportunista ligou para ele para perguntar por que ele (o chefe) não tinha sido informado dessa nova transação. O oportunista também não sabia sobre o negócio, nem conseguiu demonstrar que o entendia. Minhas bombas telefônicas tinham atingido o alvo.

Eu estava disposto a deixar o assunto morrer assim. Ele, não. Cerca de uma hora depois de eu ter completado minha volta de aquecimento, o oportunista estava ao meu lado, me encarando. Fiquei surpreso com a forma como ele parecia ofendido. Era tudo que eu podia fazer para sufocar uma risada. Sua expressão retratava o que eu senti quando li o memorando dele pela primeira vez. Acho que ele tinha se convencido de que a opção de compra dos títulos alemães tinha sido ideia dele desde o princípio. Eu me esforcei ao máximo para sorrir, mas tenho a impressão que deve ter parecido totalmente falso.

"Venha aqui um minuto", disse.

"Desculpe, estou ocupado", menti, "vai ficar para a próxima."

"Vou estar aqui às 20 horas. Você deveria estar também", disse ele.

Eu teria pulado fora, mas no final das contas fui obrigado a ficar no escritório até às 20 horas naquela noite, por outras razões. Então, infelizmente, nos encontramos.

"Venha ao escritório do Charlie", disse o oportunista, precisamente às 20 horas. Charlie era o nosso presidente. Um dos hábitos mais charmosos do oportunista era que, embora fosse um vice-presidente como outro qualquer, ele usava a sala do nosso presidente como se fosse sua. Como esperado, sentou atrás da mesa. Eu me sentei à sua frente e me senti como um garoto prestes a ser repreendido. Ele era o ladrão, eu fiquei me lembrando disso.

Talvez eu dê crédito demais ao Salomon Brothers, e muito pouco a mim mesmo, mas acho que o que passou pela minha cabeça em seguida nunca teria me ocorrido antes de eu colocar os pés no pregão. Em suma, decidi acabar com ele. Para isso, descobri recursos maquiavélicos que eu não sabia que possuía, algo significativo. A alegria de ter a vantagem tomou conta de mim. Em vez de ficar desconfortável, ou ansioso ou irritado, de repente gostei da ideia de um confronto calculado. Ficou claro como causar dano máximo: falar o menos possível e dar-lhe a chance de dizer algo que não devia.

O oportunista tinha tido chance de se acalmar. Foi dolorosamente cuidadoso quando começou a falar. Foi sensato em todos os aspectos, menos um: o seu sentido estratosférico de autoimportância. Era esperto, tenho de reconhecer. O que ele não sabia era que todo mundo era esperto também. Ele tinha um pé em cima da mesa e estava olhando para um objeto — uma caneta, acho — que segurava na mão. Girava o objeto na palma da mão, ao estilo de Queeg. Não me olhava nos olhos.

"Eu tinha você na mais alta conta", disse ele. "A maior parte das pessoas por aqui é burra. Pensei que você fosse um pouco mais esperto."

Evidentemente, não era verdade que a maior parte das pessoas no Salomon Brothers era burra, mas este era o tipo de coisa que ele diria. "O que você quer dizer?", perguntei.

"Recebi uma ligação do [chefe], e ele me disse que você está espalhando a notícia sobre uma opção de compra de títulos japoneses", disse ele.

"E daí?", perguntei.

"Por que você não me contou? O que você acha que está fazendo?", perguntou. Fez uma pequena pausa, depois continuou: "Você não pode fechar uma transação assim sem a minha ajuda. Posso acabar com o seu negócio com um simples telefonema..." Ele, então, enumerou negócios de vários bilhões de dólares no passado que foram ou não feitos pelo Salomon Brothers por causa dele.

"Por que diabos você interferiria com a minha transação, se ela vai ser absolutamente rentável?", perguntei.

Eu sabia exatamente por que ele interferiria em um negócio rentável. Se não recebesse o crédito, não queria que acontecesse. Acabaria com a ilusão que estava tentando criar de que ele era o único a entender esse novo esquema de negócio. Se o oportunista conseguisse criar a ilusão, a empresa pagaria um bônus maior para ele no final do ano. Eu estava ciente de tudo isso. Ele ficou irritado. E esse foi seu maior erro.

"Eu posso demiti-lo", disse ele, "com um simples telefonema [havia drama em suas chamadas telefônicas]. Tudo que tenho de fazer é ligar para [o chefe dele] ou John [Gutfreund], e você já era."

E foi isso. Eu tinha acabado de tirar um quarto ás. O oportunista estava blefando, e estava escrito na cara dele. Sentar em um pregão todos os dias faz a gente ficar muito mais sensível aos pequenos blefes das pessoas. Eles eram quase sempre transparentes. E, uma vez que você pegava a pessoa no flagra, era dono dela, como um peixe bem-fisgado. Você tinha a opção de soltá-la ou puxá-la. Nesse caso, eu já tinha decidido o que fazer. O oportunista estava completamente desorientado. Ele não tinha como me demitir. Não chegava nem perto disso. Além do mais, muita gente ficaria irritada quando soubesse da sua ameaça. Ele tinha se metido em apuros, ainda que de uma maneira que eu não esperava. Nunca um complô para destruir alguém funcionou tão bem antes. Na verdade, eu nunca havia bolado um complô para destruir alguém antes.

Não havia sentido em continuar. Fingi preocupação. Disse a ele que estava triste, que nunca faria isso de novo e que, sempre que eu tivesse uma boa ideia no futuro, certamente iria procurá-lo imediatamente e contar tudo. De alguma forma, ele acreditou em mim.

O que o oportunista tinha esquecido de considerar em seu esquema era a onisciente, onipotente, onívora Presença. Não, não era Deus. Era uma pessoa no pregão conhecida como *syndicate manager*. Os *syndicate managers* de Wall Street e de Londres são encarregados de coordenar todas as transações, são como administradores gerais; em Londres, uma das poucas mulheres poderosas dentro do Salomon tinha coordenado o nosso negócio com títulos alemães. Esses gerentes são os equivalentes no banco de investimento dos chefes de gabinete da Casa Branca ou dos técnicos de equipes esportivas profissionais. John Gutfreund tinha feito a sua reputação como maquiavélico no sentido original da palavra. Eles tudo veem. Tudo ouvem.

Tudo sabem. Você não peita um *syndicate manager*. Se você fizer isso, acabará se machucando.

No dia seguinte, contei à *syndicate manager* de Londres sobre a minha conversa na noite anterior. Ela sabia toda a verdade sobre o negócio alemão, porque tinha desempenhado um papel no seu sucesso. Ficou ainda mais irritada do que eu esperava. Ela também era extremamente bem-relacionada no Salomon Brothers, de uma maneira que o oportunista nunca foi. Deixei seu destino nas mãos dela sem piedade; era como deixar um peixe dourado sob os cuidados de um gato de rua. Só então, depois que já era tarde demais para reverter o processo, senti remorso. Mas não muito. Até mesmo minha consciência estava se tornando calculista, permitindo-me sentir culpa apenas suficiente para continuar vivendo, mas não para me impedir de fazer o que fosse preciso.

Eu só soube o final da história muito tempo depois. A mulher com quem eu falei era diretamente responsável por decidir a remuneração do oportunista. O oportunista estava esperando um montão de dinheiro e uma promoção de vice-presidente a diretor. A promoção era fundamental para seu futuro. Essa mulher deu cinco ou seis telefonemas e arruinou os planos dele. Eu tive de esperar até a época do pagamento dos bônus, no final de dezembro, para ver o efeito. As promoções foram anunciadas uma semana antes de o dinheiro ser depositado. O oportunista continuou como vice-presidente. Assim que o bônus bateu na conta, ele pediu demissão.

Nesse ponto da história, no outono de 1986, minha sorte e a sorte da minha empresa divergem. O dinheiro fluía pelo meu telefone, mas não parecia fazer diferença nos lucros do Salomon Brothers. A tendência de alta no mercado de títulos finalmente perdeu sua força. Em novembro o mercado despencou rapidamente, e o darwinismo financeiro prevaleceu. Muitos traders fracos do Salomon, junto com alguns clientes, acabaram caindo fora. Menos clientes e traders nervosos significavam que o volume de negócios diminuía. Mais vendas de apostadores frenéticos e mais tempo tentando parecer muito ocupado. No final do ano os bônus seriam pagos. Pela primeira vez em muitos, muitos anos na história do Salomon Brothers o Natal parecia ser um momento de tristeza.

Pequenas guerras locais estavam sendo travadas por todo o pregão de Londres. Alguns sujeitos até então tranquilos com nomes prussianos agora estavam guardando cópias da obra *Da guerra*, de Clausewitz, em suas mesas. Os banqueiros de investimento costumavam ler *Da guerra* em segredo, não porque tivessem vergonha de serem pegos com o livro nas mãos, mas porque não queriam deixar que ninguém soubesse sua técnica. Eu recomendei o chinês Sun-tzu, um antigo gênio da guerra, a um dos meus colegas prussianos, e ele olhou para mim com desconfiança, como se eu estivesse tentando enganá-lo fazendo-o acreditar que um chinês sabia algo sobre guerra.

Quando o dinheiro some do pregão, lembra muito o momento em que a música para no jogo da dança das cadeiras. Os poucos que estão próximos às suas cadeiras se divertem assistindo os outros travarem combates mortais para garantir um lugar. O foco no Salomon Brothers deixou de ser a glória e passou a ser a autopreservação. Quem estava fazendo merda? era a pergunta mais ouvida.

Os corretores culpavam os traders e os traders culpavam os corretores. Por que não podíamos vender os seus títulos para investidores europeus idiotas? Os traders queriam saber. Por que não conseguiam encontrar títulos que não fossem tão vergonhosos? Os corretores queriam saber. Um trader, que estava tentando dar um golpe semelhante àquele dos títulos da AT&T em um dos meus clientes, me disse que eu precisava colaborar mais com a equipe. Fiquei tentado a perguntar: "Que equipe?" Eu, provavelmente, poderia ter vendido seus títulos e economizado algum dinheiro, mas isso me custaria um relacionamento. Dizer aos traders que aprendessem a viver com seus erros — o que eu fazia em raras e corajosas ocasiões — não era um juízo moral, mas um juízo comercial. Na minha opinião, a solução para os pesadelos da AT&T não era despejá-los nas carteiras de meus clientes, mas saquear os traders que nos causaram problemas, em primeiro lugar. Os traders, é claro, não concordavam.

O fato evidente era que uma combinação de forças do mercado e péssima gestão tinha lançado o Salomon Brothers em enormes apuros. Às vezes, era como se não tivéssemos administração alguma. Ninguém acabava com as disputas internas, ninguém nos dava um senso de direção, ninguém dava um basta em nosso rápido crescimento, ninguém queria tomar as decisões difíceis que empresários, como generais, simplesmente têm de tomar.

Que isso ocorresse no pregão era uma estranha inversão que se tornou mais evidente quanto mais tempo à administração levava para entender os acontecimentos. Os soldados eram mais capazes de diagnosticar os problemas do nosso negócio do que os generais. Corretores comuns ficavam ao telefone o dia todo, todos os dias com a fonte de nossas receitas: os investidores institucionais europeus. E em dezembro de 1986 os corretores do Salomon ouviram um novo tom nas vozes de seus clientes e viram uma série de mudanças coincidentes de uma vez, que a administração definitivamente não enxergava.

Primeiro, os investidores estavam cada vez mais irritados com o tratamento agressivo e cruel dispensado pelo Salomon Brothers e outros bancos americanos de investimento às relações com os clientes. As pessoas que controlavam enormes somas de capital (investidores na França e na Alemanha, por exemplo) se recusavam a comprar ações e títulos do Salomon. "Você tem que entender", um dia me disse uma irritada investidora francesa ao se defender de uma prioridade do Salomon Brothers, "estamos cansados de ser roubados pelo Drexel Burnham, Goldman Sachs, Salomon Brothers e outros americanos."

Existe, ou existia, uma diferença fundamental entre investidores institucionais europeus e sua contrapartida norte-americana, observada por todos os traders de Nova York que passavam algum tempo no nosso escritório. Os bancos de investimento nos EUA são um oligopólio há muitos anos. Um pequeno número de bancos de investimento de "renome" compete para captar recursos. Os investidores americanos (os emprestadores de dinheiro) foram treinados para pensar que eles só podem fazer negócios com um punhado de grandes bancos de investimento. E, em geral, os interesses dos credores em Nova York são secundários aos interesses dos tomadores de empréstimos corporativos. Então, em Nova York, as negociações de títulos e ações são fechadas não pelo fato de os investidores (credores) quererem comprá-los, mas pelo fato de as empresas quererem captar recursos.

Eu nunca soube por que isso acontecia. Quero dizer, você imagina que o mutuário teria a mesma probabilidade de ser sacaneado pelo intermediário quanto o mutuante. Mas não tem. O oligopólio de Wall Street, que tanto custou aos mutuantes, não parecia afetar os mutuários, talvez porque sejam espertos o suficiente para colocar os poucos bancos de investimento existentes uns contra os outros, talvez porque sejam menos dependentes de Wall Street, em primeiro lugar; afinal de contas, se não gostarem dos termos de uma negociação de títulos, sempre poderão recorrer a um empréstimo bancário. De qualquer forma, ninguém sonha em tentar enganar, por exemplo, a IBM, para que a empresa emita ações ou títulos baratos. A IBM é considerada importante demais para se aborrecer e, portanto, sempre emite suas ações e títulos por um bom preço. Os corretores de Wall Street tentam, então, enganar os investidores para que comprem mercadorias superfaturadas.

Os credores europeus (meus clientes) não sabiam como girar a dívida e se fingir de morto. Você podia enganá-los uma vez, mas, se o fizesse, eles nunca mais voltariam. Ao contrário de sua contrapartida americana, não entendiam que não podiam viver sem os serviços do Salomon Brothers. Um trader do Salomon em Nova York, uma vez me contou: "O problema com o escritório de Londres é que os clientes não são treinados." Mas por que eles seriam? Se não gostassem da gente, poderiam simplesmente mudar para um concorrente inglês, francês ou japonês. Se os bancos estrangeiros eram mais amigáveis do que a gente, eu não sei. O que ficou claro, no entanto, é que centenas de empresas poderiam fazer a maioria das coisas que fazíamos.

Ninguém podia, e eu não tentaria, convencer nossa diretoria desse triste fato. Sua resposta teria sido matar o mensageiro. ("Como assim nós não somos diferentes dos outros? Se for verdade, então você não está fazendo o seu trabalho.") Mas eu me lembro na época de uma curta viagem a Genebra, onde me encontrei com um homem que controlava apenas US$ 86 milhões, que descreveu a situação em poucas palavras para mim. Enquanto estávamos sentados em seu escritório falando, um de seus contadores entrou correndo, agitando uma folha de papel.

"Duzentos e oitenta e cinco", disse ele e depois saiu.

O número 285 representava a quantidade de banqueiros de investimento diferentes com os quais ele tinha tratado no ano anterior. Se o episódio foi encenado para me impressionar, funcionou. Eu não sabia, engoli em seco, que havia 285 bancos de investimento no mundo.

"Não existem", disse ele. "Existem mais. E eles são todos iguais."

Em outras palavras, toda a ideia da globalização não passava de ficção. O admirável mundo novo das comunicações avançadas e de um mercado único mundial para o capital não implicava necessariamente que um pequeno punhado de bancos de investimento, tais como o Salomon, dominaria o mundo. Significava que o dinheiro fluía mais livremente ao redor do globo. Mas não parecia haver as mesmas economias de escala ao lidar com esse dinheiro como havia em lidar com ervilhas congeladas, por exemplo.

A emissão de dívida e a negociação de títulos não eram mais o domínio de uma única empresa, mas de centenas. Muitos dos novos jogadores não partilhavam do nosso exaltado senso de autoestima. Bancos japoneses, como o Nomura, bancos comerciais americanos, como o Morgan Guaranty, e monolitos europeus, como o Crédit Suisse, estavam todos dispostos a fazer o mesmo trabalho que o Salomon Brothers na Europa, e de forma muito mais barata. Mesmo pequenas empresas, com seis pessoas em minúsculos escritórios, com baixas despesas gerais, eram capazes de competir, reduzindo os preços ao máximo. Eles tinham a mesma informação que nós. A informação e as comunicações estavam se tornando cada vez mais baratas e mais fáceis de obter. Estávamos sendo expulsos de nossos mercados por produtores estrangeiros de baixo custo, assim como aconteceu com as empresas norte-americanas de aço e de automóveis que nos precederam.

Nossa má administração tinha sido sobrecarregada com uma tarefa impossível. As ordens recebidas da sala de guerra de Nova York não tinham qualquer relação com as condições no campo. O escritório de Londres havia sido encarregado por John Gutfreund e Tom Strauss para recuperar as estratégias desgastadas. Gutfreund e Strauss ainda estavam enamorados com a ideia de dominação global. Eles estavam inclinados a culpar seus tenentes pela má execução de um plano brilhante, em vez de questionar o plano propriamente dito. Os tenentes responderam com um coro retumbante do tema do Salomon Brothers na Europa, chamado "Não é minha culpa, eu só acabei de chegar!".

E era verdade. Os gerentes de Londres, como os *geeks*, eram muito novos no mercado para questionar a estratégia. Miles Slater, nosso diretor-executivo, era um americano de 43 anos de idade que só chegara em Londres em junho de 1986, seis meses depois de mim. Bruce Koepgen, o chefe de vendas, era um americano de 34 anos que chegou em Londres em 1985, seis meses antes que eu. O presidente da operação, Charlie McVeigh, era um americano, 45 anos, que tinha uma grande dose de experiência, mas era mais o diplomata da empresa do que o seu gerente. Os diretores do Salomon Brothers em Londres só sabiam falar inglês.

Em novembro de 1986 saímos do pequeno escritório no coração do distrito financeiro de Londres para um andar alto, logo acima da Victoria Station, hoje chamado de Victoria Plaza. O novo escritório era quase tão grande quanto a própria estação, e era mais um sinal do nosso otimismo do que de nossas necessidades. "Quando eu vi a inauguração do escritório de Londres", diz William Salomon, "com um pregão duas vezes maior do que o de Nova York, percebi o exagero."

Nosso grandioso novo escritório ficava apenas a uma curta caminhada do Palácio de Buckingham daquela santa criatura chamada rainha-mãe. Uma longa escada rolante subia da rua dos reis e atravessava uma passagem de cromo e espelhos até as alturas vertiginosas do nosso pregão. O pregão não ficava no topo da escada rolante. Isso teria sido econômico demais. No topo da escada rolante estava um espaço enorme, que dava a sensação do lobby do Hyatt Regency, cheio de sofás, plantas e uma gigantesca estátua de bronze de um coelho correndo. O coelho era um *non sequitur*. Sua forma não sugeria uma firma Wall Street que avançava a passos largos em direção ao futuro; estava mais para o Pernalonga correndo entre os buracos, um passo à frente do Hortelino Troca-Letras. Na época do Natal, os traders penduravam enormes ornamentos de prata no rabo do coelho para que parecessem bolas; mais tarde, um guarda-chuva fazia às vezes do que os britânicos chamam de *willy* (pênis).

Claramente, o mesmo tempo tinha sido gasto na decoração e no funcionamento do novo escritório. A escada rolante da era espacial e as tubulações metálicas expostas do saguão faziam uma transição suave em uma escada em espiral de madeira e impressos antigos e enrugados. Este não era tanto o escritório, mas um *set* de Hollywood em transição, de *2001: Uma odisseia no espaço* para *E o vento levou*. Para os clientes britânicos que vinham da rua, o lugar era apenas comicamente americano. Eles sussurravam entre si que o escritório parecia algum terrível erro que já tinham visto uma vez em Nova York, e tudo isso antes deles virem o papel de parede flocado, aquela confusão visual que os nova-iorquinos associam com lanchonetes como a Tad's Steak House e os londrinos com cerca de mil restaurantes indianos.

Um dia o meu francês, a esta altura um cético proprietário de US$ 86 milhões em títulos da Olympia & York (ele acabou escapando com um pequeno lucro e nunca me perdoou pelo inferno que o fiz passar), veio almoçar comigo e passou a mão crítica pelo nosso corrimão de carvalho entalhado. Em seguida, examinou o papel de parede creme e vermelho ao redor, como se fosse uma espinha nojenta. "Suponho que a gente pagou por isso, não foi?", ele perguntou. O tom de sua voz não sugeria desaprovação por nossas altas comissões, mas sim consternação com o uso que foi dado para o produto do nosso trabalho.

O novo pregão, quando você o encontrava, parecia ter mais do que o dobro do tamanho do 41º andar de Nova York e estava equipado com todas as engenhocas mais modernas. Quatro homens poderiam usá-lo (e de fato usavam) para passar e chutar uma bola de futebol sem qualquer constrangimento em qualquer direção. A vastidão, no entanto, era também um obstáculo, como sapatos cinco números maiores do que o seu. O lugar não tinha nada do nervosismo presente no pregão de Nova York. Qualquer energia que gerássemos, por menor que fosse, se dissipava nas vigas. O silêncio fazia com que nos sentíssemos preguiçosos e permitia que as pessoas se escondessem. O pessoal se escondia quando não estava negociando. Eu tinha vontade de ir até o centro do pregão e gritar bem alto, só para ver quem tinha comparecido ao trabalho. A sensação de vazio do lugar aborrecia a administração. Tendo passado anos em Nova York antes de irem para Londres, os gestores associavam barulho com lucros e silêncio com prejuízos.

Rápido, me dê meu dinheiro enquanto ainda tem algum sobrando. Esse era o sentimento geral no ar no final de 1986, pelas razões já mencionadas. Quando nos mudamos para o Victoria Plaza, um júri de diretores-executivos estava se formando em Nova York para dividir os despojos. O dinheiro foi distribuído em 21 de dezembro, e até aquele momento as pessoas só pensavam e falavam dos bônus. A forma como o nosso negócio congelou era fascinante, mas, suponho, previsível. Este era o momento pelo qual todos estavam esperando.

Por decreto de Gutfreund, um piso e um teto eram definidos a cada ano para os bônus dos funcionários com um e dois anos de casa, independentemente de suas realizações. Era uma tradição dos "Salomonites" de primeiro e segundo anos especularem sobre a probabilidade de a faixa ser suspensa. Muito do meu tempo durante as últimas seis semanas do ano, portanto, era gasto atendendo e fazendo chamadas aos meus antigos colegas de treinamento, agora espalhados por todo o sistema do Salomon. Só falávamos disso. Havia dois tipos de conversas. Primeiro, discutíamos a faixa que se aplicava a todos nós.

"No ano passado, foi de US$ 65 a 85 [mil]", um ou outro dizia.

"Ouvi dizer que era de 55 a 90."

"De jeito nenhum eles estipulariam uma faixa tão ampla para o primeiro ano."

"De que outra forma eles vão pagar os produtores?"

"Você acha que eles dão a mínima para os produtores? Eles vão guardar o máximo que puderem para si."

"É, acho que você está certo. Tenho que ir agora."

"Até mais."

No segundo tipo de conversa discutíamos a faixa aplicada ao nosso caso específico:

"Se eles não me pagarem 80, vou para o Goldman", um ou outro diria.

"Ah, você vai receber 80. Você é um dos maiores produtores na turma. Porra, eles já estão roubando a gente."

"O Goldman garantiria pelo menos 180. Esse pessoal está ferrando com a gente."

"É."

"É."

"É."

"É."

"Tenho que ir."

"Até mais."

O dia do pagamento do bônus, quando chegava, era um fascinante alívio na minha rotina diária de conversar com investidores e fazer apostas nos mercados. Contemplar o rosto das outras pessoas à medida que emergiram de suas reuniões valia mil palestras sobre o significado do dinheiro em nossa pequena sociedade. As pessoas respondiam com uma de três maneiras quando ouviam quanto mais ricas estavam: com alívio, com alegria e com raiva. A maioria sentia alguma mistura dos três. Alguns experimentavam os três sentimentos de forma diferente: alívio quando eram informados, alegria quando pensavam no que comprariam com o dinheiro e raiva quando ouviam que outros do seu nível tinham recebido bem mais. Mas o semblante era sempre o mesmo, independentemente do tamanho de seus bônus: pareciam enojados. Era como se tivessem comido torta de chocolate demais.

Ser pago era sinônimo de pura infelicidade para muitos. Em 1º de janeiro de 1987, 1986 seria apagado da memória, exceto por um único número: a quantidade de dinheiro que você recebia. Esse número era a soma final. Imagine ter de esperar um ano inteiro para se encontrar com o Criador divino e só então saber o seu verdadeiro valor como ser humano. Você também ficaria um pouco nervoso nessa situação, não é? Era mais ou menos isso que sofríamos. As pessoas sentiam uma onda de pura emoção varrêlas imediatamente na esteira de um ano de busca incessante pelo sucesso, e isso fazia seus estômagos revirarem. Pior, elas tinham de esconder esse sentimento. O jogo tinha que continuar. Era rude tripudiar logo depois de receber o bônus e embaraçoso demonstrar raiva. As pessoas que se saíam melhor sentiam alívio sem precedentes. Recebiam o que esperavam. Nenhuma surpresa. Nenhuma reação. Bom. Isso facilitava parecer impassível. Estava acabado.

A reunião para definir a minha remuneração foi no final do dia. Encontrei-me com o meu guia da selva, Stu Willicker, e o gerente de vendas do escritório de Londres, Bruce Koepgen, em uma das salas de jantar estilo *E o Vento Levou*. Meu guia da selva simplesmente ouvia e sorria. Koepgen, que diziam estar destinado à grandeza no Salomon Brothers, falou em nome da organização.

Eu gostaria de poder dizer que estava tão frio e calculista quanto um assassino diante de um chefão da máfia depois de ter executado o trabalho. Mas isso simplesmente não corresponderia à verdade. Eu estava mais nervoso do que esperava. Tudo o que eu — ou qualquer outra pessoa — realmente queria era saber o tamanho do meu bônus. Mas tive de aguentar um discurso bem mais longo, por razões que não compreendia bem.

O diretor-executivo organizou alguns papéis à sua frente e então começou: "Eu vi um monte de gente passar por aqui e se dar bem em seu primeiro ano", disse, citando alguns jovens diretores como exemplo: "Mas nunca vi ninguém ter o tipo de ano que você teve." Ele começou a listar nomes de novo. "Nem o Bill, nem o Rich, nem o Joe", disse ele. E, em seguida: "Nem mesmo [o Piranha Humana]." *Nem mesmo o Piranha Humana? Nem mesmo o Piranha Humana!*

"O que posso dizer", disse ele, "a não ser parabéns?" Ele falou por cerca de cinco minutos e alcançou o efeito desejado. Quando terminou, eu estava preparado para pagá-lo pelo privilégio de trabalhar no Salomon Brothers.

E eu achava que sabia vender. O chefe colocou minhas habilidades no chinelo. Ele fez tudo certinho. Boa parte do cinismo e da amargura que eu estava desenvolvendo pela organização derreteu. Eu me senti profundamente reverente diante da empresa, dos meus numerosos chefes, John Gutfreund, do trader da AT&T e de todos que tinha tido alguma relação com o Salomon Brothers, exceto, talvez, o oportunista. Eu não me importava com o dinheiro, eu só queria que aquele homem aprovasse meu desempenho. Comecei a entender por que eles dão um sermão antes de dar o dinheiro.

Como sacerdotes, os mestres do dinheiro do império do Salomon seguiam um padrão de tempo. O dinheiro vinha sempre como algo adicional e em um nó que você precisava desembaraçar. "No ano passado, você ganhou US$ 90 mil", disse ele.

Quarenta e cinco foi o salário; então, os outros 45 foram de bônus.

"No próximo ano o seu salário será US$ 60 mil. Agora deixe-me explicar esses números."

Enquanto ele explicava que eu estava recebendo mais do que qualquer outro colega da minha turma (soube depois que outros três recebiam o mesmo), eu convertia os US$ 90 mil em libras esterlinas (56 mil) e colocava isso em perspectiva. Certamente, era mais do que eu valia no geral. Era mais do que eu tinha contribuído para a sociedade; meu Deus!, se a contribuição social tivesse sido a medida, eu deveria ter sido cobrado, em vez de receber no final do ano. Era mais do que meu pai ganhara quando tinha 26 anos, mesmo levando em conta a inflação. Era mais do que qualquer outra pessoa da minha idade ganhava. Aha! Eu estava rico. Eu amava o meu patrão. O meu patrão me amava. Eu estava feliz. A reunião estava encerrada.

Depois pensei melhor. Quando tive tempo para refletir, decidi que não estava assim tão contente. Estranho, não é? Lembre-se que a empresa era o Salomon Brothers. Esses eram os caras que me fizeram detonar os clientes explodindo os títulos da AT&T. Eles eram perfeitamente capazes de direcionar o mesmo poder de fogo que usaram com meus clientes contra mim. Eu tinha feito o trabalho sujo por eles durante um ano e tinha apenas alguns milhares de dólares para mostrar. O dinheiro que não entrava no meu bolso ia direto para o bolso do homem que se apropriou dos meus feitos. Ele sabia disso melhor do que eu. As palavras não valiam nada. Ele também sabia disso.

Decidi, no final, que tinha sido levado para um passeio, uma visão que eu ainda acho que está basicamente correta. Eu não tinha certeza de quantos milhões de dólares eu ganhara para o Salomon Brothers, mas, por qualquer medida justa, eu merecia muito mais do que US$ 90 mil. Pelos padrões do nosso negócio monopolista, US$ 90 mil era como receber auxílio governamental. Eu me senti enganado, genuinamente indignado. De que outra maneira eu poderia me sentir? Olhava ao meu redor e via pessoas ganhando muito mais do que eu sem ter gerado 1 centavo sequer das receitas.

"A gente não fica rico neste negócio", disse Alexander quando eu me queixei com ele em particular. "Você só atinge novos níveis de pobreza relativa. Você acha que Gutfreund se sente rico? Aposto que não." Sábio homem, esse Alexander. Ele estudava budismo, que gostava de usar para explicar o seu desprendimento. Por outro lado, tinha três anos completos de casa depois do programa de treinamento e não estava mais limitado pela faixa de bônus. A empresa tinha acabado de pagar a ele uma soma fantástica de dinheiro. Ele tinha como bancar seu sentimento sublime.

No entanto, ele apontava a fome insaciável de quem tinha conseguido vencer no Salomon Brothers e, provavelmente, em qualquer empresa de Wall Street. A fome ou, se quiserem, a ganância assumia formas diferentes, algumas mais saudáveis para o Salomon Brothers do que outras. A mais venenosa era o desejo de ter mais, agora: a cobiça de curto prazo, em vez da ganância de longo prazo. Quem é ganancioso no curto prazo não é leal. As pessoas no Salomon Brothers, em 1986, queriam o seu dinheiro agora, porque parecia que a empresa estava rumando para o desastre. Quem sabia o que 1987 traria?

Pouco depois da época do bônus os traders e corretores do Salomon de Londres, juntamente com o pessoal de Ranieri, em Nova York, começaram a cair fora em busca de mais dinheiro em outro lugar. As outras empresas ainda estavam dando grandes garantias aos traders e corretores do Salomon. Os empregados mais antigos, que estavam jogando com dinheiro para valer, estavam amargurados. Eles esperavam US$ 800 mil e receberam apenas US$ 450 mil. Simplesmente, não havia suficiente para todos. Tinha sido um ano terrível para a empresa, mas mesmo assim cada um sentia individualmente que tinha se saído bem.

Um ano depois da minha chegada consegui olhar em volta e contei nos dedos das duas mãos e de um pé o número de pessoas que eram mais antigas na empresa do que eu. Todos, menos três, de cerca de 20 europeus mais velhos, que tinham definido o ritmo do escritório na época dos almoços demorados e fartos, partiram em busca de campos mais verdejantes. Cada um deles era rapidamente substituído por meia dúzia de *geeks*, de modo que, embora o ritmo de pedidos de demissão fosse alto, a empresa conseguia se expandir.

Encontrar os corpos simplesmente não era problema. No final de 1986 os sinais da loucura colegiada americana estavam evidentes na Grã-Bretanha. Havia a mesma estranha sensação popular de que nenhum trabalho valia a pena a não ser no setor de bancos de investimento. Fui chamado no final do ano para dar uma palestra para a Sociedade dos Estudantes Conservadores na London School of Economics (LSE). Se havia um lugar na face da Terra capaz de resistir tanto à Sociedade dos Estudantes Conservadores quanto à tentação do Salomon Brothers, era a LSE, um tradicional viveiro de esquerdistas.

O tema da minha palestra foi o mercado de títulos. Isso, eu imaginei, seria suficiente para mantê-los longe. Qualquer coisa sobre o mercado de títulos prometia ser demorado e maçante. No entanto, mais de cem estudantes apareceram para o evento, e quando um fulano de aparência decadente, que estava enchendo a cara de cerveja no fundo da sala, gritou que eu era um parasita, foi vaiado. Depois da palestra eu fui cercado, não com hostilidades, não com dúvidas sobre o mercado de títulos, mas com perguntas sobre como conseguir um emprego no Salomon Brothers. Um jovem radical britânico alegou ter memorizado toda a formação inicial do New York Giants, porque ele tinha ouvido dizer que o diretor de RH do Salomon era fã dos Giants (verdade). Outro queria saber se era verdade, como ele tinha lido na revista *The Economist*, que as pessoas no Salomon Brothers não apunhalavam pelas costas, mas atacavam de frente, com um machado. Qual era a melhor maneira de mostrar que era suficientemente agressivo? Será que havia algum risco de exagero, ou será que ele deveria deixar as coisas fluírem?

No seu auge, em meados de 1987, o Victoria Plaza continha novecentas pessoas e mais parecia uma creche do que o escritório principal de um império global. O sempre pertinente Dash Riprock se virou um dia e disse: "Apenas os diretores e a garotada." Na época, eu sabia o que ele queria dizer quase antes de ele abrir a boca; eu desenvolvera um dispositivo de decodificação embutido para Dash Riprock. A duração média dos serviços prestados pelos meus colegas em Londres caiu rapidamente de seis para menos de dois anos. A idade média deles, que uma vez já fora na casa dos 30, agora era de cerca de 25.

Durante toda a primeira metade de 1987 circulava uma velha anedota pelo pregão de que logo um cartaz seria pregado junto à saída: O ÚLTIMO A SAIR PODE APAGAR AS LUZES, POR FAVOR? Em seguida, uma piadinha nova (para mim, pelo menos) começou a circular. Só que, no final das contas, era verdade. O principal trader dos títulos da dívida pública britânica (chamados *gilts*) tinha pedido demissão. Os diretores do escritório de Londres caíram de joelhos (figurativamente falando) e imploraram para ele ficar. Ele era a espinha dorsal de um novo e frágil empreendimento, disseram os chefes. Que se danem as espinhas dorsais, disse ele, o Goldman Sachs ofereceu mais dinheiro, e ele ia aproveitar enquanto ainda dava. Ele era, afinal, apenas um trader negociando seus serviços. O que esperavam? Esperavam, disseram, que esquecesse a negociação por um momento e considerasse a importância da lealdade à empresa.

E você sabe o que ele respondeu? Disse: "Vocês querem lealdade, contratem um *cocker spaniel*."

CAPÍTULO 10

Como podemos deixá-lo ainda mais feliz?

Desenvolveu-se um padrão para a nossa existência. Cada mês começava com uma análise do desempenho da nossa pequena unidade, cada semana com uma reunião geral e cada dia com uma série de telefonemas para quem achássemos que gostaria de começar as apostas. Dash Riprock chegava ao trabalho sempre pelo menos uma hora antes de mim. Ele tinha essa ideia de que o seu bônus poderia sofrer se um chefe o pegasse longe do telefone. Estava completamente enganado. Os chefes se importavam muito mais com quanto dinheiro nós arrancávamos de nossos clientes do que com quanto tempo passávamos no processo. Além disso, Dash ficava chocado porque eu tinha a audácia de chegar depois das 7h45 e, de vez em quando, ele anunciava a minha chegada no alto-falante a plenos pulmões: "Eu apenas gostaria de agradecer a Michael Lewis por ter vindo trabalhar hoje. Uma salva de palmas para ele, senhoras e senhores."

Então, entrávamos no que eu só posso descrever como um fluxo de comunicação da consciência. Quando não estávamos falando sobre o futuro, ou sobre como vencer o mercado, ou sobre o destino do Salomon Brothers, ou como educar os três *geeks* que agora trabalhavam para nós, tagarelávamos como mães judias. Era típico da conversação social no pregão.

DASH: Vi um quadro na Sotheby hoje. Acho que vou comprá-lo.

EU: Onde você conseguiu esse terno?

DASH: Quanto está o iene?

EU: Pode me emprestar sua *Atlantic Monthly*?

DASH: Comprei em Hong Kong. Quatrocentas pratas. Custa oitocentos aqui.

EU: Quem é o artista?

DASH: Claro, mas quero de volta. Ou você já era.

EU: Eles vão nos pagar no final do ano.

DASH: Michael, quando é que eles nos pagam no final do ano?

No final do meu segundo ano, mais especificamente, no dia 24 de setembro de 1987, o padrão foi inesperadamente quebrado. Verdade, Dash se aninhava em busca de privacidade em sua posição habitual. Verdade, eu estava esperando que ele emergisse com sua carga normal para que eu pudesse contar mais uma piada de mau gosto sobre o presidente Ronbo. Mas não deu tempo. Pois, enquanto eu esperava, alguém gritou: "Estamos na berlinda!"

Dash, com o dedo no ouvido, absorvido na arte de vender títulos, não ouviu nada. Eu verifiquei minha tela de notícias. Se as pessoas ainda esfregavam os olhos quando não acreditavam no que viam, isso era o que eu deveria ter feito. As notícias diziam que Ronald O. Perelman, o marido de uma colunista de fofocas de Nova York, 1,65m de altura e notoriamente hostil saqueador corporativo, que recentemente conquistara a empresa de cosméticos Revlon, estava fazendo uma oferta para comprar uma grande participação no Salomon Brothers. O suporte financeiro era da Drexel Burnham, e seus assessores eram Joseph Perella e Bruce Wasserstein, do First Boston. Foi a primeira vez que Wall Street tinha mirado e atacado seus próprios escalões.

De repente, meu telefone parecia uma noite clara nas montanhas Rochosas; as luzes piscavam e pulsavam. Os clientes ligavam, aparentemente para expressar os pêsames pelo fato de a nossa empresa estar prestes a ser atacada e mutilada por um predador cruel. A preocupação deles era superficial, no entanto. Só queriam espiar, da mesma forma como fazem as pessoas que se aglomeram em torno do local de um acidente e olham fixamente para o metal retorcido e as vítimas trêmulas. Vários deles pensavam que o grande e mau Salomon Brothers tinha finalmente encontrado uma força no mercado maior e mais cruel, achando graça que a força nada mais era do que uma fornecedora líder de cosméticos femininos. Meu francês ficou espirituosamente impassível. "Logo você estará oferecendo amostras de batom com cada compra de títulos acima de US$ 1 milhão, o que significa que eu serei o feliz proprietário de muitos batons", disse ele, antes de desligar.

Por que um mercador de batons estava vindo atrás da gente? A resposta mais intrigante era que não tinha sido ideia sua. A oferta de Perelman poderia facilmente ser interpretada como uma bomba de ódio lançada contra John Gutfreund pelo rei dos títulos de alto risco da Drexel, e verdadeiro financiador de Perelman, Michael Milken. Milken muitas vezes arremessava bombas de ódio em pessoas que o tratavam mal. E Gutfreund tinha tratado ele mal. No início de 1985, Milken tinha visitado nossos escritórios para um café da manhã e uma reunião com Gutfreund. Tudo começou quando Milken ficou irritado porque Gutfreund se recusou a falar com ele de igual para igual. Terminou em uma competição de gritos, com Milken sendo escoltado do prédio por um segurança. Gutfreund, posteriormente, cortou Drexel das negociações de títulos do Salomon Brothers.

Depois a Drexel viu-se no centro da maior investigação jamais feita pela SEC. Em vez de enviar flores, um diretor do Salomon enviou aos clientes de Milken cópias das queixas (por extorsão e chantagem) movidas contra Milken por três outros clientes. A relação entre o Salomon Brothers e a Drexel Burnham era, em setembro de 1987, justamente considerada como a pior já existente entre quaisquer duas empresas em Wall Street.

Milken espionava Gutfreund. Apesar de toda sua ambição mundana, Gutfreund continuava notavelmente paroquiano e introvertido. É por isso, por exemplo, que nunca lhe ocorreu nomear gerentes para o escritório de

Londres que não fossem americanos. Nós não éramos homens de negócios, e não tínhamos aproveitado a oportunidade para diversificar quando estávamos fortes. Nós realmente nunca soubemos como fazer nada além de negociar títulos. Ninguém no Salomon tinha criado um negócio substancialmente novo, com exceção de Lewie Ranieri, e ele acabou sendo enterrado por seus problemas. Milken, por outro lado, tinha construído o maior dos novos negócios em Wall Street diretamente adjacente ao nosso, e seu objetivo era usurpar a posição do Salomon nos mercados de títulos.

"Gutfreund sempre dizia", comentou um dos meus colegas, mais próximos a Gutfreund do que eu, "que achava que apenas uma empresa era capaz de derrubar o Salomon Brothers, de assumir a nossa franquia: a Drexel. Ele não estava preocupado com os engomadinhos do Morgan Stanley, porque achava que nosso impulso competitivo era muito mais forte. Mas a Drexel é tão durona quanto a gente. E Henry [Kaufman] previa um declínio de longo prazo na qualidade do crédito da América corporativa. Eles estavam todos virando sucata. Isso significava que a nossa base de clientes estava partindo para a Drexel."

Mas não eram apenas os nossos clientes. Nossos funcionários desertavam para a Drexel num ritmo alarmante. Pelo menos uma dúzia de ex-traders e corretores do Salomon Brothers estavam entre os 85 homens que ocupavam o pregão de títulos de alto risco de Milken, em Beverly Hills, e muitos mais trabalhavam para a Drexel em Nova York. Todo mês, por assim dizer, outro trader, corretor ou analista de pesquisa saía do pregão de Nova York e anunciava para a chefia que estava indo para a Drexel. Como a diretoria do Salomon respondia? "Vamos dizer assim", afirma alguém que seguiu esse caminho, "você não tinha sequer permissão para voltar ao pregão para pegar o seu casaco."

As deserções para a Drexel, não surpreendentemente, se autoperpetuavam. Relatos sobre as mágicas somas de dinheiro a serem obtidas trabalhando para Michael Milken minavam o Salomon e nos faziam babar. Um executivo intermediário do Salomon saiu para se juntar a Milken em Beverly Hills em 1986. No seu terceiro mês no novo cargo achou US$ 100 mil extras no seu contracheque semanal. Ele sabia que não era época do bônus. Supôs que os contadores da Drexel tinham cometido um erro. Contou a Milken.

"Não", disse Milken, "não é um erro; nós apenas queremos que você saiba o quanto estamos felizes com o trabalho que está fazendo."

Outro ex-salomonete contou sobre seu primeiro bônus com Michael Milken. Milken deu-lhe vários milhões de dólares a mais do que ele esperava. Tinha se acostumado com as sessões de bônus do Salomon Brothers, onde raramente recebia mais do que o esperado. Agora, estava diante de um bônus maior do que o pacote de remuneração completo de John Gutfreund. Ele se sentou em sua cadeira, atordoado, como um personagem da antiga série de televisão *O Milionário*. Alguém tinha acabado de lhe entregar dinheiro suficiente para se aposentar, e ele não sabia como expressar sua gratidão. Milken o observou e, então, perguntou: "Você está feliz?" O ex-empregado do Salomon assentiu. Milken inclinou-se em sua cadeira e perguntou: *Como podemos deixá-lo ainda mais feliz?*

Milken afogava seu pessoal em dinheiro. As histórias magníficas faziam com que muitos de nós no Salomon ficássemos esperando por um telefonema de Milken. Isso também gerava lealdade em seu pregão de Beverly Hills. Milken, às vezes, parecia presidir um culto. "Devemos tudo isso a um homem", disse um trader da Drexel à autora Connie Bruck. "E todos nós éramos estranhos. Michael despiu-nos do ego." Todo ego tem seu preço. Um dos meus ex-colegas trainees que foi trabalhar para Milken me disse que, dos 85 que formavam o escritório de Beverly Hills, "Vinte a trinta valiam US$ 10 milhões ou mais, e cinco ou seis já tinham ganhado mais de US$ 100 milhões". Sempre que um jornal publicava uma estimativa do salário de Milken, aparentemente, todo o escritório de Beverly Hills da Drexel ria do baixo valor. Meu amigo e outros me disseram que Milken valia mais de US$ 1 bilhão. Ainda assim, a gente ficava se perguntando o que dava maior prazer a Michael Milken, ganhar US$ 1 bilhão ou assistir a Gutfreund se contorcer ao ver um de seus maiores clientes, Ronald Perelman, atacar o Salomon Brothers. "Eu conheço Michael, e eu gosto de Michael", diz Lewie Ranieri, que havia sido demitido por Gutfreund dois meses antes (e agora aparecia como o Fantasma do Natal Passado). "O seu epitáfio deveria ser o seguinte: Ele nunca traiu um amigo e nunca mostrou misericórdia a um inimigo."

A segunda maneira de encarar a oferta de Perelman era como retribuição pelos pecados cometidos por nossa administração. Dash e eu decidimos que a aquisição de controle de nossa empresa não era uma ideia tão ruim assim, não que alguém quisesse nossa opinião sobre o assunto. Sabíamos que Ronald Perelman, o magnata do batom, aventureiro e canalha, não tinha ideia de como administrar um banco de investimento. Mas também sabíamos que, se ele conseguisse conquistar Gutfreund, a primeira coisa que faria seria tratar a empresa como um negócio, em vez de um império, o que seria uma abordagem nova e refrescante para a administração do Salomon Brothers. Sem dúvida, uma grande quantidade de aquisições de controle de empresas são farsas, maldisfarçadas. Os saqueadores alegam que vão expulsar os gerentes preguiçosos e estúpidos, quando o que realmente querem é passar a mão nos ativos da empresa. Mas a tomada de controle hostil do Salomon foi uma emocionante exceção. Nossos ativos eram as pessoas; não tínhamos propriedades, nenhum plano de pensão superfinanciado, nenhuma marca comercial para roubar. O Salomon Brothers era um alvo honesto. Nossa administração mereceu o machado.

O único plano de negócios em Wall Street mais sensacionalmente errado do que aquele que o Salomon já havia desenvolvido foi o que o Salomon estava traçando para os próximos meses. Tínhamos o temperamento e a sabedoria de um motorista de táxi libanês: pisávamos fundo no acelerador ou no freio; não conhecíamos moderação e não tínhamos juízo. Quando decidimos que precisávamos de mais espaço em Nova York, nós, como mortais, nos mudamos discretamente para instalações maiores do outro lado da rua? Não. Começamos a construção, com a construtora e imobiliária Mort Zuckerman, de Columbus Circle, o maior e o mais caro projeto imobiliário até então em Manhattan. Susan Gutfreund encomendou uma caixa de cinzeiros de cristal com o desenho do nosso futuro palácio gravado no fundo. Acabaríamos nos livrando do projeto a um custo de US$ 107 milhões; ela guardou os cinzeiros.

Também aspiramos ao domínio global e construímos o maior pregão do mundo em cima de uma estação de trem de Londres. Bem, Londres foi um fracasso glorioso e já tinha passado da hora de consolidação, com um prejuízo estimado de US$ 100 milhões. Os engraçadinhos da imprensa inglesa estavam nos chamando de "Salomon defumado". Tínhamos construído um departamento de hipotecas gigante e onipotente; depois, deixamos metade do pessoal sair e despedimos quem sobrou. Lewie e seu monopólio tinham ido embora, uma perda de pelo menos algumas centenas de milhões de dólares a mais. Enfrentamos uma luta pelo poder no 41º andar. Nova York estava atormentada por conflitos internos; o preço desse erro poderia ser a perda da empresa. Ligar ou desligar. Comprar ou vender. Entrar ou sair. Consistência era para mentes pequenas, não para nós.

Ainda assim, os nossos equívocos mais graves não foram as coisas que fizemos, mas as que deixamos de fazer. Não era como se os bancos de investimento em 1987 não fossem mais um negócio rentável. Pelo contrário, eram mais rentáveis do que nunca. Era só abrir qualquer jornal e você via os banqueiros de investimento abocanhando honorários de US$ 50 milhões e mais por algumas semanas de trabalho. Pela primeira vez em muitos anos outras empresas, e não o Salomon, estavam ganhando dinheiro. Ironicamente, os novos ganhadores eram apenas os homens que ajudaram Ronald Perelman em sua oferta para comprar a nossa empresa: Milken, Wasserstein e Perella. A Drexel Burnham, graças a Michael Milken, tinha nos substituído como o banco de investimento mais rentável de Wall Street em 1986. Obteve US$ 545,5 milhões de lucros sobre uma receita de US$ 4 bilhões, mais do que a nossa melhor marca.

A Drexel estava fazendo sua fortuna em títulos de alto risco, e isso incomodava. Nós deveríamos ser os traders de Wall Street. Entretanto, corríamos o risco de perder essa distinção, pois nossos gestores não tinham conseguido enxergar a importância dos títulos de alto risco. Eles achavam que esses títulos eram uma moda passageira. Esse foi facilmente seu equívoco mais caro, pois precipitou não só uma revolução na América corporativa e um vertiginoso acesso a Wall Street, mas também a tentativa de aquisição hostil da minha empresa, e este efeito final vale a pena parar para analisar. Foi o que eu fiz.

Os títulos de alto risco são emitidos por empresas, consideradas pelas duas principais agências de classificação de crédito, a Moody e a Standard & Poor's, com pouca probabilidade de pagar suas dívidas. "Alto risco" é uma distinção arbitrária, mas importante. O espectro da capacidade creditícia que tem a IBM em uma ponta e uma empresa que vende algodão de Beirute na outra é interrompido em algum lugar no meio. Em algum ponto, os títulos de determinada empresa deixam de ser investimentos e se tornam apostas selvagens. Os títulos de alto risco são facilmente a ferramenta financeira mais controversa da década de 1980; foram muito badalados pela imprensa.

Mas eles não são novos, devo enfatizar. Empresas, como pessoas, sempre tomaram dinheiro emprestado para comprar coisas para as quais não tinham dinheiro suficiente para pagar. Também pediam dinheiro emprestado porque, nos Estados Unidos, pelo menos, é a forma mais eficiente para financiar uma empresa; os pagamentos de juros sobre a dívida são dedutíveis do imposto de renda. E empresas instáveis sempre quiseram fazer empréstimos. Às vezes, como na virada do século, quando os barões ladrões construíram seus impérios em montanhas de papel, os credores foram surpreendentemente indulgentes. Mas nunca tão indulgentes como hoje em dia. O que é novo, portanto, é o tamanho do mercado de títulos de alto risco, a gama de empresas frágeis afundadas em dívidas e o número de investidores dispostos a arriscar o principal (e talvez também os seus princípios), emprestando dinheiro a essas empresas.

Michael Milken na Drexel criou esse mercado, convencendo os investidores de que os títulos de alto risco eram uma aposta inteligente, da mesma forma que Lewie Ranieri convenceu os investidores de que os títulos hipotecários eram uma aposta inteligente. Durante todo o final da década de 1970, e início da de 1980, Milken cruzou o país e fazia cenas em mesas de jantar, até que as pessoas começaram a ouvi-lo. Hipotecas e títulos de alto risco facilitaram a obtenção de empréstimos para pessoas e empresas anteriormente consideradas indignas dos fundos. Ou, dito de outra forma, os novos títulos tornaram possível pela primeira vez para os investidores emprestar dinheiro diretamente aos proprietários de imóveis e empresas instáveis. E quanto mais os investidores emprestavam dinheiro, mais a dívida aumentava. A alavancagem consequente é o traço distintivo mais comum de nossa era financeira.

Em seu livro *The Predators' Ball*, Connie Bruck retratou a ascensão do departamento de títulos de alto risco da Drexel (Milken teria tentado pagar à autora para não publicá-lo). A história que ela conta começa em 1970, quando Michael Milken estudou títulos na Wharton School of Finance da Universidade da Pensilvânia. Ele foi abençoado com uma mente incomum, que superou sua educação de classe média convencional (seu pai tinha sido contador). Na Wharton, analisou anjos caídos ("*fallen angels*"), os títulos de empresas antes lucrativas, de primeira linha, que na época estavam em apuros. Os anjos caídos eram os únicos títulos de alto risco no mercado. Milken percebeu que eram baratos, se comparados a títulos de empresas de prestígio, mesmo considerando o risco adicional que possuíam. O proprietário de uma carteira de anjos caídos, segundo a análise de Milken, quase sempre superava o proprietário de uma carteira de títulos de primeira linha. Havia uma razão: os investidores evitavam anjos caídos por medo de parecer imprudentes. É uma observação extremamente simples. Como Alexander, Milken notou que os investidores estavam constrangidos pelas aparências e, como resultado, tinham deixado uma janela de oportunidade aberta para um trader que não estava. Assim, o instinto de rebanho, que sustenta tantos comportamentos humanos, lançou as bases para uma revolução no mundo do dinheiro.

Milken começou sua carreira no mesmo ano, 1970, no setor administrativo da Drexel. Abriu caminho até o pregão e se tornou um trader. Usava uma peruca. Mesmo seus amigos disseram que não combinava muito com ele; seus inimigos diziam que parecia que um pequeno mamífero tinha morrido em cima da cabeça dele. Os paralelos entre Milken e Ranieri são impressionantes. Como Ranieri, a Milken faltava tanto tato quanto boas maneiras, mas não confiança. Ele se sentia perfeitamente satisfeito por se destacar de seus colegas. Milken sentava em um canto do pregão, enquanto criava o seu mercado, proscrito até ter ganhado tanto dinheiro que não podia ser ninguém menos do que o patrão. Também como Ranieri, montou uma equipe de funcionários dedicados.

Milken compartilhava o zelo de Ranieri. "A dificuldade de Mike era que simplesmente não tinha paciência para ouvir outro ponto de vista", disse um ex-executivo da Drexel a Bruck. "Ele era terrivelmente arrogante. Supunha que havia superado um problema e seguia em frente. Era inútil em uma comissão, em qualquer situação que exigisse uma decisão do grupo. Só se preocupava em promover a verdade. Se Mike não tivesse entrado para o negócio de títulos, poderia ter liderado um movimento de renovação religiosa."

Milken é judeu, e a Drexel, quando entrou, era um banco de investimento WASP da velha-guarda com uma veia antissemita, ele sentia. Milken considerava-se um forasteiro. Esse era um ponto a seu favor. Em 1979, um bom palpite sobre quem iria revolucionar as finanças na década seguinte teria sido o seguinte: procure um canto esquecido em Wall Street; elimine todos que pareçam ter saído de um catálogo da Brooks Brothers, todo mundo que pertence ou alega pertencer a clubes exclusivos e todos os que vêm de uma boa família branca e protestante. (Entre os únicos que sobrariam, estariam não só Milken e Ranieri, mas Joseph Perella e Bruce Wasserstein do First Boston, os líderes das aquisições de controle empresarial e, coincidentemente, os outros dois homens que ajudaram Ronald Perelman a ir atrás do Salomon Brothers.)

Aqui termina a semelhança. Ao contrário de Ranieri, Michael Milken assumiu o controle total de sua empresa. Transferiu sua operação de títulos de alto risco de Nova York para Beverly Hills e, no final das contas, ganhava US$ 550 milhões por ano, 180 vezes o que Ranieri ganhava em seu auge. Milken, quando abriu seu escritório na Wilshire Boulevard (de sua propriedade), fez questão de deixar claro quem estava no comando, colocando seu nome na porta, em vez do da Drexel. E criou um ambiente de trabalho diferente do Salomon Brothers em um aspecto crucial: o sucesso era medido estritamente pelo número de negócios levados para a empresa, em vez de pelo número de pessoas que trabalhavam para você, ou se você tinha ou não assento no conselho de administração, e em quantas colunas de fofocas você aparecia.

É sempre difícil determinar que elemento de um homem o torna adequado para derrubar as convenções segundo as quais o resto do mundo vive há anos. No caso de Milken, é especialmente difícil porque ele é quase neuroticamente reservado e não dá dicas úteis sobre sua personalidade para possíveis biógrafos além do tipo de negócio que realiza. Minha opinião é que ele combinou duas qualidades, na época de sua ascensão, consideradas mutuamente excludentes. Certamente não coexistiam no Salomon

Brothers no início da década de 1980. Milken possuía técnicas inatas de negociação de títulos e paciência com as ideias. Ele tinha uma boa capacidade de concentração.

Nessa área, Milken superou grandes dificuldades. Perda de foco e completa incapacidade de concentração eram o principal risco ocupacional do pregão. Dash Riprock era um excelente e típico caso. Observar Dash em ação era tão desconcertante quanto assistir a um vídeo de música. Havia breves momentos, por exemplo, em que Dash ficava triste. De vez em quando, geralmente quando seu volume de negócios momentaneamente diminuía, ele deixava cair o telefone com um baque e me explicava como um dia planejava sair do ramo de investimentos e voltar a estudar. Iria se enterrar em uma biblioteca por alguns anos, depois se tornar professor de história. Ou talvez um escritor. A ideia de Dash trancado em um local de tranquila contemplação, mesmo que por cinco minutos, pareceu-me pitorescamente improvável, e essas conversas sempre terminavam comigo tentando dizer isso e ele sem ouvir, porque estava entediado e queria mudar de assunto. "Eu não quero dizer que quero estudar agora", diria. "Quero dizer quando tiver 35 anos e já acumulado alguns milhões de dólares", como se, depois de anos negociando títulos, alguns milhões de dólares em sua conta bancária fariam com que ele prestasse mais atenção.

Após três anos atuando na venda de títulos, Dash não conseguia se concentrar o suficiente para desfrutar de um período razoável de mau humor. Quase imediatamente depois de lembrar que estava aborrecido ("Não me encha o saco, estou de mau humor hoje", avisaria aos traders), ele esquecia tudo, pois, de alguma forma, no auge da tristeza, venderia algumas centenas de milhões de dólares em títulos da dívida pública e ficaria contentinho de novo. "Sim, Mikey!", ele gritava, ao rabiscar um bilhete de vendas. "Os garotos me adoram. E estou com as rédeas nas mãos. OOOOhhhhhhh yeaahhhh." Boa parte da sua energia era inteiramente dedicada a encontrar a próxima negociação. Ele vivia uma busca incessante.

Michael Milken, que começou a atuar no setor de forma não muito diferente de Dash, estava construindo um negócio, em vez de realizar uma série interminável de negociações. Estava disposto a enxergar além das luzinhas piscando na sua tela de negociação e pensar de forma clara e completa sobre o futuro do seu negócio. Será que determinada empresa de microchip vai sobreviver durante 20 anos para cumprir os seus pagamentos de juros semestrais? Será que a indústria siderúrgica dos EUA sobreviveria de alguma maneira? Fred Joseph, que se tornou CEO da Drexel, ouvia Milken sobre a questão das grandes corporações e pensava que ele "entendia o negócio de crédito melhor do que qualquer outra pessoa nos EUA". Como subproduto, Milken passou a entender as empresas.

As empresas haviam sido por muito tempo domínio dos bancos comerciais e dos departamentos de finanças corporativas e de ações dos bancos de investimento. Elas não haviam sido submetidas aos processos mentais de um trader. Nós, do Salomon, como eu já disse, relegávamos o departamento de ações para um cantinho no nosso porão. Muitos dos traders achavam que o pessoal das finanças corporativas era como assistentes administrativos; seu apelido para o departamento de finanças corporativas era Time Xerox. Qualquer um que talvez tivesse enxergado as mesmas perspectivas de Milken nunca alcançaria uma posição de destaque para fazer alguma coisa a respeito. Era uma pena, porque essa atitude nos deixava cegos para um prêmio ao nosso alcance.

Pensando como um trader, Milken reavaliou completamente a importância da América corporativa. Fez duas observações. Primeiro, muitas empresas de grande porte e aparentemente confiáveis tomavam empréstimos dos bancos a taxas baixas de juros. Sua capacidade creditícia só tinha um caminho a seguir: para baixo. Por que estar no ramo de emprestar dinheiro a elas? Não fazia sentido. Era uma transação idiota: pouquíssimas vantagens, enormes desvantagens. Muitas empresas que haviam sido modelos de vitalidade empresarial posteriormente faliram. Não existia um empréstimo sem risco. Mesmo gigantes corporativos são derrubados quando as indústrias entram em colapso a seus pés. Veja o que aconteceu com a indústria siderúrgica nos Estados Unidos.

Segundo, havia dois tipos de empresas que não conseguiriam persuadir banqueiros comerciais e gestores de recursos avessos ao risco a emprestar-lhes qualquer quantia requerida: pequenas empresas novas e grandes empresas antigas com problemas. Os gestores de recursos contavam com que as agências de classificação de dívida lhes dissessem o que era seguro (ou melhor, sancionassem os seus investimentos para que não parecessem imprudentes). Mas os serviços de classificação, como os bancos comerciais, contavam quase que exclusivamente com os balanços corporativos e registros contábeis anteriores para apresentar suas opiniões. O resultado da análise foi determinado pelo procedimento, e não pelo analista. Esta era uma maneira ruim de avaliar qualquer empreendimento, seja ele novo e pequeno, ou antigo, grande e frágil. Um método melhor era fazer julgamentos subjetivos sobre o caráter da diretoria e o destino de sua indústria. Emprestar dinheiro para uma empresa como a MCI, que financiava a maior parte de seu crescimento com títulos de alto risco, poderia ser um risco brilhante — se alguém pudesse prever o futuro dos serviços telefônicos de longa distância da concorrência e a qualidade da administração da MCI. Emprestar dinheiro à Chrysler a taxas de juros exorbitantes também poderia ser uma boa aposta, desde que a empresa tivesse fluxo de caixa suficiente para pagar os juros.

Milken, muitas vezes, fazia palestras aos estudantes em escolas de negócios. Nessas ocasiões, pelo efeito dramático, ele gostava de demonstrar como é realmente difícil levar uma grande empresa à falência. As forças interessadas em manter uma grande empresa de pé, segundo ele, são muito maiores do que aquelas que desejam vê-la perecer. Ele apresentava aos estudantes a seguinte situação hipotética. Primeiro, dizia, vamos construir nossa principal fábrica em uma área sujeita a terremotos. Em seguida, vamos enfurecer os sindicatos, pagando aos executivos grandes somas de dinheiro ao mesmo tempo em que cortamos salários dos empregados. Terceiro, vamos selecionar uma empresa à beira da falência para nos fornecer um componente essencial e insubstituível de nossa linha de produção. E, quarto, apenas no caso de nosso governo ficar tentado a nos abandonar quando enfrentássemos dificuldades, vamos subornar alguns funcionários estrangeiros indiscretos. Isso, Milken concluiria a apresentação, é precisamente o que a Lockheed fizera no final da década de 1970. Milken tinha comprado títulos da Lockheed quando a empresa parecia estar se encaminhando para liquidação e tinha feito uma pequena fortuna quando ela foi salva, apesar de si mesma, assim como Alexander tinha comprado títulos da Farm Credit quando tudo parecia perdido, sem estar de fato.

O que Milken estava dizendo era que todo o sistema de classificação de crédito norte-americano era falho. Estava focado no passado, quando deveria estar voltado para o futuro, e estava sobrecarregado por uma falsa sensação de prudência. Milken mostrou o furo no sistema. Ele ignorou as grandes empresas da *Fortune 100* em favor de outras, sem crédito. Para compensar o credor pelo maior risco, os títulos de alto risco tinham uma taxa de juros maior, às vezes 4%, 5% ou 6% maiores do que os títulos de empresas com grande valor de mercado. Eles também tendiam a pagar ao credor uma alta taxa, se o mutuário ganhasse dinheiro suficiente para pagar seus empréstimos prematuramente. Então, quando a empresa ganha dinheiro, os seus títulos de alto risco sobem, em antecipação aos altos ganhos. E quando a empresa perde dinheiro, seus títulos de alto risco afundam, em antecipação à inadimplência. Em suma, os títulos de alto risco se comportam muito mais como ações, ou participação acionária, do que como os antiquados títulos corporativos.

É aí que reside um dos segredos surpreendentemente bem-preservados do mercado de Milken. O departamento de pesquisa da Drexel, por causa de sua estreita relação com as empresas, estava a par de informações empresariais privilegiadas que, de alguma forma, nunca chegavam ao Salomon Brothers. Quando Milken negociava os títulos de alto risco, tinha acesso a informações privilegiadas. É totalmente ilegal negociar ações com base em informações privilegiadas, como o ex-cliente da Drexel, Ivan Boesky, habilmente demonstrou. Mas não há uma lei similar em relação aos títulos (quem, quando a lei foi elaborada, imaginou que um dia haveria tantos títulos que se comportavam como ações?).

Não é à toa que a linha entre dívida e capital, tão nitidamente delineada na mente de um trader do Salomon (Equities em Dallas!), torna-se turva na mente de um trader da Drexel. Ser proprietário de dívida em uma empresa instável significa controle, pois quando a empresa não cumpre os pagamentos de juros um cotista pode encerrar e liquidar a empresa. Michael Milken explicou isso de forma mais sucinta a Meshulam Riklis, o proprietário de fato da Rapid-American Corporation, em uma reunião-café da manhã no final da década de 1970. Milken afirmou que a Drexel e seus clientes, e não

Riklis, controlavam a Rapid-American. "Como pode ser quando eu detenho 40% das ações?", perguntou Riklis.

"Somos proprietários de US$ 100 milhões em títulos da sua empresa", disse Milken, "e se você perder um pagamento, assumiremos o controle."

Essas palavras são bálsamo para a consciência de qualquer corretor, como eu, cansado de ferrar com investidores em nome de mutuários corporativos. *Se você perder um pagamento, assumiremos o controle da sua empresa.* "Michael Milken", disse Dash Riprock, "transformou completamente o negócio. Ele arrebenta com o mutuário corporativo em nome dos investidores." Os mutuários ficaram em maus lençóis porque não tinham mais a quem recorrer para obter recursos, a não ser Milken. O que Milken oferecia era acesso aos credores. Os credores, juntamente com Milken, ganhavam dinheiro. A essência da proposta de Milken era a seguinte: monte uma boa carteira de títulos de alto risco, e se alguns acabarem sendo ruins, não importa, porque o maior retorno pago para os vencedores deverá mais do que compensar os prejuízos dos perdedores. A Drexel estava preparada para apostar em empresas, dizia Milken a investidores institucionais. Junte-se a nós. Invista no futuro da América, as empresas de baixo crescimento nos engrandecem. Era uma mensagem populista. Os primeiros a investir em títulos de alto risco, como os investidores em hipotecas, podiam ganhar dinheiro e se sentir bem com relação a si mesmos. "Você devia ouvir o discurso de Mike todos os anos no seminário sobre títulos de alto risco em Beverly Hills" (conhecido como *Predators' Ball*, para os carnívoros, como Ronald Perelman, na plateia), diz um executivo da Drexel, em Nova York: "Teria levado lágrimas aos seus olhos."

É impossível dizer exatamente quanto dinheiro Milken converteu para sua causa. Muitos investidores simplesmente deram suas carteiras a ele. Tom Spiegel da Columbia Savings & Loan, por exemplo, respondeu à mensagem de Milken inflando seu balanço de US$ 370 milhões em ativos para US$ 10,4 bilhões, boa parte dos quais compostos por títulos de alto risco. Uma empresa que, em teoria, fazia empréstimos a proprietários de imóveis simplesmente estava tomando bilhões de dólares em depósitos de poupança e comprando títulos de alto risco. Antes de 1981, eram quase que exclusivamente as instituições de poupança e empréstimo que emprestavam dinheiro para os proprietários. Como os depósitos eram garantidos pelo governo federal — que concedia aos gestores dessas instituições recursos baratos —, os investimentos eram restritos pelas autoridades federais. Em 1981, quando começaram a afundar, o Congresso norte-americano decidiu deixar as instituições de poupança e empréstimo tentarem superar suas dificuldades por meio da especulação. E embora isso significasse, efetivamente, apostar com dinheiro do governo, eles foram autorizados a comprar títulos de alto risco. Spiegel gastou parte dos lucros da sua carteira de títulos de alto risco em propagandas de televisão que descrevem como a Columbia Savings & Loan realmente é um lugar seguro, apesar dos rumores. Um baixinho de terno azul apresenta um gráfico de barras para demonstrar com que rapidez os ativos da Columbia estão crescendo.

Em 1986 a Columbia Savings & Loan era um dos maiores clientes da Drexel. O salário de Tom Spiegel era de US$ 10 milhões, tornando-o o mais bem-pago gestor de uma das 3.264 instituições de poupança e empréstimo dos EUA. Outros gestores de instituições de poupança e empréstimo consideravam Spiegel um gênio e seguiram o seu exemplo. "Zilhões de pequenas instituições em todo o país agora detêm títulos de alto risco", me disse um dos meus ex-colegas do programa de treinamento, esfregando as mãos de alegria. Ele havia deixado o Salomon em meados de 1987 e, como muitos outros especialistas em títulos do Salomon, tinha ido trabalhar com Michael Milken, em Beverly Hills.

Aqui, curiosamente, encontra-se uma das principais razões pelas quais o Salomon Brothers não se apressou em entrar no mercado de títulos quando surgiu a oportunidade, no início de 1980, nem alcançou sucesso nesse mercado mais tarde. Tal como se apresentava, o setor de poupança e empréstimo como um todo era cliente cativo de Lewie Ranieri dentro do Salomon. Se o Salomon tivesse se tornado um grande trader de alto risco, Bill Voute, o chefe dos títulos corporativos, teria exigido igual acesso a poupança e empréstimo. Lewie Ranieri temia perder o controle sobre os clientes de poupança e empréstimo do Salomon e encontrou algumas formas de boicotar o pequeno e inexperiente departamento de títulos de alto risco criado por Voute em 1981.

Em 1984 nosso departamento de títulos de alto risco composto por dois homens fez uma palestra em um seminário do Salomon Brothers para várias centenas de gestores de poupança e empréstimo. Eles foram convidados a abordar as instituições pelo departamento de hipotecas. Mas, depois da sua apresentação de três horas, Ranieri levantou-se para fazer o discurso de encerramento. Os clientes, claro, prestaram atenção em cada palavra dele; como eu disse, eles consideravam Lewie o seu salvador. "Há duas coisas que você definitivamente nunca deve fazer", disse Ranieri. "E a primeira é comprar títulos de alto risco. Esses títulos são perigosos." Claro, talvez ele acreditasse nisso. No final das contas, no entanto, as instituições de poupança e empréstimo não acreditaram, e a oposição de Ranieri serviu apenas para desacreditar o departamento de títulos de alto risco do Salomon e jogar essas instituições nos braços da Drexel. E o pessoal de Bill Voute ficou passado com a humilhação a que foram submetidos diante de um público tão importante. "Era como ser convidado para jantar e descobrir que você era o jantar", diz um ex-representante dos títulos de alto risco do Salomon.

A mesma equipe de dois homens de especialistas em títulos de alto risco passou seis meses fazendo apresentações a gestores individuais de poupança e empréstimo por todo o país. "Era uma apresentação nota dez, e éramos muito bem-recebidos, mas não recebemos uma ligação sequer de alguém interessado em comprar títulos", diz um dos ex-especialistas do Salomon. Eles esperavam que as ordens para comprar títulos de alto risco viessem logo depois do seu *tour* de apresentações. Mas nenhum gestor de poupança e empréstimo ligou. "Descobrimos o porquê depois, quando um membro da equipe largou o Salomon e foi para a Drexel trabalhar com Milken", diz esse homem. "Os clientes contaram que um dos corretores de Lewie os havia procurado logo depois da nossa apresentação recomendando que as instituições não acreditassem em nós." O fato de o departamento de hipotecas ter escapado ileso com esse tipo de brincadeira revela muito sobre a falta de liderança no 41º andar. Mas essa era a situação da nossa companhia.

Enquanto isso, o novo mercado estava explodindo. Uma indicação do sucesso de Milken era o número de novos títulos de alto risco emitidos.

De praticamente zero, na década de 1970, a emissão de novos títulos de alto risco subiu para US$ 839 milhões em 1981; US$ 8,5 bilhões em 1985 e US$ 12 bilhões em 1987. Nessa época, os títulos de alto risco representavam 25% do mercado de títulos corporativos. Entre 1980 e 1987, de acordo com os serviços de informação da IDD (*Investment Dealer's Digest*), US$ 53 bilhões em títulos de alto risco chegaram ao mercado. Esse número representa apenas uma fração do mercado, no entanto, porque negligencia os bilhões de dólares em novos anjos caídos criados pelo homem. Milken bolou uma maneira de transformar os títulos das empresas mais estáveis em títulos de alto risco: tomada de controle alavancada.

Tendo atraído dezenas de bilhões de dólares para seu novo mercado especulativo, Michael Milken, em 1985, deparou com mais dinheiro do que lugares para colocá-lo. Deve ter sido difícil para ele. Simplesmente, não conseguia encontrar um número suficiente de empresas de baixo crescimento e anjos caídos mais antigos que valessem a pena ou tivessem condições de absorver o dinheiro. Precisava criar títulos de alto risco para satisfazer a demanda. Sua premissa original — de que os títulos de alto risco eram baratos porque os credores eram covardes demais para comprá-los — foi para o espaço. A demanda, agora, ultrapassava a oferta natural. Havia uma enorme quantidade de fundos em todo o país dedicados à busca desenfreada pelo risco. Milken e seus colegas da Drexel encontraram a solução: usariam títulos de alto risco para financiar os ataques a empresas subavaliadas, simplesmente alegando que os ativos das empresas serviriam de garantia para os compradores de títulos de alto risco. (A mecânica é idêntica à compra de uma casa, quando a propriedade é empenhada contra uma hipoteca.) A aquisição de controle de uma grande empresa poderia gerar bilhões de dólares em títulos de alto risco, pois não só haveria emissão de novos títulos, mas a maior alavancagem transformaria os títulos em circulação de uma ex-empresa estável e de alto valor em títulos de alto risco. Para atacar as empresas, no entanto, Milken precisava de alguns pistoleiros.

A nova e excitante função de invadir as salas de reuniões corporativas atraía principalmente os homens de modesta experiência no mundo dos negócios e com grande interesse em enriquecer. Milken financiava os sonhos de todos os invasores corporativos de destaque: Ronald Perelman, Boone Pickens, Carl Icahn, Irwin Jacobs, Sir James Goldsmith, Nelson Peitz, Samuel Heyman, Saul Steinberg e Asher Edelman. "Se você não herdá-la, tem de tomá-la emprestado", diz um deles. A maioria vendia os títulos de alto risco pela Drexel para arrecadar fundos a fim de atacar até então fortalezas inexpugnáveis como Revlon, Phillips Petroleum, Unocal, TWA, Disney, AFC, Crown Zellerbach, National Can e Union Carbide. Era uma oportunidade inesperada não só para eles, mas também para Milken, pois certamente não tinha em mente a transformação total da América corporativa, quando imaginou seu mercado de títulos de alto risco em 1970. Ele não poderia. Quando deparou com a ideia, ninguém imaginava que as empresas poderiam ser desvalorizadas.

Como aluno de pós-graduação da London School of Economics, aprendi que os mercados de ações eram eficientes. Em termos gerais, isto significa que todas as informações pendentes sobre as empresas são incorporadas nos preços das ações — ou seja, elas estão sempre muito valorizadas. Esse triste fato foi repetido incessantemente aos alunos com uma série de estudos demonstrando que os corretores e analistas do mercado de ações, as pessoas que detinham as melhores informações, não tinham melhor desempenho nas escolhas de investimentos que faziam do que se um macaco sorteasse um nome de um chapéu ou alguém atirasse dardos nas páginas do *Wall Street Journal*. A primeira implicação da teoria dos assim chamados mercados eficientes é que não há nenhuma maneira segura de ganhar dinheiro no mercado de ações a não ser a negociação com base em informações privilegiadas. Milken e outros em Wall Street viram que isso simplesmente não era verdade. O mercado, que pode ter sido rápido em digerir os dados dos ganhos, era grosseiramente ineficiente na avaliação em geral, das propriedades que determinada empresa possui ao fundo de pensão que ela cria.

Não existe explicação fácil para isso, não que ninguém em Wall Street perdesse tempo tentando explicar. Para os homens nos pequenos departamentos de fusões e aquisições de Wall Street, Michael Milken era uma dádiva de Deus, uma forma de defender sua escolha de carreira. Joe Perella no First Boston, tendo iniciado o departamento de fusões e aquisições da empresa em 1973 e contratado Bruce Wasserstein em 1978, dedicava recursos hostis para tomadas de controle com base apenas "em palpites", dizia ele. "Havia essa enorme oportunidade", diz Perella, "e estava relegada a segundo plano. Tínhamos um suprimento constante de empresas cujos ativos estavam desvalorizados. Mas havia uma escassez de compradores. As pessoas que queriam comprar essas empresas não conseguiam concretizar seu desejo. Alguém — Milken — apareceu e desbravou o caminho. Agora qualquer um com um selo de 22 centavos pode fazer uma oferta de aquisição de uma empresa."

Perella, Wasserstein e inúmeros outros, além da Drexel, apreciaram o rumo dos acontecimentos. Cada tomada de controle exigia um mínimo de dois conselheiros: um para quem atacava e outro para sua presa. Assim, a Drexel não conseguia manter todos os negócios que criava para si. A maioria dos negócios envolvia quatro ou mais bancos de investimento, uma vez que vários compradores concorriam ao prêmio. Os atacantes eram aquela pedra lançada em uma lagoa tranquila, e lançavam ondulações que atravessaram a América corporativa. O processo que iniciaram assumiu vida própria. Gestores que administravam empresas de capital aberto com ativos baratos começaram a considerar a compra de empresas de seus acionistas para si (o que é conhecido na Europa como "*management buyout*", ou MBO, e nos Estados Unidos como "*leveraged buyout*", ou LBO, aquisição alavancada). Eles se colocaram em jogo. Então, finalmente, os banqueiros de investimento de Wall Street envolveram-se no que Milken vinha fazendo o tempo todo na surdina: pegando grandes fatias das empresas para si. Os ativos estavam baratos. Por que deixar que outras pessoas ganhassem o dinheiro? Então, o negócio de consultoria para aquisição de controle de repente deparou exatamente com o mesmo tipo de conflito de interesse que eu enfrentava todos os dias ao vender títulos: se fosse um bom negócio, os banqueiros o guardavam para si; se fosse um mau negócio, eles tentavam vendê-lo aos seus clientes.

Havia, em outras palavras, muito trabalho pela frente. Departamentos de fusões e aquisições multiplicaram-se em Wall Street em meados da década de 1980, assim como os departamentos de negociação de títulos tinham pipocado alguns anos antes. Havia uma profunda conexão financeira entre os dois: ambos aproveitaram a disposição dos investidores de especular em títulos. Ambos também contavam com a disposição das pessoas de tomarem emprestado mais dinheiro do que podiam pagar. Ambos, em suma, dependiam de uma atitude totalmente nova em relação à dívida. "Todas as empresas têm gente que não faz nada em troca de seus salários", diz Joe Perella. "Se assumem dívidas muito altas, são obrigadas a cortar a gordura." Os especialistas em aquisições de controle fizeram para a dívida o que Ivan Boesky fez para a ambição. A dívida é boa, eles diziam. A dívida funciona.

Havia também uma profunda conexão financeira entre a negociação de títulos e a tomada hostil de controle: ambas eram impelidas por um novo empreendimento financeiro agressivo que cheirava mal a muitos que haviam ganhado a vida em Wall Street no passado. Existem pessoas que querem nos fazer pensar que uma grande dose de raciocínio e sabedoria é investida em cada aquisição. Nem tanto. Os corretores de aquisição de controle de Wall Street não são tão diferentes dos corretores de títulos de Wall Street. Eles gastam muito mais tempo bolando estratégias do que planejando e perguntando se deveriam fechar os acordos. Basicamente, supunham que qualquer coisa que permitisse que enriquecessem também deveria ser boa para o mundo. A personificação do mercado de aquisições de controle é um tenso e hiperambicioso rapaz de 26 anos de idade, empregado por um grande banco de investimento americano, sorrindo e sempre discando em nome das empresas.

E o *processo* segundo o qual a tomada hostil de controle ocorre é assustadoramente simples, tendo em vista seus efeitos sobre a comunidade, os trabalhadores, os acionistas e a diretoria. Um fabricante de papel no estado do Oregon parece barato para o jovem de 26 anos que brinca em seu computador tarde da noite em Nova York ou em Londres. Ele anota seus cálculos em um telex, que envia para qualquer parte remotamente interessada em papel, no estado do Oregon, ou em comprar empresas baratas. Como o organizador de uma festa de debutantes, o jovem de 26 anos mantém um arquivo em sua mesa de quem está interessado em quem. Mas não é particularmente exigente no que diz respeito à distribuição de convites. Qualquer um pode comprar, porque qualquer um pode tomar recursos emprestados usando títulos de alto risco. O fabricante de papel do Oregon, agora, é um alvo.

No dia seguinte, o fabricante de papel lê sobre si mesmo na coluna "Heard on the Street" do *Wall Street Journal*. O preço das ações entrou em convulsão, como um homem na forca, porque arbitradores como Ivan Boesky começaram a comprar ações de sua empresa na esperança de ganhar dinheiro rápido com a venda para o atacante. O fabricante entra em pânico e contrata um banqueiro de investimento para defendê-lo, talvez até o próprio rapaz de 26 anos responsável pela sua miséria. Cinco outros jovens de 26 anos em cinco outros bancos de investimento até então desocupados leem os rumores e começam a rondar seu território em busca de um comprador da empresa de papel. Quando um comprador é encontrado, a empresa está oficialmente "no jogo". Ao mesmo tempo, o exército de jovens superdotados confere seus computadores para ver se outras empresas de papel nos Estados Unidos também podem estar baratas. Em pouco tempo a indústria de papel inteira está à venda.

O dinheiro a ser feito na defesa e no ataque a grandes empresas faz com que a negociação de títulos pareça um jogo de pobre. A Drexel cobrou taxas superiores a US$ 100 milhões por operações únicas de aquisição de controle. Wasserstein e Perella, em 1987, geraram US$ 385 milhões em taxas para seu empregador, o First Boston. Goldman Sachs, Morgan Stanley, Lehman Shearson e outras instituições não perderam tempo para se estabelecer como consultoras e, embora nenhuma delas tivesse o poder de captação de recursos que o Salomon tinha, todas alcançaram grandes somas em dinheiro. O Salomon Brothers, lento em aprender os mecanismos que regiam as operações de tomada de controle e em grande medida ausente do mercado de títulos de alto risco, perdeu a bonança. Não havia razão para isso além de uma certa má vontade de sair da nossa concha segura da negociação de títulos. Estávamos bem-posicionados para entrar no negócio; com o nosso acesso aos credores dos EUA, deveríamos ter sido líderes no financiamento de operações de aquisição de controle. Claro, tínhamos uma desculpa; tínhamos de ter uma desculpa para perder uma oportunidade tão grande. Nossa desculpa era a de que os títulos de alto risco eram ruins. Henry Kaufman fez vários discursos argumentando que a América corporativa estava se endividando demais e que a mania pelos títulos de alto risco acabaria arruinando todo mundo. Ele talvez até estivesse certo, mas não foi por isso que não mergulhamos de cabeça nos títulos de alto risco. Não subscrevemos os títulos de alto risco porque nossa diretoria não os entendia, e em meio à guerra civil no 41º andar ninguém tinha tempo nem energia para aprender.

John Gutfreund podia fingir que tinha evitado o negócio porque desaprovava suas consequências: empresas altamente alavancadas. Mas essa desculpa perdeu força quando, mais tarde, ele mergulhou como um piloto kamikaze no negócio de alavancagem de empresas e arruinou a todos nós além de alguns de nossos clientes. (Também não ajudava o fato de Henry Kaufman e ele comprarem títulos de alto risco para suas contas pessoais, ao mesmo tempo em que pregavam austeridade para a empresa.) Em qualquer caso, se o Salomon Brothers participasse ou não, todas as empresas agora eram um alvo potencial para saqueadores de Milken, incluindo a Salomon Brothers Inc. Essa foi a ironia final da proposta de Ronald Perelman. Estávamos sendo atacados por um homem que se autofinanciou com títulos de alto risco, porque tínhamos deixado de entrar no negócio de atacar empresas e financiar ataques com títulos de alto risco.

Logo depois que a notícia das ambições de Perelman se espalhou, Gutfreund fez um discurso para a empresa dizendo que não aprovava invasores hostis e que pretendia afastar Perelman, mas, fora isso, que poderíamos ter adivinhado por conta própria, ficamos praticamente no escuro, como sempre. Contávamos com a reportagem investigativa de James Sterngold, do *New York Times*, e do pessoal do *Wall Street Journal* para ficar sabendo dos golpes lance a lance.

A história era a seguinte: as lágrimas correram pela primeira vez na manhã de sábado do dia 19 de setembro, poucos dias antes de a notícia ser divulgada. Naquela manhã, John Gutfreund recebeu em seu apartamento um telefonema de seu amigo e advogado Martin Lipton, o homem cujo escritório usara dois meses antes para demitir Lewie Ranieri. Lipton sabia que o maior acionista da Salomon, a Minorco, tinha encontrado um comprador para sua participação de 14% na empresa. A identidade do comprador, no entanto, ainda era um mistério. Gutfreund deve ter ficado terrivelmente envergonhado. Ele sabia há meses que a Minorco queria vender sua participação, mas tinha sido lento em assimilar a informação. Foi um erro de julgamento; como resultado, ele perdeu o controle do processo. Cansado de Gutfreund, a Minorco anunciou suas ações do Salomon por meio de outros banqueiros de Wall Street.

Na quarta-feira, 23 de setembro, Gutfreund recebeu do presidente da Minorco a má notícia de que o comprador era a Revlon Inc. Tratava-se, claramente, do início de uma tentativa de aquisição hostil de controle. A Revlon de Perelman disse que, além das ações da Mino-co, ele queria comprar uma participação de mais 11% no Salomon, que aumentaria a sua participação para 25%. Se Perelman conseguisse, Gutfreund, pela primeira vez, perderia o controle da empresa.

Gutfreund agiu rápido para encontrar uma alternativa à Revlon para a Minorco. Ele ligou para seu amigo Warren Buffett, o astuto gestor de fundos. Buffett, é claro, esperava ser bem-pago para resgatar Gutfreund, e Gutfreund lhe ofereceu um negócio surpreendentemente doce. Em vez de Buffett comprar nossas ações de cara, Gutfreund propôs apenas que Buffett nos emprestasse dinheiro. Nós, Salomon, iríamos comprar nossas próprias ações. Precisávamos de US$ 809 milhões. Buffet disse que nos emprestaria US$ 700 milhões desse montante, comprando o que na verdade seriam US$ 109 milhões do nosso capital para compor a diferença.

Investidores do mundo todo invejaram Warren Buffett, pois ele ganhava nas duas pontas. Sua obrigação — conhecida como preferencial conversível — pagava uma taxa de juros de 9%, o que, por si só, era um bom retorno sobre o investimento. Mas, além disso, ele podia trocá-la a qualquer momento, antes de 1996, por ações ordinárias do Salomon a US$ 38 a ação. Em outras palavras, Buffett teve acesso irrestrito às ações do Salomon nos nove anos seguintes. Se o Salomon Brothers continuasse a falhar, Buffett receberia seus juros de 9% e ficaria contente. Se, de alguma forma, o Salomon Brothers se recuperasse, Buffett poderia converter seu título em ações e ganhar tanto dinheiro quanto se ele tivesse aparecido desde o princípio e comprado nossas ações. Ao contrário de Ronald Perelman, que estava disposto a se comprometer com o futuro do Salomon Brothers, comprando uma grande fatia de suas ações, Buffett estava fazendo somente uma aposta segura de que o banco não iria à falência.

O acordo teve duas consequências: preservou Gutfreund no cargo e custou-nos, ou melhor, aos nossos acionistas, um monte de dinheiro. Nossos acionistas, afinal de contas, pagariam pelo presente dado a Buffett. A maneira mais simples de determinar o seu custo para eles era avaliar o título de Buffett. Buffett pagou 100 ou o valor nominal ao Salomon Brothers. Eu lancei alguns números na minha calculadora Hewlett-Packard. Imaginei (de forma muito conservadora) que Buffett poderia vendê-la imediatamente por 118. A diferença entre 100 e 118, ou 18% do investimento total de Buffet, era puro lucro. Isso corresponde a US$ 126 milhões. Por que os acionistas do Salomon Brothers (e os funcionários, se considerarmos que parte deles pode sair de nossos bônus) pagariam a conta para salvar um grupo de homens que perderam o controle da empresa? Essa foi a primeira pergunta que passou pela minha mente e de muitos dos nossos diretores.

Pelo bem do Salomon Brothers, explicou Gutfreund. "Fiquei chocado", Gutfreund disse sobre a proposta de Perelman. "Perelman era apenas um nome para mim, mas senti que a estrutura do Salomon Brothers, em termos das nossas relações com os clientes, sua confiança, não ficaria bem com alguem considerado um saqueador de empresas."

Exceto pela primeira frase, essa declaração soa falsa do início ao fim. Vamos analisar a última parte primeiro. Nossas relações com os clientes não tinham sofrido com o fato de ter um sul-africano como acionista; por que deveriam sofrer com a associação a um saqueador hostil? Eu não estou interessado em discutir a moralidade, seja do *apartheid*, seja de tomadas hostis de controle. Mas devemos concordar que estar associado ao primeiro é, no mínimo, tão perigoso quanto ao segundo. Nosso negócio poderia até ter se beneficiado de uma associação com um saqueador hostil. Grandes empresas que temiam ser invadidas, quando vissem os nossos patrocinadores, bem poderiam nos pagar uma comissão, assim como pagaram para a Drexel Burnham, como uma espécie de taxa de proteção. Uma vez que Perelman era um dos principais acionistas, poderíamos prometer mantê-lo (e seus amigos) longe de outras empresas. Perelman, tenho certeza, estava perfeitamente ciente dessa sinergia quando considerou comprar um banco de investimento.

Segundo, em setembro de 1987, era absurdo para alguém de Wall Street se referir a Ronald Perelman como "apenas um nome para mim". Todo mundo sabia quem era Ronald Perelman. Cristo, eu sabia quem Ronald Perelman era antes de começar a trabalhar no Salomon Brothers. Começando praticamente sem nada, tinha acumulado uma fortuna de US$ 500 milhões. E tinha feito isso atacando empresas com dinheiro emprestado e demitindo os maus gestores. Gutfreund, sem dúvida, sabia que seus dias estariam contados, se Perelman tomasse controle do Salomon Brothers. E se por algum lapso milagroso ele não atinasse, logo ficou sabendo quando se encontrou com Perelman no Athénée Plaza Hotel, em Nova York, em 26 de setembro. No jantar da diretoria do Salomon no 42º andar circulava o surpreendente boato de que o substituto de Gundfreund seria Bruce Wasserstein.*

Em vista das circunstâncias, a maneira como John Gutfreund convenceu a diretoria do Salomon Brothers a pagar Warren Buffett uma grande soma de dinheiro para servir como nosso cavaleiro branco parece maravilhosamente calculista. O conselho de administração, por lei, tinha de levar em conta os interesses dos acionistas. Em 28 de setembro, Gutfreund disse ao conselho que, se rejeitasse o plano de Buffett em favor de Ronald Perelman, ele (junto com Tom Strauss e alguns outros) pediria demissão. "Eu nunca disse isso como uma ameaça", disse Gutfreund mais tarde a Sterngold. "Estava afirmando um fato."

Um aspecto da genialidade de Gutfreund era sua capacidade de camuflar seus próprios interesses sob o disfarce de princípios elevados. Os dois poderiam ser, em raras ocasiões, indistinguíveis. (Se há uma coisa que aprendi em Wall Street é que quando um banqueiro de investimento começa a falar sobre princípios, geralmente também está defendendo os

---

* Como Wasserstein, que estava assessorando Perelman, trabalhava para o nosso concorrente, o First Boston, parece incrível que um acordo pudesse ter sido fechado em que ele pedisse demissão do First Boston para administrar o Salomon Brothers, se Perelman ganhasse o dia. Parece mais crível quando a gente fica sabendo como Wasserstein estava infeliz no First Boston. Ele pediu demissão em janeiro do ano seguinte para começar sua própria empresa, Wasserstein, Perella & Co. Lá eu tive a chance de perguntar a ele diretamente sobre o incrível boato. É um homem forte, que não costuma olhar para os sapatos e murmurar suas respostas, mas ao ouvir a pergunta ele abaixou os olhos e o tom de voz. Então deu a seguinte resposta: "Eu não sei como esses rumores começaram. Como poderia ser verdade? Eu estava no Japão no momento em que a oferta foi anunciada." Huumm!

seus próprios interesses e raramente finca estacas em um terreno com altos princípios morais, a menos que acredite que exista ouro embaixo do seu acampamento. É possível, até provável, que John Gutfreund se sentisse genuinamente chocado com as táticas financeiras de Ronald Perelman — ele afinal tem sentimentos — e, sem dúvida, suas palavras foram ditas com a convicção de um pregador. Era magnificamente persuasivo. Mas não estaria arriscando nada se colocasse o seu cargo na reta; ele não tinha nada a perder e tudo a ganhar; assim que Perelman adquirisse sua participação, Gutfreund teria sido demitido antes que tivesse chance de renunciar.

Havia amplas evidências no passado de Gutfreund para justificar uma interpretação cínica da sua oferta de demissão. Anos antes, em uma situação semelhante, Gutfreund tinha feito um movimento semelhante. Em uma reunião da sociedade em meados da década de 1970, ocorreu uma troca estranha. William Simon (que tinha as mesmas chances de Gutfreund para suceder Billy Salomon como presidente) mencionou como os sócios do Salomon Brothers poderiam ficar ricos se vendessem suas participações e transformassem o Salomon de uma sociedade de capital fechado em uma companhia aberta.

Billy Salomon pensou que a sociedade era a chave para a saúde da empresa e o único mecanismo para garantir a lealdade de seus colaboradores ("Isso os vinculava, como uma família", dizia ele). Quando Simon parou de falar, Gutfreund se levantou e bravamente ecoou a opinião do chefe. Ele disse que, se a empresa fosse vendida um dia, os sócios receberiam sua demissão; ele, John Gutfreund, pediria demissão porque a chave para o sucesso do Salomon Brothers era a sociedade. "Essa foi uma das principais razões pelas quais o escolhi para me suceder", diz William Salomon, "porque ele disse que acreditava profundamente na sociedade."

Assim que obteve o controle e adquiriu maior participação acionária da empresa, no entanto, Gutfreund mudou de opinião. Em outubro de 1981, três anos após as rédeas terem passado para as suas mãos, ele vendeu a empresa, por US$ 554 milhões, para a trader de *commodities* Phibro.* Como era

* O controle voltou para Gutfreund em 1984, quando, na esteira de um forte desempenho do Salomon e do quase colapso da Phibro, ele convenceu o conselho de administração a despedir

presidente, ficou com a maior parte do dinheiro pela venda, cerca de US$ 40 milhões. Disse que a empresa precisava de capital. William Salomon discorda. "A empresa tinha capital mais do que suficiente", afirmou. "Seu materialismo foi vergonhoso." (De certa forma, Gutfreund estava pagando por isso. Se o Salomon tivesse permanecido uma sociedade, não haveria possibilidade de aquisição de controle.)

No entanto, a ameaça de demissão de Gutfreund influenciou os membros do conselho da Salomon Inc. Desviou sua atenção da economia simples da situação, que pesava esmagadoramente a favor de Perelman, para a responsabilidade social do Salomon Brothers. Além disso, muitos deles tinham sido nomeados para seus cargos por Gutfreund, e eram seus amigos. Depois de duas horas, decidiram aceitar a proposta de Gutfreund. Warren Buffett fez o seu investimento, Gutfreund manteve o emprego e Perelman guardou seu dinheiro no bolso.

A vida em nossa empresa quase voltou ao normal, por algumas semanas. Mas uma questão fundamental sobre o Salomon Brothers tinha sido levantada. Todos nós sabíamos que a nossa empresa era mal-administrada. Mas será que era tão mal-administrada que mesmo um bucaneiro como Perelman poderia esperar melhorar a sua condição? Na verdade, uma outra questão estava mais viva nas mentes dos Fodões do 41º andar. As pessoas que por tanto tempo tinham considerado o dinheiro como medida do sucesso certamente invejavam não só Perelman, mas Wasserstein, Perella e Milken. Especialmente Michael Milken. A pergunta do dia no 41º era: como é que ele ganha US$ 1 bilhão e eu, não?

Essa questão nos leva direto ao centro do que tem acontecido na América financeira nos últimos anos. Pois Milken, e não o Salomon Brothers, tinha feito a maior negociação da época. Essa negociação era, naturalmente, a compra e a venda da América corporativa. O Salomon tinha perdido a grande mudança em sua própria área de atuação, da negociação de títulos para a negociação de setores inteiros.

David Tendler, CEO da Phibro. Gutfreund, em seguida, ascendeu ao posto de CEO da subsidiária, Salomon Brothers, a CEO da empresa controladora, a Phibro Salomon, posteriormente denominada Salomon Inc.

CAPÍTULO 11

Quando coisas ruins acontecem a pessoas ricas

Um dos meus pecadores favoritos, Edwin Edwards, ex-governador do meu estado natal de Louisiana, gostava de dizer: o fogo mais quente do inferno para os hipócritas. Mas, Senhor, como eu espero que não seja assim. Não mais do que duas semanas após a oferta de aquisição hostil feita por Ronald Perelman fui informado, não, instruído, de que os títulos de alto risco eram a nova prioridade do Salomon Brothers.* Por incrível que pareça, tínhamos uma transação para vender. A Southland Corporation, proprietária das lojas de conveniência 7-Eleven, espalhadas pelos Estados Unidos, tinha sido comprada, em julho de 1987, por sua própria diretoria, com US$ 4,9 bilhões emprestados. O Salomon Brothers e o Goldman Sachs tinham estendido um empréstimo de curto prazo para o propósito, conhecido como um empréstimo-ponte. Como todos

* Essa mudança na política levou Henry Kaufman a renunciar no início de 1988.

os empréstimos-ponte, o nosso deveria ser rapidamente substituído por títulos de alto risco em nome da Southland Corporation. O lixo deveria ser vendido aos investidores, e o dinheiro dessa venda voltaria para nós. O único problema era que os investidores, por qualquer que fosse o motivo, evitavam títulos de alto risco. Nós, corretores, éramos acusados de não nos esforçar o suficiente.

Dash Riprock astutamente isolou-se, convencendo seus superiores há muito tempo de que seus clientes compravam somente títulos da dívida pública dos EUA. Como resultado de sua visão, ninguém esperava que ele vendesse títulos de alto risco. Eu, por outro lado, estava metido até o último fio de cabelo no negócio. A minha situação era a mesma do sujeito que doa US$ 1 milhão para uma instituição de caridade e depois recebe mil e um pedidos por mais dinheiro. Minha venda de títulos da Olympia & York tinha ocorrido mais de um ano antes, mas ela — e outras vendas semelhantes — continuava a me assombrar. Era considerado, não injustamente, que qualquer um que fosse capaz de enganar seus clientes a comprar US$ 86 milhões em títulos da Olympia & York também seria capaz de vender grandes quantidades de títulos da Southland Corporation. Eu estava pagando pelo meu passado, sendo condenado a repeti-lo. Eu não tinha a menor capacidade de avaliar o mérito dos títulos da Southland, mas como a ignorância não fora impedimento antes, não deveria ser dessa vez.

Os especialistas em títulos de alto risco do Salomon insistiam que a Southland era um bom investimento, mas a realidade era outra. Eles tinham mais a ganhar se o negócio fosse fechado (US$ 30 milhões em lucros para o departamento de títulos de alto risco) e mais a perder se fracassasse (os empregos). Se os títulos fossem porcaria, ninguém diria nada. A época do bônus estava chegando, e a honestidade sobre a qualidade da nossa mercadoria estava sendo negociada com desconto.

Minha intuição era de que o Salomon Brothers não sabia nada sobre títulos de alto risco e que, como resultado, qualquer lixo que subscrevêssemos merecia esse nome. O Salomon Brothers, eu pensei na época, estava cometendo um erro típico de um principiante: mergulhar de cabeça em um mercado frenético e lotado e comprar o que quer que estivesse à venda. Eu não tinha escolha a não ser confiar nos meus instintos, como não havia ninguém em quem eu pudesse confiar no Salomon Brothers que conhecesse a Southland. E meus instintos diziam que esses títulos estavam condenados.

Como minha última resolução de ano-novo, eu tinha parado de vender às pessoas coisas que eu não achava que elas deviam comprar. Por volta da quaresma eu já tinha abandonado minha resolução de ano-novo. Ainda me sentia desonesto sobre meu pequeno papel nos mercados de capitais mundiais, mesmo que a regra que regia esses mercados fosse *caveat emptor*. E eu não era o único. Dash era um especialista na ética da arte de vender títulos. "Seu falso!", ele gritava sempre que alguém forçava a venda de títulos. Então, ia lá e forçava a venda de alguns também. Mais especificamente, toda vez que eu forçava a venda de títulos na carteira de um investidor eles voltavam para me assombrar, geralmente sob a forma de um cliente profundamente irritado que ligava todas as manhãs com alguma variante do refrão amargo do alemão Herman: "Michael, *focê* tem *maiss* alguma *idea* genial no *zeu* manga?" Eu não dormia bem à noite nem gostava de acordar pela manhã, imaginando que os investidores em toda a Europa espetavam alfinetes em miniaturas minhas.

A questão sobre os títulos da Southland Corporation, então, era como direcionar os meus clientes a eles. Isso era mais fácil dizer do que fazer. Não vender os títulos era complicado, muito mais complicado do que vender os títulos, mais como jogar squash com seu chefe, porque você tinha que fingir que queria ganhar ao mesmo tempo em que pretendia perder. O caso da Southland era especialmente complicado porque o lance de Gutfreund era mostrar que o Salomon Brothers era uma força a ser reconhecida no que diz respeito a títulos de alto risco. Recebi telefonemas de vários gestores de fundos de Nova York, cujo trabalho era perturbar corretores, e que também estavam estimulados pelo interesse de Gutfreund no seu projeto. Eles perguntaram como estava a minha sorte. Menti. Disse que estava concentrando esforços na Southland, quando na verdade eu não tinha feito uma única chamada de vendas. Ainda assim, não me deixaram em paz.

Parecia que eu precisava melhorar a minha mentira, como um jogador de golfe. Ou não soava convincente, ou, mais provavelmente, outros corretores estavam contando mentiras melhores ("Meu cliente tirou uma semana de férias", "Meu cliente morreu"). Um dos especialistas em títulos de alto risco insistiu em me observar fazendo uma chamada de vendas para o meu maior cliente, o meu francês. Felizmente, ele não insistiu em ficar ouvindo a conversa. Só queria ser capaz de dizer que me viu tentar. Sentamos no canto da mesa de negociação, ele ao meu lado, enquanto eu fazia o trabalho sujo.

"Oui", disse meu francês.

"Oi, sou eu", eu disse.

"Mas quem mais?"

"Tem uma transação que você precisa analisar", comecei, medindo cada palavra. "É extremamente popular entre os investidores americanos." (O meu francês era um tanto desconfiado por qualquer coisa popular.)

"Então vamos deixá-los comprar tudo", disse, entendendo minhas palavras.

"Eu estou aqui ao lado de um de nossos especialistas em títulos de alto rendimento, que acredita que os títulos da Southland estão baratos", continuei.

"Mas você, não", disse ele, e riu.

"Certo", eu disse, e então parti para um longo discurso de vendas que realmente agradou muito ao sujeito dos títulos de alto risco do Salomon e ao meu cliente, embora por motivos diferentes.

"Não, obrigado", disse o meu francês no final da conversa.

O especialista em títulos de alto risco me elogiou por um trabalho bem-feito. Ele não sabia o quanto estava certo, mas logo descobriu, pois a Southland realmente estava condenada. Em meados de outubro de 1987 o Salomon Brothers, ainda rastejando em função do breve encontro com Ronald Perelman, enfrentou o trauma mais concentrado de sua história. Durante um período de oito dias os eventos se sucediam como várias atrações assustadoras de um parque de diversões. Eu assisti à empresa tomar um golpe atrás do outro, cada um mais confuso e desorientador do que o anterior. Centenas de vítimas não particularmente inocentes foram esmagadas na avalanche de desgraça.

Segunda-feira, 12 de outubro de 1987: *Primeiro dia* • Os oito dias que abalaram o Salomon começaram, apropriadamente, com o que parecia ser um erro de julgamento da diretoria da empresa. Um membro anônimo do conselho do Salomon Brothers, em algum momento no fim de semana, disse a um repórter do *New York Times* que a empresa estava planejando despedir mil pessoas. A notícia foi completamente inesperada. Todos nós sabíamos que o Salomon Brothers vinha conduzindo uma revisão de seus negócios. Mas tínhamos sido assegurados de que em hipótese alguma essa revisão colocaria em risco o emprego das pessoas. Ou os patrões que divulgaram essa garantia estavam mentindo ou não sabiam de nada, e eu não sei em qual das opções prefiro acreditar. Naquela manhã, o chefe do escritório de Londres convocou uma reunião no auditório (que, embora tivesse menos de um ano de idade, já estava pequeno) e disse que "nenhuma decisão fora tomada" em relação ao pessoal, o que significava que ninguém iria ser despedido.

Nesse caso, alguém em Nova York tomou algumas decisões muito rápidas, porque, naquela mesma tarde, dois departamentos inteiros do 41º andar, títulos municipais e mercados monetários, compostos de cerca de quinhentas pessoas, foram sumariamente demitidos. Foi um choque tanto para eles quanto para mim. O chefe do departamento de vendas do mercado monetário no 41º andar, um sujeito agradável, de fala mansa, dirigiu-se até o meio das suas tropas às 8h30 e disse: "Bem, galera, parece que somos história." Em seguida, o patrão *dele*, o chefe de todas as vendas do 41º e Fodão de carteirinha, posicionou-se rapidamente ao seu lado e gritou: "Ninguém sai, porra. Ninguém vai a lugar nenhum, ninguém vai perder o emprego aqui." Então, enquanto o departamento de mercado monetário inteiro voltava a seus lugares, um memorando interno apareceu em suas máquinas Quotron dizendo, com efeito: "Você está despedido. Qualquer um que ainda queira trabalhar no Salomon, avise-nos e talvez entremos em contato. Mas não conte com isso."

Os departamentos de títulos municipais e de mercados monetários não eram lucrativos. Será que isso significava que deveriam ser simplesmente extintos? A empresa poderia ter mantido uma pequena equipe nos dois mercados, a baixo custo. Isso teria apaziguado os clientes que acabaram vindo depender de nós nessas áreas e agora estavam furiosos com a gente. E teria permitido algum lucro, caso qualquer um dos dois mercados se recuperasse. Por que acabar com negócios inteiros? Por que não, pelo menos, fazer uma seleção e aproveitar os melhores em outras funções internas? Um excelente corretor de títulos municipais poderia facilmente se tornar um excelente corretor de títulos da dívida pública. O Salomon Brothers era o subscritor líder de títulos municipais dos Estados Unidos e estava entre os líderes no ramo de mercados monetários; as pessoas empregadas por esses departamentos não eram perdedores, de forma alguma.*

Os homens que tomaram a decisão estavam praticando seu truque anatômico favorito de pensar com os culhões. Em outras palavras, eles simplesmente não estavam pensando, mas negociando. Bill Simon costumava gritar com seus jovens traders: "Se vocês não estivessem negociando títulos, seriam motoristas de caminhão. Não tentem ser intelectuais no mercado. Simplesmente negociem." Quando um trader deixa de ganhar por causa de uma queda de preços no mercado, ele recua e foge. Ele abandona sua posição, reduz as perdas e segue adiante. Ele só espera que não tenha vendido na baixa, que é o que as pessoas que compram na alta fazem.

O mais assustador, mais ainda do que tratar negócios totalmente formados como dispensáveis, foi a desculpa que Gutfreund deu para pular fora. Ele disse à empresa, e à imprensa, que tinha a intenção de fazer ajustes inteligentes, mas que tinha sido forçado a agir rapidamente por acontecimentos fora de seu controle. Assim que a notícia chegou aos jornais, disse, a ação tinha que ser imediata. O *New York Times*, em outras palavras, afetava a política do Salomon Brothers. Ou isso, ou o presidente estava usando o *New York Times* como desculpa para o que tinha feito.

Isso tornou o maior mistério do dia ainda mais misterioso: quem vazou a notícia? Do primeiro dia como trainee ao último dia como Fodão, um empregado do Salomon Brothers acredita que é um pecado capital falar com a imprensa. Em geral, o nosso pessoal mantinha distância dos repórteres. Como resultado, nada do que se passava na nossa empresa chegava aos jornais. Era inconcebível para mim que o vazamento tenha sido mera indis-

---

* A maior parte do departamento de títulos municipais mais tarde foi absorvida por Dean Witter, que, depois, despediu seu próprio pessoal.

crição; portanto, deve ter sido um ato consciente de motim. Mas por quem? Tudo o que sabíamos era que tinha vindo de um membro do conselho. O conselho de administração incluía John Gutfreund, Tom Strauss, Bill Voute, Jim Massey, Dale Horowitz, Miles Slater, John Meriwether e cerca de uma dúzia de outros jogadores menos poderosos. Diziam estar em uma busca frenética pelo informante. No começo, eu pensei que o lugar óbvio para começar a procurar era perguntar quem entre eles tinha mais a perder com os cortes. Fácil. Horowitz, o chefe do departamento de títulos municipais. Ele perdeu tudo. Depois dos cortes, ele se tornou um ministro sem pasta.

Mas, novamente, se o motivo era salvar o departamento de títulos municipais, claramente o tiro saiu pela culatra. Como disse Gutfreund, resultou em cortes ainda maiores do que o planejado. Então, talvez a fonte não estivesse envolvida em uma missão de resgate de última hora. E se assumíssemos que a fonte conseguiu exatamente o que queria? Que ganhou com o vazamento? Infelizmente, a menos que o motivo fosse vingança contra Horowitz, ninguém. E vingança era um motivo fraco demais para justificar o risco de ser pego vazando informações. Quem quer que fosse culpado pelo vazamento, colocou seu emprego em risco. A diretoria toda teria ficado petrificada com a ideia de ser descoberta e humilhada por John Gutfreund. O medo talvez seja a chave para resolver o enigma: quem tinha menos medo de John Gutfreund? Elementar. John Gutfreund.

Eu sei; começa a parecer loucura. E quando um colega do Salomon Brothers apresentou a teoria para mim de que tinha sido o próprio Gutfreund que dera o serviço a fim de acelerar as demissões, eu ri. Mas eu não conseguia aceitar, porque vi a avidez com que Gutfreund se agarrou ao vazamento como uma desculpa para o que tinha feito. O vazamento tornara-se seu bote salva-vidas. Assim que os cortes foram anunciados no jornal, eles assumiram um estranho ar de inevitabilidade. "Então, vejam só", diria, "deu no *New York Times*, e maldito seja o infeliz que contou." Ainda assim, a hipótese era fraca. Pois, certamente, Gutfreund teria percebido que um vazamento desse tipo, no final das contas, desacreditava ele mesmo.

Seja qual for a fonte, seu anonimato teve o efeito de espalhar a culpa de um homem (isto é, se fosse apenas um) por toda a diretoria; todos eles eram considerados culpados pelo restante da firma. O Salomon Brothers tinha um informante, um *Deep Throat* [Garganta Profunda], ao estilo de Watergate. Os poucos diretores-executivos que não faziam parte do conselho se recusavam a discutir qualquer assunto que exigisse discrição na presença de outros membros do conselho. A divisão no topo da empresa estava mais evidente para nós peões do que nunca. Um diretor cruzado (estilo durão) disse a cada membro do conselho: "Sinto muito, mas até descobrirmos quem é o culpado não podemos confiar em vocês." Este verdadeiro exemplo de coragem se espalhou rapidamente por todo o pregão.*

Senti uma frustração arrebatadora. Não havia nada que eu pudesse fazer a não ser observar. Será que os chefões das empresas nunca assumem responsabilidade por suas ações ou as ações de seus subordinados? Será que não existia mais honra? Um vazamento similar no governo britânico precipitaria uma onda de demissões. Mas os nossos líderes não pareciam sofrer por seus erros. Eles aplicavam uma espécie de análise marginal a cada nova encrenca e diziam que o que passou passou e que nada de bom viria de um novo choque para a empresa (como pedidos de demissão de sua parte, por exemplo). Meu sentimento era de que os nossos problemas eram causados, pelo menos em parte, pelo sentimento entre os chefões de que não teriam exposição pessoal se seu império ruísse.**

Talvez o mais preocupante de tudo, porém, era que a única promessa feita a todos os novos funcionários do Salomon Brothers tinha sido quebrada. A maioria das pessoas havia sido designada para títulos municipais e mercados monetários sem oportunidade de manifestar sua opinião. Fico feliz em não ter acreditado em Jim Massey quando ele nos disse, como disse a todas as turmas de treinamento, para relaxar e deixar a empresa decidir em qual

* O informante nunca foi encontrado. Disseram, já em outubro de 1988, que a busca pelo homem continuava.

** E certamente era verdade. No final do ano, nenhum diretor-executivo sênior pediu demissão. Tom Strauss recebeu US$ 2,24 milhões. Bill Voute recebeu US$ 2,16 milhões, e talvez o mais surpreendente tenha sido Dale Horowitz, que era ao mesmo tempo chefe de um departamento que tinha desaparecido e em grande parte responsável por nosso envolvimento no Columbus Circle, que recebeu US$ 1,6 milhão. Gutfreund, no entanto, abriu mão de seu bônus e aceitou o salário de US$ 300 mil e mais US$ 800 mil em proventos futuros. Em vez do bônus, ele recebeu 300 mil opções em ações, que, na época em que este livro foi escrito, valiam mais de US$ 3 milhões.

departamento deveríamos entrar. O desempenho será sempre recompensado, ele tinha dito. Muitos confiaram nele. Se a empresa quebrou a aliança ao despedir Lewie Ranieri, ela espalhou os cacos com essa decisão.

No final desse dia terrível o nervosismo continuava reinando, especialmente em Londres. O informante tinha contado ao *New York Times* que o Salomon planejava despedir mil pessoas. Quinhentas já tinham ido embora. Claramente, ainda não tinha terminado. Mas quem, pelo amor de Deus, será o próximo?

Quarta-feira, 14 de outubro de 1987: Terceiro dia • O presidente Tom Strauss veio nos dizer que Londres fora indicada como a filial que mais necessitava de cortes. Esse diagnóstico tinha sido dado um mês antes, quando um diretor de Londres havia estragado uma apresentação em nossa defesa para a comissão de revisão empresarial em Nova York. Em vez de justificar nossos níveis de pessoal ou de mapear um plano, ele passou o tempo todo explicando por que o nosso fracasso não era culpa dele. Gutfreund tinha ficado justificadamente chateado com sua postura, que agora estava sendo anunciada a todos nós. Os membros da Comissão de Revisão pensaram o pior de nós. Ninguém pode culpá-los por isso. Nós não estávamos indo muito bem.

A parte da espera era o pior. As pessoas no pregão de Londres pareciam não ter ideia se haviam ou não sido escolhidas pela diretoria, mas todas sabiam que muitos de nós, até cerca de um terço do pessoal de títulos, seriam eliminados. Cada um se considerava essencial para o futuro do Salomon Brothers. Eu também me considerava essencial para o futuro do Salomon Brothers, mas isso por si só não era garantia quando todo mundo sentia a mesma coisa. Comecei a me perguntar: o que vou fazer se me demitirem? Depois: o que vou fazer se não me demitirem? De repente, parecia mais fácil sair do Salomon Brothers do que antes. Cada gerente de unidade — um guia da selva — apresentou uma lista de funcionários, ordenados por sua utilidade para ele. Os diretores de Londres reuniam-se sob uma imitação de Canaletto em um dos salões ao estilo *E o vento levou* e cortavam elementos do final de cada lista. Eu olhei o meu guia da selva com suspeita.

Sexta-feira, 16 de outubro de 1987: Quinto dia • O primeiro furacão em cem anos atingiu diretamente Londres no início da manhã. Várias árvores quebraram, linhas de energia caíram e janelas foram estilhaçadas por volta das 2 horas até o amanhecer. Ir para o trabalho, sem dúvida alguma, era assustador. As ruas estavam vazias, e as lojas normalmente abertas estavam fechadas e protegidas. Uma multidão se amontoava sob o toldo da Victoria Station, sem ter para onde ir. A circulação de trens estava suspensa. Parecia uma minissérie da ABC sobre o inverno nuclear ou talvez uma cena de *A tempestade*. Caliban não poderia ter escolhido um dia melhor para rugir.

Foi um dia ruim para 170 pessoas em nosso escritório. As pessoas enfrentaram árvores caídas, estradas traiçoeiras e os riscos de inundação para chegar ao trabalho e descobrir, no final da corrida de obstáculos, que estavam sem emprego. Outros sofreram tortura lenta, esperando literalmente no escuro por horas antes de saberem de sua demissão. A tempestade tinha cortado a eletricidade e ficamos sem luz no pregão. A maioria de nós ficou perto da nossa mesa de trabalho. Os telefonemas vinham dos diretores, convidando um por um para encarar o seu destino cruel. O que era terrível não era tanto a perda dos rendimentos, mas a vergonha de ter falhado. Tínhamos dado como certo o estranho tipo de sucesso que alcançáramos; nós o considerávamos não apenas importante, mas essencial, como pernas. Qualquer um que fosse despedido parecia sofrer de algum defeito, e todos corávamos diante de nossa deficiência. Algumas pessoas conseguiram analisar friamente a situação e telefonaram para *head hunters* de suas próprias mesas de trabalho enquanto esperavam.

Outras ainda eram até mais espertas. A notícia se espalhou de que todos os cortes eram nos departamentos de títulos. Isso era verdade. O diretor de ações, Stanley Shopkorn, tinha tomado uma posição corajosa contra Gutfreund; disse que preferia pedir demissão do que demitir uma única pessoa. Vendo que o departamento de ações não iria demitir ninguém, os poucos espertinhos começaram a buscar entrevistas de empregos no setor de ações. (Finalmente, as ações estavam curtindo seu dia de glória! E, como veremos, foi exatamente um dia.) Eles estavam em uma corrida contra o relógio. Precisavam ser contratados antes de serem despedidos. Assim que fossem mandados embora, eles perderiam o direito de permanecer no pregão. Um segurança tiraria seus crachás à medida que surgissem da câmara do pelotão de demissão e os baniria do prédio.

A administração optou pelo caminho de menor resistência e despediu as mais recentes adições ao escritório, até que chegou o dia que seria lembrado como o massacre dos inocentes. Isso anulava o objetivo dos cortes. A dispensa de dez *geeks* correspondia à mesma redução de custos que demitir um diretor-executivo mais velho (na faixa dos trinta e poucos anos). Mas a vantagem dos jovens era que era fácil despedi-los, porque não tinham uma teia de conexões dentro da empresa. Eles não tinham voz. Eu estava seguro, em parte, porque era considerado, inacreditavelmente, um veterano, em parte porque eu tinha um número suficiente de amigos em altos cargos e, em parte, porque eu era um dos dois ou três maiores produtores do escritório.

Um número desproporcional de mulheres foi despedido em Londres. Mais tarde elas compararam suas anotações e descobriram que todas ouviram, quase literalmente, o mesmo discurso do chefe de vendas. Para cada uma, ele sofria e dizia: "Você é uma menina inteligente, e isso não reflete suas habilidades." A maioria delas não gostava de ser chamada de "menina". *Quem você está chamando de "menina", seu branquela?* Algumas mandaram o segurança dar o fora, quando ele pediu os crachás (e ele se mandou). À medida que as demissões progrediam, as vítimas começavam a retornar para o pregão. Havia uma boa dose de choro e abraços por todo o andar, o que eu não comentaria a não ser pelo fato de que era uma visão incomum. Ninguém nunca demonstrou fraqueza, vulnerabilidade ou necessidade de bondade humana. Logo no início, Alexander me ensinou a importância de manter uma aparência de força. "Eu aprendi há algum tempo que não havia motivo para mostrar fraqueza", disse ele. "Quando você chega às 6h30, tendo passado a noite sem dormir e perdido o seu melhor amigo num acidente de carro, e algum Fodão vai até sua mesa, dá um tapinha nas suas costas, e pergunta: 'E aí, tudo bem?', você não diz 'Eu estou realmente muito cansado e muito chateado', você diz: 'Estou ótimo, e você?'"

Esse dia teve apenas uma única nota positiva. Um amigo meu, um dos poucos europeus mais velhos que sobrou (há muito tempo, dezenas deles haviam seguido seus instintos e partido do Salomon Brothers em busca de pastos mais verdejantes), ficou em sua mesa das 8 horas até a hora do almoço. Ele pulava como uma criança pequena na véspera de Natal. O que ele queria de presente era ser despedido. Já havia aceitado um emprego melhor em outra empresa. Ele tinha a intenção de sair do Salomon no início da semana, mas vendo que podia ser demitido, em vez disso esperou e segurou sua língua, na esperança de receber um aperto de mão de ouro. Os pagamentos de indenização eram realmente generosos e com base no tempo de serviço. Meu amigo estava no Salomon há sete anos e, se fosse despedido, deveria receber várias centenas de milhares de dólares. Eu torcia por ele. Eu tinha certeza de que ele merecia o machado, mas temia que a diretoria se sentisse relutante em despachar um funcionário tão antigo. Felizmente, os diretores engoliram sua devoção, reuniram coragem e o chamaram para o salão de jantar. Quando a chamada foi feita, houve um rebuliço no pregão para parabenizá-lo e muitos sorrisos e risadas. Ele estava indo desta para melhor.

Um trader postou um anúncio no banheiro masculino próximo ao fim do dia. O banheiro masculino virara uma sala de leilões de carros usados. Na maioria das vezes, as ofertas eram de BMWs ou Mercedes. Esse trader, no entanto, estava vendendo um Volvo. Um mau presságio.

Sábado, 17 de outubro de 1987: Sexto dia • Eu voei para Nova York por duas razões. Meses antes, eu havia concordado em falar sobre o trabalho de vendas para o programa de treinamento. Minha fala estava marcada para terça-feira, 20 de outubro. Agora, esta parecia ser uma tarefa desagradável, pois os 250 participantes (a maior turma já formada) tinham pouca esperança de manter seus empregos.

A outra razão para a minha viagem era para fazer lobby com os diretores-executivos de Nova York para aumentar nosso bônus. Essa prática oleaginosa era padrão no escritório de Londres. Durante os últimos meses de cada ano a maioria dos corretores e traders de Londres visitava Nova York para ser vista e argumentar, muito sutilmente, que merecia uma grande soma de dinheiro no final do ano. O argumento tomava a forma de desejar boas-festas aos patrões em voz alta e fazer cara de pobre quando perguntado sobre sua condição. Meu guia da selva praticamente insistiu que eu fizesse a viagem; isso foi muito gentil da parte dele. Ele estava cuidando de meus interesses. Éramos dois.

Segunda-feira, 19 de outubro de 1987: Sétimo dia • Como a minha apresentação era só na terça-feira, eu tinha o dia livre para passear pelo 41º andar em Nova York. Normalmente, eu detestava fazer isso. No 41º, mesmo depois de eu ter me estabelecido, sempre sentia que estava tendo uma experiência fora do corpo. O lugar para mim sempre pareceu muito sem graça. Mas dessa vez foi diferente. O andar tinha sido podado. Era como uma visita a um museu ou a uma cidade fantasma, em vez de a uma briga de bar. Havia um espaço enorme e vazio em torno da mesa de John Gutfreund, que era onde as pessoas do mercado financeiro sentavam. Onde antes havia barulho e agitação, agora havia apenas um silêncio sinistro, muito semelhante ao que tinha acontecido nas ruas de Londres na última sexta-feira. O pessoal do mercado financeiro, aparentemente, saíra às pressas. Cartazes inspiradores ainda pairavam sobre suas mesas vazias. ESTRESSE PARA O CAFÉ DA MANHÃ, dizia um. Fotos de namoradas e mensagens particulares ainda estavam presas às posições de negociação. Rabiscado sobre o assento vazio de uma corretora despedida, estava seu ponto de vista de que "Os homens que chamam as mulheres de minha querida, meu bem ou meu amor deveriam ter seus pauzinhos cortados."

Essas não eram vítimas comuns, embora fossem vítimas. Aqui em Nova York, como em Londres, um número notavelmente grande de mulheres fora mandado embora. Não é como se as mulheres tivessem sido menos espertas na escolha de seus empregos; elas tinham só menos influência sobre o seu destino. Por alguma razão, as mulheres oriundas do programa de treinamento eram normalmente designadas a líderes ruins. Durante vários anos um dos escoadouros era o departamento de mercado monetário. Talvez 10% dos profissionais de pregão eram mulheres. Mas as mulheres representavam quase metade das vendas nos mercados financeiros e, portanto, foram muitas as demissões.

Meu rabino em Nova York e sua congregação estavam se mudando para os lugares abandonados pelo departamento de mercado financeiro. Sempre que eu voltava a Nova York, me sentava ao lado do meu rabino, normalmente com um suspiro de alívio. Mas dessa vez estremeci só de pensar nisso. Imaginei se a mudança não fora um pouco prematura, como se mudar para uma casa enquanto o proprietário anterior ainda está sendo retirado em um caixão. Era desconfortável saber o que tinha acontecido com as pessoas que haviam ocupado aqueles lugares. No entanto, havia muita coisa para me distrair. Meu rabino estava subindo de vida. O lugar ao lado dele por acaso também era bem ao lado de John Gutfreund. Então, eu me plantei ao lado do nosso presidente e acompanhei de perto os acontecimentos. O anúncio público da venda do Salomon Brothers para a Phillips Brothers, em 1981, estava em sua mesa, ao lado de um charuto fumegante. Símbolo! Metáfora! Do pó ao pó e assim por diante. Desse imponente promontório assisti a crise de 1987.

O mercado de ações caiu, é claro. Caiu como nunca havia caído antes na história, fez uma pausa, depois caiu um pouco mais. Eu corria de um lado para outro entre o meu lugar no 41º e o departamento de ações no 40º. O *crash* do mercado de ações teve efeitos colossais e arbitrários na redistribuição de riqueza, e os dois andares tiveram reações completamente diferentes. Um homem de sorte no departamento de ações tinha vendido os contratos futuros sobre índices de ações S&P (ou seja, ele apostou firme que o mercado cairia) na sexta-feira, e quando teve chance de fechar sua aposta na segunda-feira, os futuros sofreram uma queda de 63 pontos, e ele tinha lucrado US$ 27 milhões. Sua alegria era única. O restante do departamento de ações estava dividido entre o desespero e a confusão. No início do dia já havia negociação. Ouvi os gritos de uma dúzia de homens do Brooklyn de uma só vez: "Ei, Joey!", "Ei, Alfyt", "O que você tá fazendo, Mel!", "George Balducci, você pode comprar 25 mil telefones [ações da AT&T] pela metade do preço." Mais tarde, porém, acabaram as negociações, prenúncio do torpor que se aproximava do mercado de ações. Os investidores congelaram como cervos diante dos faróis. Repetidas vezes alguém se levantava e gritava, sem nenhuma razão particular: "Minha nossa!" Eles estavam indefesos diante do colapso de seu adorado mercado.

É claro, os meus clientes na Europa estavam arrancando os cabelos, mas não havia nada que eu pudesse fazer por eles. Agradeci a Mamon pela enésima vez por me fazer um intermediário. Agradeci por meus clientes terem optado por sentar e esperar a tempestade passar. Enquanto isso, o mercado de títulos estava nas alturas, e muitos traders não conseguiam esconder sua felicidade. Assim que o mercado de ações caiu algumas centenas de pontos, os investidores começaram a considerar os efeitos macroeconômicos de um *crash*. O raciocínio predominante no mercado de títulos era o seguinte: os preços das ações estavam menores; logo, as pessoas estavam menos ricas; logo, o consumo diminuiria; logo, a economia desaceleraria; logo, a inflação cairia (talvez até houvesse depressão e deflação); logo, as taxas de juros seriam reduzidas; logo, os preços dos títulos subiriam. E foi o que aconteceu.

Um trader que apostara contra o mercado de títulos se levantou e gritou na direção da Estátua da Liberdade: "Merda! Merda! Merda! Merda! Eu falo mal do governo dos Estados Unidos, eu vendo sua dívida a descoberto e eles me ferram. É assim que eu ganho a vida. Por que me preocupar?" Mas quase todo mundo estava operando comprado. Os traders estavam ganhando uma fortuna. Este único dia compensou boa parte do ano. Enquanto o mercado de ações entrava em colapso, o 41º andar do Salomon Brothers festejava.

E muitos de nós questionavam a lógica das demissões da semana anterior. O mundo do dinheiro estava em convulsão. Os fundos estavam escoando do mercado de ações em direção a investimentos seguros. O porto seguro convencional para o dinheiro é o ouro, mas este não era um momento convencional. O preço do ouro estava caindo rapidamente. Duas teorias criativas tomaram conta do pregão, ambas explicando a queda do ouro. A primeira era de que os investidores estavam sendo forçados a vender o seu ouro para atender os resgates de margem no mercado de ações. A segunda era de que na depressão que se seguiu ao *crash* os investidores não teriam necessidade de temer a inflação, e, como para muitos, o ouro significava proteção contra a inflação, havia menos demanda. Seja qual for o caso, o dinheiro não estava fluindo para o ouro, mas para os mercados monetários — ou seja, depósitos de curto prazo. Se tivéssemos um departamento de mercado monetário, poderíamos ter lucrado e ficado à frente dessa onda, mas não deu. O declínio nos negócios após o *crash* ocorreu principalmente nos mercados de ações. E qual foi o único departamento que não despediu um único funcionário sequer? Ações. Assim, a área mais calamitosamente sobrecarregada foi a única que não dispensou ninguém.

Entre nós, muitos também questionavam a lógica de entrar no mercado de títulos de alto risco. Com o *crash* da Bolsa de Valores, o mercado de títulos de alto risco, indissoluvelmente associado aos valores de ativos das grandes empresas, temporariamente deixou de funcionar por completo. O volúvel mercado de ações estava dizendo que um dia a América corporativa valia US$ 1,2 trilhão e, no dia seguinte, apenas US$ 800 bilhões. Os investidores em títulos de alto risco abandonaram seus ativos quando viram o comportamento selvagem de suas garantias. A nossa transação com títulos de alto risco da Southland foi para o brejo no dia 19 de outubro. Quando o mercado de ações entrou em colapso, o valor das lojas da cadeia 7-Eleven e, portanto, os títulos de alto risco garantidos pelas lojas do 7-Eleven afundaram também. Do meu lugar no pregão, liguei para meus clientes na Europa. Quando falei com o meu francês, ele me agradeceu por nunca ter vendido títulos de alto risco para ele.*

Boa parte do que acontecia com uma grande empresa como a nossa durante um *crash* era, em geral, invisível para o mundo exterior. Mas um acontecimento importante não passou despercebido. Juntamente com outras empresas de Wall Street, o Salomon Brothers tinha concordado em comprar do governo britânico, e distribuir em todo o mundo, 31,5% das ações da British Petroleum. Nós tínhamos uma participação na empresa no momento do *crash*. Tínhamos perdido mais de US$ 100 milhões em nossa aposta. Quem teria imaginado que a nossa maior intermediação de ações coincidiria com a maior queda da história no mercado de ações? Por outro lado, quem teria imaginado que o nosso primeiro grande negócio de títulos de alto risco coincidiria com o *crash* do mercado de títulos? Era impres-

---

* Ironicamente, o negócio da Southland, eu soube mais tarde, deveria ter sido um sucesso estrondoso e acabou sendo ressuscitado. Mas o meu ceticismo em relação à nossa capacidade de negociar títulos de alto risco não era injustificado. Em meados de 1988 a primeira aquisição multibilionária de controle alavancada da América patrocinada por Wall Street foi à falência. A cadeia de drogarias Revco, que havia sido comprada pela sua diretoria com o dinheiro de títulos de alto risco fornecidos pelo Salomon Brothers, entrou com pedido de recuperação de empresa.

sionante como tínhamos pouco controle sobre os eventos, especialmente em vista da forma como cultivávamos as aparências de que estávamos no comando, pelo hábito de fumar charutos grandes e xingar o tempo todo.

Durante todo o período do *crash*, John Gutfreund parecia estar à vontade. Pela primeira vez em anos, estava tomando decisões de negociação. Era uma alegria ver um homem redescobrir sua juventude. Ele passava pouco tempo em sua mesa. Corria de um lado para outro pelo andar e realizava breves sessões de estratégia com seus principais traders. Em determinado ponto, sua atenção foi desviada para o seu patrimônio líquido, e ele comprou 300 mil ações do Salomon Brothers para sua conta pessoal. Quando ouvi que ele fez isso, minha primeira reação foi pensar que estava negociando com base em informações privilegiadas.

Minha segunda reação foi a de que, desde que fosse legal, eu deveria fazer o mesmo. Bem ganancioso, não é? Mas também muito esperto. As ações do Salomon estavam recuando mais rápido que o mercado como um todo; todas as ações de corretagem (*brokerage stocks*) estavam sendo atingidas porque os investidores, sem condições de avaliar os danos internos que havíamos sofrido, imaginaram o pior. Estávamos perdendo pequenas fortunas da British Petroleum e da Southland, nossos dois riscos visíveis. Gutfreund sabia, no entanto, que nossas perdas não eram o que pareciam ser. Tínhamos abocanhado US$ 27 milhões do departamento de ações, e os departamentos de títulos estavam cheios de grana. Um cálculo rápido revelava que o preço das ações do Salomon implicava um valor para a empresa inferior ao seu valor de liquidação. (Se três semanas atrás éramos alvo de uma aquisição de controle, com a ação a US$ 30, agora éramos uma pechincha a US$ 18. Um falso boato se espalhou de que Lewie Ranieri tinha captado recursos e estava voltando para comprar o Salomon Brothers.)

Depois de verificar com nosso departamento jurídico para ter certeza de que eu não estava seguindo os passos de Boesky, segui Gutfreund e comprei um lote de ações do Salomon com o bônus que estava ocupado em conseguir. Muitos, muitos outros em nosso pregão estavam fazendo o mesmo. Gutfreund diria mais tarde que quando os funcionários compravam ações do Salomon era um sinal de crença na empresa e que ele pessoalmente considerava isso encorajador. Talvez. Mas, no meu caso, a minha compra não representava uma declaração de fé. Meu investimento foi feito por puro interesse próprio, juntamente com um certo prazer abstrato de ter encontrado uma aposta inteligente. Dentro de alguns meses as ações do Salomon teriam se recuperado, de um mínimo de US$ 16 para US$ 26.

Terça-feira, 20 de outubro de 1987: Oitavo dia • O *post-mortem* começara. Os comitês de crédito se reuniram em uma sessão de emergência em Nova York. Seu objetivo declarado foi o de avaliar a exposição de crédito do Salomon a instituições que pareciam ter ido à falência pelos acontecimentos do dia anterior, como E. F. Hutton e toda a comunidade (se é que podemos chamá-la assim) de arbitragem de ações. Em vez disso, durante a primeira meia hora, os membros do comitê discutiram. Todos os membros eram americanos, menos um. A exceção era um britânico, que tinha vindo de Londres especialmente para a reunião. Ele se tornou um saco de pancadas para os americanos, que atribuíram a culpa pelo *crash* diretamente ao governo britânico. Por que estavam insistindo na venda da estatal British Petroleum? Os traders, que pensavam quase que exclusivamente em termos de forças de mercado de curto prazo, achavam que a venda multibilionária de ações da BP impunha um ônus que o mercado não tinha condições de suportar. O mundo da compra de ações estava em pânico com a ideia de uma nova oferta de ações. Não importa que os Estados Unidos estavam com um déficit orçamentário de US$ 1 trilhão, ou que o dólar estava instável, ou que as crises, assim como sua contrapartida melhorada, os períodos de alta, geralmente têm uma lógica própria. Alguns dos americanos estavam atacando o britânico de todos os lados pelo comportamento de seus compatriotas. Um deles disse, com sarcasmo: "Vocês fizeram exatamente esse tipo de coisa depois da guerra também, você sabe."

Seria de imaginar que as linhas de batalha nesse dia seriam traçadas ao longo das fronteiras do interesse financeiro, em vez de fronteiras nacionais. Todos ao redor da mesa na reunião de crédito estavam no mesmo time, mas as pessoas não se comportavam como tal. A xenofobia não se limitava de forma alguma ao Salomon Brothers. Um sócio americano do Goldman Sachs, uma empresa também afetada com um prejuízo de US$ 100 milhões em suas ações na BP, ligou para um britânico sênior do Salomon e o culpou pelo problema. Mas por quê? Descobriu-se que o sócio do Goldman não estava pensando na sua contrapartida do Salomon como representante do Salomon, mas como um britânico. "É melhor que o seu pessoal resolva a situação [a questão da BP]", ele gritou. "Se não fosse por nós, vocês todos estariam falando alemão."

Os mais perspicazes jogadores do nosso lado não estavam procurando culpados, mas sim uma saída: como poderíamos evitar a perda de US$ 100 milhões em nossa participação na British Petroleum? Ou, para colocar um ponto final nisso, como poderíamos persuadir o governo britânico a comprar de volta suas ações pelo preço que foram vendidas para nós? Um dos diretores de Londres, que por acaso estava em Nova York, na verdade, me chamou de lado para testar um argumento que pretendia apresentar ao Bank of England. Ele havia calculado o total dos prejuízos dos bancos que intermediavam a BP em US$ 700 milhões. Ele disse que o sistema financeiro mundial talvez não suportasse a fuga de capital do sistema. Isso poderia resultar em mais pânico. Certo? Incrível. Ele estava tão desesperado para evitar o prejuízo que acho que realmente acreditava na sua mentira. Claro, por que não?, eu disse. Vale a pena tentar. Basicamente, era um truque antigo. Meu chefe queria ameaçar o governo britânico com outro *crash* da Bolsa, se o governo não tomasse de volta sua empresa de petróleo.* (Nota para os membros de todos os governos: desconfie de quem quer que seja em Wall Street que venha com ameaças de *crashes*. Eles são tentados a fazer isso sempre que alguém invade seu território. Mas eles não têm poder nem para causar nem para impedir *crashes*.)

Mais tarde, naquele dia, o último dia que me lembro bem do meu tempo no Salomon Brothers, passei uma hora desconfortável na turma de treinamento fazendo uma apresentação para 250 olhares vazios. Os trainees chegaram ao estado de desespero profundo que se assemelha a relatos que li da Peste Negra do século XIV. Eles tinham perdido toda a esperança

---

* Não funcionou. Como John Gutfreund explicou aos nossos assustados acionistas no relatório anual de 1987: "Honrando o compromisso com nossos clientes e continuando a promover a British Petroleum, na esteira do *crash*, a empresa incorreu em um prejuízo antes dos impostos de US$ 79 milhões."

e decidiram que, como seriam demitidos de qualquer maneira, poderiam muito bem fazer o que quisessem. Todos, então, resolveram se comportar como se fossem do fundão. Desviei de um chumaço de papel que vinha em minha direção quando entrei na sala e enfrentei uma quantidade impressionante de apatia durante a apresentação. Era um público que só Rodney Dangerfield poderia ter apreciado. Eles não estavam nem um pouco interessados no meu tema: "Como vender para os europeus." Mas um pouco curiosos para saber se havia alguma oportunidade de trabalho no escritório de Londres e se eu sabia quando seriam demitidos. Eles tinham certeza de que eram os únicos que não sabiam o que estava acontecendo na empresa. Quanta ingenuidade! Estavam, particularmente, irritados e frustrados por que Jim Massey (que tinha feito a mesma palestra entusiasmada para eles que fizera para nós) não tivesse aparecido pelo menos simbolicamente diante deles. Será que eles continuavam trabalhando para o Salomon, ou não?

Eles foram atualizados duas horas depois. O palestrante que me seguiu foi interrompido pela entrada de Jim Massey, ladeado por dois homens que pareciam guarda-costas, mas eram só traders. Ele anunciou o destino dos 250 trainees. Antes de falar, no entanto, explicou em detalhes cruéis como era difícil para a alta administração demitir seus funcionários, como, em última análise, tornariam a empresa mais forte e como esse tipo de decisão era sempre dolorosa de tomar. E então anunciou: "Tomamos a nossa decisão em relação ao programa de treinamento... e decidimos... [longa pausa], manter nosso compromisso." Vocês podem ficar! Um grupinho voltou para a primeira fila tão logo Massey saiu da sala. Mas a notícia não era tão boa quanto parecia. Não havia vagas no pregão. No final do programa, a maioria dos trainees se tornou atendente do setor administrativo.

17 de dezembro de 1987: Dia do bônus • Um dia estranho e glorioso. A empresa, pela primeira vez em sua história, rompeu as faixas de remuneração. Foi sorte minha. Meu bônus deveria ficar dentro da faixa, o que o teria limitado para cerca de US$ 140 mil. Em vez disso, eles me pagaram US$ 225 mil (275 com os benefícios, mas quem está contando?), o que é mais do que jamais havia sido pago a um empregado com apenas dois anos de experiência, ou pelo menos foi isso que me disseram. Eu era, então, o membro mais bem pago da minha turma de treinamento. Mas isso significa menos do que parece. Mais de metade da minha turma já tinha pedido demissão ou sido despedida.

Agora está claro para mim que, se eu tivesse dado tempo, e um bom tempo, a empresa faria de mim um homem rico. Se eu mantivesse o mesmo nível de negócio, eu receberia aproximadamente 350 no ano seguinte; 450 no outro ano e 525 no ano subsequente. E assim sucessivamente, com aumentos menores, mas maiores totais a cada ano até que eu me tornasse, ou não, um diretor-executivo.

Mas *era* triste, e um pouco ridículo, romper as faixas e pagar a determinados funcionários mais do que nunca no pior ano na história recente da empresa. A empresa apurou US$ 142 milhões, um retorno abismal sobre US$ 3,5 bilhões em capital. Os números pareciam ainda piores quando considerávamos que a empresa, durante boa parte do ano, tinha dobrado de tamanho em relação aos três anos anteriores. Por que eu estava recebendo aquele bônus, então?

Eu tinha uma ideia. Quando o chefe de vendas apresentou o meu bônus, tentou garantir que eu apreciasse o presente monumental que estava recebendo (e me disse para não contar a ninguém). A pista para a grande soma estava em seus olhos: pânico. O Salomon Brothers, em certo sentido, estava negociando, ao estipular um preço para os serviços de um empregado e, agora, tendo perdido um grande número de pessoas, estava menos composto do que de hábito em suas negociações. Uma coisa é certa: o banco não me pagou um bônus porque achava que era a coisa certa e correta a fazer. Alguns poucos homens honrados da diretoria do Salomon Brothers faziam o que era certo e correto, inclusive, tenho orgulho de dizer, os meus rabinos, mas a maioria só fazia o necessário. O banco me pagou mais porque achava que isso me faria ficar, selando a minha lealdade.

A lealdade que eu tinha já estava selada. Eu era leal a vários indivíduos: Dash, Alexander, o meu guia da selva, meus rabinos. Mas como falar em lealdade para com a empresa quando a empresa é uma amálgama de pequenas e grandes decepções e dilacerada por lutas e descontentamento? Não pode. E por que tentar? Mas agora já estava muito claro que o jogo do dinheiro recompensava a deslealdade. As pessoas que pulavam de empresa em empresa e, no processo, garantiam grandes somas de dinheiro tinham melhor desempenho financeiro do que pessoas que ficavam em um só lugar.

A alta-diretoria do Salomon nunca tinha tentado comprar a lealdade de seu pessoal. Os gerentes não eram muito bons nesse jogo. Poderiam ter visto, se tivessem se dado o trabalho de olhar para mim com os olhos de um campeão do jogo da mentira, que a minha decisão de sair ou ficar não seria por causa do dinheiro. Eu nunca teria ido para uma outra empresa atrás de um salário maior. Eu deixaria o Salomon Brothers por outros motivos, no entanto. E foi o que fiz.

EPÍLOGO

Deixei o Salomon Brothers no início de 1988, mas não pelos motivos óbvios. Eu não achava que a empresa estava condenada. Eu não achava que Wall Street entraria em colapso. Eu sequer estava sofrendo de crescente desilusão (que cresceu a um ponto ainda suportável e depois parou). Embora houvesse muitas razões perfeitamente plausíveis para abandonar o navio, acho que fui embora porque não precisava ficar por mais tempo.

A geração de meu pai cresceu com certas crenças. Uma dessas crenças é a de que a quantidade de dinheiro que se ganha é um guia para a contribuição da pessoa para o bem-estar e a prosperidade de nossa sociedade. Eu cresci excepcionalmente perto do meu pai. Todas as noites eu sentava em uma cadeira perto dele, suado de um jogo de beisebol no jardim da frente, e o ouvia explicar por que tal e tal era verdade e tal e tal não era. Uma coisa que quase sempre era verdade era que as pessoas que ganhavam rios de dinheiro eram legais, Horatio Alger e outros do mesmo porte. Ao ver o filho ganhando US$ 225 mil aos 27 anos de idade, depois de apenas dois anos no cargo, sua fé no dinheiro foi abalada. Só recentemente ele se recuperou do choque.

Eu, não. Quando você está, como eu estava, no centro do que possivelmente foi o mais absurdo jogo do dinheiro da história e se beneficia para além de qualquer contribuição sua para a sociedade (por mais que eu gostasse de pensar que só recebia o que merecia, esse não era o caso), quando centenas de pessoas igualmente não merecedoras à sua volta estão ganhando mais dinheiro do que conseguem contar, o que acontece com a crença no dinheiro? Bem, isso depende. Para alguns, a boa sorte simplesmente reforça a crença. Eles levam o dinheiro "estranho" a sério, como prova de que são cidadãos honrados da república. Torna-se seu pressuposto básico — pois não poderia ser claramente imaginado — o fato de que o talento para ganhar dinheiro usando o telefone é um reflexo de mérito em uma escala maior. É tentador acreditar que as pessoas que pensam dessa forma, eventualmente, terão sua punição. Não têm. Elas simplesmente ficam mais ricas. Tenho certeza que a maioria morre gorda e feliz.

Para mim, no entanto, a crença em ganhar dinheiro desintegrou-se; a proposição de que quanto mais dinheiro você ganha, melhor a sua vida, foi refutada por provas contundentes em contrário. E sem essa crença perdi a necessidade de ganhar grandes somas de dinheiro. O mais engraçado é que eu não tinha muita consciência do quanto eu estava influenciado pela crença no dinheiro até ela desaparecer.

É uma lição simples, mas ainda assim a coisa mais útil que aprendi no Salomon Brothers. Quase tudo o que aprendi deixei para trás. Tornei-me bastante habilidoso na gestão de algumas centenas de milhões de dólares, mas ainda me atrapalho na hora de decidir o que fazer com alguns milhares. Aprendi a humildade brevemente no programa de treinamento, mas esqueci dela assim que tive oportunidade. E aprendi que as pessoas podem ser corrompidas pelas organizações, mas, como continuo disposto a entrar para as organizações e até mesmo ser corrompido por elas (moderadamente, por favor), não tenho certeza de quais serão os benefícios práticos dessa lição. No geral, ao que parece, não aprendi nada de muito valor prático.

Talvez o melhor ainda estivesse por vir, e eu saí cedo demais. Mas, tendo perdido a necessidade de ficar no Salomon Brothers, descobri uma necessidade de partir. Meu trabalho se tornou nada mais do que aparecer por lá todas as manhãs para fazer o que eu já tinha feito, cuja recompensa era simplesmente mais do mesmo. Eu não gostava da falta de aventura. Você talvez pense que deixei o pregão do Salomon Brothers em busca de risco, esta, sim, a decisão mais estúpida que eu poderia ter tomado na vida. Nos mercados, a gente não assume riscos sem ser muito bem-pago em dinheiro vivo, no ato. Mesmo no mercado de trabalho, essa é uma regra útil, e eu a quebrei. Agora estou tanto mais pobre quanto mais exposto do que estaria se tivesse permanecido no pregão.

Assim, diante disso, minha decisão de sair foi quase suicida, o tipo de coisa que um cliente poderia fazer se caísse nas mãos de um corretor *geek* do Salomon. Acredito que eu tenha me afastado da melhor chance que jamais terei de ser milionário. Claro, o Salomon Brothers vinha enfrentando tempos difíceis, mas ainda havia muito molho na bandeja para um bom intermediário; essa era a natureza do jogo. E se o Salomon superar as dificuldades, o dinheiro vai fluir mais livremente. No final das contas, eu ainda tenho ações do Salomon Brothers, porque acredito que acabarão se recuperando. A força da empresa está no instinto bruto de pessoas como John Meriwether, campeão mundial do jogo da mentira. Pessoas com esses instintos, incluindo Meriwether e seus garotos, ainda estão negociando títulos no Salomon. De qualquer forma, os negócios no Salomon simplesmente não podiam ficar muito piores. Os capitães fizeram o possível para afundar o navio, mas o navio insiste em flutuar. Ao deixar o Salomon, eu tinha certeza que estava cometendo o erro de principiante de vender na baixa, o que eu só poderia compensar parcialmente comprando algumas ações da empresa antes de bater a porta ao sair.

Se fiz um mau negócio, é porque não estava fazendo um negócio. Depois que decidi partir de repente, tive oportunidade de pensar que talvez o que eu estava fazendo não fosse tão idiota, afinal. Alexander insistiu no nosso jantar de despedida que eu estava fazendo uma grande jogada. As melhores decisões que ele tomou na vida, segundo ele, foram completamente inesperadas, as que iam contra a convenção. Então, ele foi ainda mais longe. Ele disse que *toda* decisão que ele foi forçado a tomar, *porque* era inesperada, foi boa. Foi reconfortante ouvir um caso de imprevisibilidade, nesta era de cuidadoso planejamento de carreira. Seria bom se fosse verdade.